はじめに

新しいクラスの担任になった際、ワクワクと同時に、1年間どのように保育していけばよいのかと一抹の不安がよぎるでしょう。子どもたちの1年間の発達を見通して、どの時期に何を育てていくのかを考え、発達に必要な経験ができるように環境を整えなければなりません。

　ご安心ください。本書は、そのような保育者のみなさんのご要望に応えるために登場しました。まず3歳児の1年間をざっと見通し、指導計画の立て方も、丁寧に解説しました。それから月ごとの子どもの姿や保育のアイデア、あそびを載せています。さらに、子どもへのことばかけや保護者対応についても、エッセンスを取り上げました。

　特に大切にしていただきたいのが、子どもの育ちの読み取りです。ぜひ、クラスの子どもの姿を記録し、何が育っているのか、今後はどのように援助していきたいかを書いてみてください。必ず保育力がアップします。

　なお、各月の子どもの姿については、富山大学教育学部附属幼稚園元副園長、杉谷利枝子先生の視点を参考にさせていただきました。

　本書が、保育者のみなさんの助けとなり、クラスの子どもたちの笑顔につながることを願っております。

横山洋子

もくじ

「3歳児の保育12か月」でレッツ保育！ ……… 8

3歳児の姿と保育 ……… 14

3歳児クラスの1年 ……… 16

おさえておこう！「3つの資質・能力」「10の姿」 ……… 20

　保育シーンで子どもの育ち「10の姿」を見てみよう ……… 22

指導計画の立て方 ……… 24

保育環境ってなんだ？ ……… 28

- 壁面かざり　春 ……… 30
- 壁面かざり　夏 ……… 34
- 壁面かざり　秋 ……… 38
- 壁面かざり　冬 ……… 42
- 壁面かざり　お誕生表 ……… 46

Part 1 クラスづくり

1年間の見通しカレンダー ……… 48

4月 …… 49
4月の子どもたち …… 50
- 子どもの心と姿 ●ねらい ●環境構成&援助

4月のアイデア …… 52
- 製作 ●お絵かき ●絵本 ●なぞなぞ
- うた ●手あそび・うたあそび
- 行事のことばかけ ●ちょこっとことばかけ

4月のあそび …… 55

読み取ろう！ 子どもの育ち …… 60

5月 …… 61
5月の子どもたち …… 62
- 子どもの心と姿 ●ねらい ●環境構成&援助

5月のアイデア …… 64
- 製作 ●お絵かき ●絵本 ●なぞなぞ
- うた ●手あそび・うたあそび
- 行事のことばかけ ●ちょこっとことばかけ

5月のあそび …… 67

読み取ろう！ 子どもの育ち …… 72

6月 …… 73
6月の子どもたち …… 74
- 子どもの心と姿 ●ねらい ●環境構成&援助

6月のアイデア …… 76
- 製作 ●お絵かき ●絵本 ●なぞなぞ
- うた ●手あそび・うたあそび
- 行事のことばかけ ●ちょこっとことばかけ

6月のあそび …… 79

読み取ろう！ 子どもの育ち …… 84

7月 …… 85
7月の子どもたち …… 86
- 子どもの心と姿 ●ねらい ●環境構成&援助

7月のアイデア …… 88
- 製作 ●お絵かき ●絵本 ●なぞなぞ
- うた ●手あそび・うたあそび
- 行事のことばかけ ●ちょこっとことばかけ

7月のあそび …… 91

読み取ろう！ 子どもの育ち …… 96

8月 …… 97
8月の子どもたち …… 98
- 子どもの心と姿 ●ねらい ●環境構成&援助

8月のアイデア …… 100
- 製作 ●お絵かき ●絵本 ●なぞなぞ
- うた ●手あそび・うたあそび
- 行事のことばかけ ●ちょこっとことばかけ

8月のあそび …… 103

読み取ろう！ 子どもの育ち …… 108

9月 …… 109
9月の子どもたち …… 110
- 子どもの心と姿 ●ねらい ●環境構成&援助

9月のアイデア …… 112
- 製作 ●お絵かき ●絵本 ●なぞなぞ
- うた ●手あそび・うたあそび
- 行事のことばかけ ●ちょこっとことばかけ

9月のあそび …… 115

読み取ろう！ 子どもの育ち …… 120

10月 ……… 121

10月の子どもたち　122
- 子どもの心と姿　●ねらい　●環境構成&援助

10月のアイデア　124
- 製作　●お絵かき　●絵本　●なぞなぞ
- うた　●手あそび・うたあそび
- 行事のことばかけ　●ちょこっとことばかけ

10月のあそび　127

読み取ろう！　子どもの育ち　132

11月 ……… 133

11月の子どもたち　134
- 子どもの心と姿　●ねらい　●環境構成&援助

11月のアイデア　136
- 製作　●お絵かき　●絵本　●なぞなぞ
- うた　●手あそび・うたあそび
- 行事のことばかけ　●ちょこっとことばかけ

11月のあそび　139

読み取ろう！　子どもの育ち　144

12月 ……… 145

12月の子どもたち　146
- 子どもの心と姿　●ねらい　●環境構成&援助

12月のアイデア　148
- 製作　●お絵かき　●絵本　●なぞなぞ
- うた　●手あそび・うたあそび
- 行事のことばかけ　●ちょこっとことばかけ

12月のあそび　151

読み取ろう！　子どもの育ち　156

1月 ……… 157

1月の子どもたち　158
- 子どもの心と姿　●ねらい　●環境構成&援助

1月のアイデア　160
- 製作　●お絵かき　●絵本　●なぞなぞ
- うた　●手あそび・うたあそび
- 行事のことばかけ　●ちょこっとことばかけ

1月のあそび　163

読み取ろう！　子どもの育ち　168

2月 ……… 169

2月の子どもたち　170
- 子どもの心と姿　●ねらい　●環境構成&援助

2月のアイデア　172
- 製作　●お絵かき　●絵本　●なぞなぞ
- うた　●手あそび・うたあそび
- 行事のことばかけ　●ちょこっとことばかけ

2月のあそび　175

読み取ろう！　子どもの育ち　180

3月 ……… 181

3月の子どもたち　182
- 子どもの心と姿　●ねらい　●環境構成&援助

3月のアイデア　184
- 製作　●お絵かき　●絵本　●なぞなぞ
- うた　●手あそび・うたあそび
- 行事のことばかけ　●ちょこっとことばかけ

3月のあそび　187

読み取ろう！　子どもの育ち　192

Part 2 指導計画

3歳児の年間指導計画　おさえたい3つのポイント ········ 194

3歳児の月案　おさえたい3つのポイント ········ 196

保育園 年間指導計画 ········ 198

保育園 月案 ········ 200

4月 ···· 200	10月 ···· 212
5月 ···· 202	11月 ···· 214
6月 ···· 204	12月 ···· 216
7月 ···· 206	1月 ···· 218
8月 ···· 208	2月 ···· 220
9月 ···· 210	3月 ···· 222

幼稚園・認定こども園 年間指導計画 ········ 224

幼稚園・認定こども園 月案 ········ 226

4月 ···· 226	10月 ···· 238
5月 ···· 228	11月 ···· 240
6月 ···· 230	12月 ···· 242
7月 ···· 232	1月 ···· 244
8月 ···· 234	2月 ···· 246
9月 ···· 236	3月 ···· 248

事故防止チェックリスト ········ 250

Part 3 クラス運営のヒント

すぐに役立つ！ なるほどことばかけ …… 252

気になる！ 保護者対応Q＆A …… 258

おたより テンプレート …… 262

イラスト・文例

4月 … 266	10月 … 272
5月 … 267	11月 … 273
6月 … 268	12月 … 274
7月 … 269	1月 … 275
8月 … 270	2月 … 276
9月 … 271	3月 … 277

コピー用型紙 …… 278

CD-ROMをご使用の前に …… 288

CD-ROMの使い方 …… 289

 付属CD-ROMには、年間指導計画・月案のほか、おたよりに使えるテンプレート・イラスト・文例、壁面かざりの型紙を収録。使用される前に288ページからの「CD-ROMをご使用の前に」を必ずお読みください。

「3歳児の保育12か月」でレッツ保育！

この1冊で3歳児はおまかせ！

この1冊さえあれば、3歳児クラスの担任は大丈夫！　この本の使い方と、3歳児の保育の基本を紹介します。

 発達をふまえる

3歳児の担任になったなら、まずは3歳児の発達段階を確認する必要があります。おおむね3〜4歳の子どもの発達を把握し、子ども一人一人の育ちを見つめましょう。➡14ページ

 1年間を見通す

クラス担任は日々の保育に追われがちですが、目の前の子どもの成長をとらえながら、1年間の行事や活動を見通して、援助の方針を立てましょう。➡16ページ

巻頭カラー特集では3歳児の保育で必ず知っておきたい基本をおさえられるんだ

特に注目したいのが「3つの資質・能力」そして「幼児期の終わりまでに育ってほしい姿（10の姿）」

現場に沿ったシーンでわかりやすく説明しているニャ〜

指導計画の立て方は6ステップでOKニャ！

壁面かざりもすぐに使えるね！

子どもが喜びそうなのばっかり！

3つの資質・能力
「知識及び技能の基礎」「思考力、判断力、表現力等の基礎」「学びに向かう力、人間性等」の3つをいい、子どもはあそびを通して育んでいきます。➡20ページ

10の姿
「3つの資質・能力」を柱とし、さらに具体的な姿として示したものが「幼児期の終わりまでに育ってほしい姿（10の姿）」です。➡21ページ

指導計画
子ども一人一人の発達を保障し、主体的な活動を支援するための方針が指導計画です。年間計画から月案、週案、日案を立て、実践します。➡24ページ

Part1では、毎月の保育に役立つ情報を月ごとに掲載！

各月の子どもの姿
各月の子どもたちのリアルな姿を取り上げました。育ちの把握に役立ちます。

各月のアイデア
製作・絵本・行事のことばかけなど、各月の保育に生かせるアイデアが満載です。

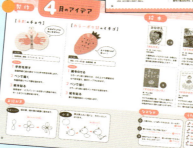

12か月分しっかりフォローはこの本だけ！

環境構成＆援助
その月ならではの環境構成や援助をピックアップ。すぐに保育に取り入れられます。

あそびアイデア
各月のあそびアイデアを6本ずつ掲載。ねらいやことばかけもわかりやすい！

あそびを象徴する3つのポイントを抽出。クラスの状況に合うあそびが探しやすくなっています。

これなら迷わずに3歳児の保育ができそう！

読み取ろう！子どもの育ち
子どもがあそぶ姿から、「10の姿」の切り口で育ちを読み取りました。

発達や興味・関心に合ったあそびプランを厳選したニャ！

環境構成＆援助
保育者は、ねらいに即した環境を構成し、必要な援助をします。子どもの主体的な活動をいかに引き出せるかがポイント。

あそびアイデア
幼児期の子どもはあそびの中で成長し、必要な力を獲得します。造形あそび・運動あそび・集団あそびなどさまざまなジャンルを紹介しています。

子どもの育ちの読み取り
子どものあそぶ姿を広い目でとらえ、つぶやきを聞き、その子の成長の節目をキャッチしましょう。育ちの芽は必ずあります。

Part2では
保育園、幼稚園・
認定こども園の
指導計画案を年間計画、
月案で詳しく掲載！

データつきだから、自分流でうまく使ってニャ

助かります〜

指導計画

指導計画を立てる際に、必ず活用できます。「ねらい」には関連のある「10の姿」を入れています。

おたより

かわいいおたよりイラストは月ごとに多数掲載。保護者に伝わりやすい文例もあるので、おたより作りがスムーズに進められます。

Part3では
保護者対応や
ことばかけ、
おたよりイラスト・文例も
カバー！

保護者対応 Q&A

担任として知っておきたい保護者対応を具体的なシーンで紹介。身につけたい言い回しもチェックできます。

うーん、バッチリ！

最高の1冊じゃん！

ヤッ+check!

 年間計画・月案

指導計画はクラス運営の基本。年間計画を立てた上で月案→週案→日案と、より具体的に考えます。各園の方針や環境、子どものようすに合わせて立案します。➡193ページ

 保護者対応

保護者と保育者は協力し合い、子どもの育ちを喜び合える関係でありたいもの。さまざまなタイプの保護者への対応をチェックし、よりよい保育につなげましょう。➡258ページ

 おたより

おたよりは家庭へ情報を伝える大切なツールです。保護者にとってわかりやすく、思わず読みたくなるおたよりを作りましょう。➡262ページ

3歳児の姿と保育

まずは3歳児ならではの発達を踏まえ、集団としての育ちを見通しましょう。子どもの主体的な活動を大切にし、一人一人の育ちを促すためにできること、取り入れたいあそびを考えます。

五感をフルに働かせて経験し、世界がどんどん広がる時期

　走ったり跳んだりなど基本的な運動能力が育ち、身のこなしがスムーズです。話し言葉の基礎もでき、自分の思いを伝えられるようになります。食事や排せつも、少しずつ自分でできるようになります。

　また、物の名前や使い方などを理解し、言葉はますます豊かになります。そして「このスイッチを押すとCDの音楽が流れる」と経験から学び、「こうするとこうなる」という結果を予想して行動するようになります。「こうなるために、自分はこうする」と意図と期待をもって行動するのです。

　知的好奇心が芽生え、もっと知りたい、やってみたいという欲求が膨らみます。五感を通してさまざまな経験をしながら、自分の世界を広げていくのが3歳児なのです。

生活
「自分でやりたい！」

これまでは、何をするにも大人を頼り、大人に見守られていましたが、なんでも自分でやろうとし、より自我がはっきりしてきます。しかし、まだ上手にできないことも多く、援助が必要です。失敗を繰り返しながら徐々に自立へと向かいます。

保育のポイント
自分でやろうとする気持ちを認めながら、見守ります。たとえ最後までできなくても、「ここまでできたね、えらいね」と笑顔でさりげなく援助しましょう。

体
「見て見て、できたよ！」

自分のやることを見ていてほしいという欲求から、「先生、見ててね」と声がかかるでしょう。鉄棒、すべり台、平均台…。こわいと思うことにも挑戦し、できたことに自信をもち、自己肯定感を育んでいきます。経験を重ねながら、自分の世界を広げていくのです。

保育のポイント
自分から挑戦したくなるような環境を整えましょう。友達が挑戦する姿も刺激になるので、応援する場もつくります。音楽に合わせた体操やダンスなども楽しく活動できるでしょう。

言葉
「さっきの、なあに？」

観察力がつき、身の回りの出来事や大人の行動をよく見ています。「なぜ？」「どうして？」と質問が盛んになり、自分の世界を広げます。長いスカートを見て「お姫様みたい」と言ったり、大きな葉っぱを団子の皿にしたりなど、ごっこあそびも豊かになります。

保育のポイント
見立てが自由にできる素材を準備します。プラスチックで作られた玩具よりも、色画用紙や毛糸、フェルトなどを準備するほうが、創造力を発揮できます。

人との関わり
「いっしょにあそぼう！」

友達と同じ場であそんでいても平行あそびで、ふれあいは少ないかもしれません。でも、友達がおもしろいことを始めると、刺激を受けて自分もやろうとすることがあります。1人であそぶのも楽しいけれど、友達とあそぶともっと楽しいと感じ始めます。

保育のポイント
同じ場にいる友達へ目を向け、あそびながら関わりがもてるようにしましょう。友達といっしょにあそぶともっと楽しい、という経験を重ねられるようにします。

3歳児クラスの1年

3歳児の園生活はどんな1年間になるのでしょうか。子どもの成長とあわせて考えてみましょう。

4月～6月

初めての集団生活に戸惑うことも多い時期。安心できる場を提供し、友達との出会いを楽しめるようにしましょう。

新しい環境に慣れる

初めての保育室。荷物はどこへ置くのかな、何をすればいいのかなと、子どもは不安でいっぱい。立ちつくして周りを見ているのが自然な姿です。保育室に用意された積み木やブロックを見て、思わずやりたくなったら一歩前進です。

援助のポイント
- あそび出せる環境を準備する。
- 名前を呼んで関わる。
- 集まりの際には、みんなが楽しめるあそびや絵本などを用意する。

トイレの使い方など生活の仕方を知る

生活の流れや物の置き場所、トイレの使い方、昼食の手順などがわかると、安心して園にいられます。「トイレのスリッパは、脱いだあとどうする?」などと問うと、考えて、よい行動を選ぶこともできます。

援助のポイント
- 実際にトイレで手順をゆっくりと伝え、できたことを認める。
- 困っている際には笑顔で近づき、さり気なく援助する。

保育トピックス

- **園内探検**　ここはホール、ここは砂場…と、一通り園に何があるかわかればひと安心。やってみたいあそびも発見!

- **保護者会**　保護者と園・担任保育者が、お互いを理解できる場になるよう、リラックスした雰囲気をつくれると◎。

- **水あそび**　ジョウロやペットボトルを使って、水に慣れることから始めます。着替えも上手になります。

7月〜9月

集団生活に慣れ、その楽しさに気づき始めます。水あそびなど、園ならではの活動も取り入れましょう。

友達とのふれあいを楽しむ

水あそびが始まり開放的な雰囲気になると、同じ場にいる友達と同じことをしたり、顔を見合わせてにっこりしたりと、関わりを楽しむようになります。「貸して」「いいよ」など言葉を交わし、「友達とあそぶのは楽しい」と感じ始めます。

援助のポイント
- 「○○ちゃんと○○ちゃんは仲よしだね」と、友達を意識できる言葉をかける。
- 友達のしていることに目を向けられるような援助をする。

「自分でやりたい」気持ちがわいてくる！

はさみを使いたい、のりで貼りたいなど、新しい活動に前向きにチャレンジしようとします。運動的なあそびにも意欲的に取り組み、満足感を味わいます。玉入れやダンス、かけっこなどで力を出し、成長した自分をうれしく感じ、自己肯定感が高まります。

援助のポイント
- 子どもが自らやりたくなる活動を用意する。
- わからないことは友達に教えてもらうよう促す。
- 自ら取り組んだことを十分認める。

- **感染症予防**: 夏は感染症が流行りやすい季節です。手洗い、うがいを子どもといっしょに行い、習慣にします。
- **休み明けの対応**: 家庭で過ごす時間が増える時期。園でのルールや支度を忘れていた子にも、ていねいに関わります。
- **グループ作り**: 子ども同士のあそびが楽しくなってきます。少人数のグループであそべる場を設定しましょう。

10月～12月

集中するあそびにもじっくり取り組めるようになります。季節を取り入れた製作がぴったり。

イメージをもって描いたり作ったり

自分なりのイメージを広げられるようになり、お姫様になったりヒーローになったり、子どもはなりきりあそびを好みます。また、落ち葉を組み合わせて動物に見立てたり、土の中のサツマイモを想像して描いたりと、想像力を発揮します。

援助のポイント
- いろいろな素材や用具を出し、イメージに合う物を選べるようにしておく。
- さまざまな絵本や紙芝居を、読み聞かせする。

援助のポイント
- 友達と2人組でふれあうあそびを用意する。
- 「あぶくたった」など、簡単なルールのあるあそびに誘う。

集団生活を楽しみ、友達と関わろうとする

運動会などを経験し、みんなで活動する楽しさを感じます。みんなでうたったり踊ったりすることを喜び、簡単なルールのあるあそびも好みます。友達の個性もわかってきて、気の合う友達ができます。

保育トピックス

造形あそび
はさみの使い方は1回切りからていねいに教えます。道具や素材をうまく組み合わせ、製作を楽しみましょう。

個人面談
子ども一人一人の育ちを見守り、保護者に伝えます。その子ならではのエピソードを語りましょう。

生活習慣のチェック
衣服の着脱やトイレなどの生活習慣が、どれくらい身についているか見極めます。家庭と連携して進めます。

1月〜3月

クラスとしてのまとまりを実感できる頃。簡単なルールを取り入れた、全員で楽しむあそびにも誘いましょう。

落ち着いて、好きなあそびをじっくりと楽しむ

おままごとや粘土でのごちそう作りなど、好きな場所で気に入ったあそびをじっくりとするようになります。いろいろな物を持ち込んだり、新しいアイテムを工夫して作ったりなど試行錯誤しながら、思考力が育まれていきます。

援助のポイント

- あそびに集中できるよう、囲まれた空間など、子どもが落ち着ける場を用意する。
- 調べたい時にすぐ探せるよう、関連のある絵本や図鑑をさり気なく出しておく。

援助のポイント

- 4、5歳児のあそびに入れてもらう機会をつくる。
- 友達と相談しながら、あそびを進められるよう援助する。

あそびの中で役割をもつ

4、5歳児のあそびに入れてもらい、刺激を受けて自分たちでもやろうとします。フープやトンネルくぐりの途中で、じゃんけんをする人やメダルを渡す人などになることで役割をもち、みんなで力を合わせてあそぶことを経験します。

●体調管理
風邪をはじめ、病気にかかりやすい時期です。保育室内の温度・湿度にも気を配り、健康チェックも入念に。

●保護者会
1年間を振り返り、子どもの育ち、クラスとしての成長を保護者に話します。協力への感謝も伝えましょう。

●進級への喜び
もうすぐ4歳児クラス。自分の成長を子どもが実感できるような言葉をかけ、みんなで進級を喜びましょう。

幼稚園
保育園
認定こども園

おさえておこう！
3つの資質・能力 10の姿

未来の担い手である子どもの力を育むことが、保育者の役割です。ここでは、改訂された3法令で示されている、幼児期での育ちについて紹介します。

「幼児教育で育みたい3つの資質・能力」とは？

小学校以降の
知識及び技能／思考力、判断力、表現力等／学びに向かう力、人間性等

知識及び技能の基礎
何かに気づいたり、わかったり、できるようになったりする力

気づく、わかる、できるようになる

思考力、判断力、表現力等の基礎
考えたり、試したり、工夫したり、表現したりする力

考え、試し、工夫する

あそびを通しての総合的な指導

学びに向かう力、人間性等
やりたい気持ちや興味をもってやり通す力、つまり心情・意欲・態度

意欲、意思、やり通す力

保育・幼児教育
環境を通して行う保育・教育、主体的な生活、あそびの重視

基礎となる3つの資質・能力

　2018年に実施された3法令の改訂では、日本の幼児教育施設のどの園に通っていても、同じ質やレベルの保育・幼児教育が受けられるよう整備されました。園はあそびを通して総合的な指導を行い、「知識及び技能の基礎」「思考力、判断力、表現力等の基礎」「学びに向かう力、人間性等」の3つの資質・能力を伸ばし、小学校以降の知識や技能につなげます。

あそびを通した学び

「幼児期の終わりまでに育ってほしい10の姿」とは？

子どもの育ちの指針となる「10の姿」は、5歳児後半になっていきなり表れるものではありません。普段のあそびの中にある育ちに、注目してみましょう。

あそびの中の「10の姿」

5領域を意識すると共に「10の姿」を念頭に置き、子どもの姿を見つめましょう。子どもがあそぶ姿の中に、育ちの芽は必ず隠れています。

健康な心と体 〈健康〉
充実感をもって自分のやりたいことに向かって心と体を十分に働かせ、見通しをもって行動し、自ら健康で安全な生活をつくり出せるようになる。

自立心 〈人間関係〉
身近な環境に主体的に関わる活動の中で、しなければならないことを自覚し、自分の力で行うために考え、工夫し、やり遂げることで達成感を味わい、自信をもって行動する。

協同性 〈人間関係〉
友達と関わる中で互いの思いや考えなどを共有し、共通の目的の実現に向けて、考えたり、工夫したり、協力したりし、充実感をもってやり遂げるようになる。

道徳性・規範意識の芽生え 〈人間関係〉
してよいことや悪いことがわかり、自分の行動を振り返る。きまりを守る必要性がわかり、自分の気持ちを調整し、友達と折り合いを付けながら、きまりをつくり、守る。

自然との関わり・生命尊重 〈環境〉
身近な事象への関心を高め、自然への愛情や畏敬の念をもつ。生命の不思議や尊さに気づき、身近な動植物を命あるものとして大切にする気持ちをもって関わる。

社会生活との関わり 〈人間関係〉〈環境〉
家族を大切にしようとする気持ちをもつと共に、地域の人ともふれあい、自分が役に立つ喜びを感じる。あそびや生活に必要な情報を取り入れ、判断し伝え合い役立てる。公共の施設の利用を通し、社会とつながる。

思考力の芽生え 〈環境〉
物の性質や仕組みを感じ取り、多様な関わりを楽しむ。自分と異なる考えがあることに気づき、判断したり、考え直したりしてよりよい考えを生み出す。

言葉による伝え合い 〈言葉〉
絵本や物語に親しみ、豊かな言葉や表現を身につけ、経験したことや考えたことを言葉で伝え、相手の話を注意して聞き、言葉による伝え合いを楽しむ。

数量や図形、標識や文字などへの関心・感覚 〈環境〉
数量や図形、標識や文字などに親しむ体験を重ねたり、標識や文字の役割に気づいたりし、自らの必要感に基づきこれらを活用し、興味や関心、感覚をもつようになる。

豊かな感性と表現 〈表現〉
さまざまな素材の特徴や表現の仕方に気づき、感じたことや考えたことを自分で表現したり、友達と表現する過程を楽しんだりする。表現する喜びを味わい、意欲をもつ。

保育シーンで子どもの育ち 10の姿 を見てみよう

シーン1 色おに

「おに」と「逃げる子」という役割に分かれることも、3歳児にとっては大きな学びです。あそびの中にある「10の姿」を読み取ってみましょう。

協同性
友達と関わることの楽しさを味わい、同じ場で、おに役と逃げる役に分かれてあそびを進めます。共通の目的をもって、色おにを楽しんでいる姿です。

健康な心と体
全身を使って、運動的なあそびに取り組んでいます。力いっぱい走ったり、身をかわしたりと動きをコントロールし、多様な動きを経験しています。

思考力の芽生え
「どこへ逃げたら捕まりにくいかな」「赤い物はどこにあるかな」と考えながら、逃げています。友達の動きを予測したり、園庭にある色を探したりしながら走るのも成長の証です。

道徳性・規範意識の芽生え
色おにには、ルールがあるあそびです。おににタッチされたら、役割を交代しなければなりません。ルールを理解し、それを守ろうとする態度が育っています。

数量や図形、標識や文字などへの関心・感覚
おには10数えてから、逃げる人を捕まえることが多いでしょう。また、「○人にタッチした」など人数を数えて誇らしい気分になります。数があそびの中に自然に入っています。

言葉による伝え合い
友達とのあそびの中で言葉を交わしています。思ったことを話し、相手の言うことに耳を傾けます。ここで、気持ちが通じ合う心地よさも感じています。

一人一人の育ちを見つめて
1つのあそびの中でも、よく見ると一人一人の経験していることは違います。どこに楽しさを感じているのか、何に興味をもっているのかを捉えましょう。そこに、「10の姿」が育とうとする芽があるのです。おに役の子と逃げる子でも、経験していることは異なっていますね。

シーン② 散歩

散歩は、子どもの好奇心を満たす活動の1つ。子どもの主体性に任せ、その育ちを見守りましょう。「10の姿」があちらこちらに見られるはずです。

豊かな感性と表現
見る、ふれる、香りをかぐ、音を聞くなど、五感を通して出合ったものを体験しています。そして、綿毛を「フワフワ」と表現し、知っている雲に似ていることを発信しています。

自然との関わり・生命尊重
綿毛のついたかわいい花を見たり、香りをかいだり、トンボを観察したりと、自然にふれて楽しんでいます。季節を感じることもあるでしょう。

社会生活との関わり
散歩では、地域に住む人々とのさまざまな出会いがあります。顔なじみの近所の方と出会い、あいさつをかわすのもうれしい経験になります。地域に親しみをもち、ともに支え合って暮らす基盤となります。

思考力の芽生え
見たことのないトンボを見つけたら、どんな種類か知りたくなります。身近に図鑑があると、自分で調べようとします。色や羽の形などを比べるという行動も起こります。

言葉による伝え合い
友達と言葉のやりとりをしています。経験について語り、何を感じたかを伝えています。いっしょに経験した事柄なので、そこに共感も生まれ、公園に行った充実感も共有できる会話です。

自立心
汗をかいたことを自覚し、このままにしておいては、風邪をひいてしまうと判断し、自ら着替えるという行動を起こしています。しなければならないことを自覚し、自分の力で行います。

ここに注目

園外保育は多様な育ちの場
園外に出ることで、自然を感じることができますし、地域の人々との出会いもあります。五感をフルに働かせて、さまざまな出会いを楽しみましょう。そこに必ず、「10の姿」の育ちが見られるはずです。戻ってきてから、子どもたちと情報交換をすれば、さらに刺激は増すことでしょう。

指導計画の立て方

指導計画をもとに保育を実践し、評価をして改善する、というサイクルを意識するだけで、保育はどんどん磨かれます。適した指導計画を立てるために、立て方の流れも確認しましょう。

指導計画はPDCA（プラン ドゥ チェック アクション）で充実！

指導計画は立てて終わりではありません。実践して初めて、「ここはうまくいったけど、この環境は失敗だった」とわかるのです。そして、「ここがダメだったから次の計画では改善する」というサイクルを常に意識することで、よりよい保育が展開できます。

❶ 計画する
＜短期計画＞では目の前の子どもの現在の姿をとらえ、＜長期計画＞では前期の子どもの姿を思い浮かべ、発達に必要な経験をどのように積み上げるかを考えます。ねらいと内容を決め、無理のない計画を楽しく立てましょう。

❷ 実践する
計画をもとにしますが、その通りに行うことが大事なのではありません。計画にとらわれず、子どもにとって最善の保育を行います。不意に訪れた発達に必要な経験ができるチャンスを生かし、子どもの生活を優先します。

❸ 評価する
実践した保育の中で、どこにどのような子どもの育ちがあったかを導き出します。そして「計画した環境が適切だった」「援助はもっとこうすべきだった」など、振り返って検証します。

❹ 改善する
次の計画を立てる際、どこをどのように変えれば、より子どもの育ちにつながるかを考えます。満点の計画などあり得ません。ねらいはどうか、環境はどうかなどを考え続けることで保育者として成長します。

全体的な計画
↓
指導計画
〈長期〉年間→期案→月案
〈短期〉週案→日案

流れでわかる！指導計画

❶ 「子どもの姿」をとらえよう

「育ち」の事実を、整理して考える

まず、現在の子どものようすを思い浮かべます。子どもの行動を羅列するのではなく、子どもがどこまで育っているのかがわかる姿を事実として書きます。また、子どもが何に興味をもち、何を楽しんでいるかをとらえます。どんなときにどんな行動をとるかも記しましょう。「ねらい」の根拠となります。

❷ "こう育ってほしい" ＝「ねらい」は、何？

子どもの中の育てたいもの

「ねらい」には、子どもの中に育つもの、保育者が育てたい姿を、子どもを主語にして記します。「子どもの姿」や年、期の「ねらい」を踏まえて導き出します。このような姿が見られるといいな、という保育者の願いをいくつか書いてみると、「ねらい」にしたくなる文が出てくるでしょう。

❸ さらに具体化して「内容」を考える

育ちのための具体的な方法とは？

「ねらい」を立てたら、次にどのような経験をすればその「ねらい」に子どもが近づけるかを考えます。「ねらい」に近づくために子どもに経験させたいことが「内容」です。具体的に、日々の生活の中でこのような経験をさせたい、ということを挙げます。これも、子どもを主語にして書きます。

4 やりたくなる「環境」の準備を考える

試したくなるような環境を

「内容」に挙げたことを、子どもが経験できるように環境を整えます。主体的に行動できるような物的環境をつくりましょう。遊具は何をどれくらい出しておくか、製作の材料は何が適当か、どのタイミングで出すかなどを考えます。時間、空間、雰囲気も大切な環境です（28ページ参照）。わくわくする環境をめざしましょう。

5 「予想される子どもの姿」はあらゆる姿を想定

子どもはきっとこう動く

環境設定をしたところへ子どもが来た際、どのような動きをするか予想します。喜んで活動を始める子もいれば、ためらう子もいるでしょう。また、朝からの生活の流れも意識し、どこで話し合いをもつか、片づけるか、絵本を読むかなども考えて書いておきます。

6 「保育者の援助」でその配慮を考えよう

子どもたちの何に配慮する？

子どもが「ねらい」に近づくように、「内容」で挙げた事柄が経験できるための援助を考えます。「予想される子どもの姿」でマイナスな姿が予想される場合は、対策を考えて書いておきます。「～の子には、～する」とさまざまな想定をしておくと、援助の幅が広がります。

指導計画の文章で おさえておきたいこと

指導計画を書くときに気をつけたい、6つのポイントを紹介します。

❶ 現在形で書く

指導計画は、明日のこと、1週間先のことなど、未来に起こることを想定して書くものです。けれども、文章は「〜するだろう」という未来形ではなく、「〜する」という現在形で書きます。「〜している」という現在進行形にもなりがちですが、文が長くなるので、避けた方がすっきり読めます。

- ✕ 色水あそびやシャボン玉あそびを楽しむだろう。
- ○ 色水あそびやシャボン玉あそびを楽しむ。

❷ 子どものリアルな姿を書く

指導計画を書いている本人は、いつも子どもと接し近くで見ているので、具体的なようすがわかりますが、主任や園長など、毎日接していない人には、どういう姿のことを指して記述しているのかイメージできないことがあります。子どものようすがリアルに思い浮かべられるような、くわしい記述を心がけましょう。

- ✕ 他のクラスで、のびのびと好きなあそびを楽しんでいる。
- ○ 5歳児クラスのジュースやさんに立ち寄り、やり取りを楽しんでいる。

❸ 「〜させる」を控える

成長を促すために、さまざまな経験をさせたいと保育者は願いますが、「〜させる」という文章が多いと、保育者が指示をして、子どもは従わされているような印象になります。「〜するよう促す」や「〜できるように配慮する」など主体的に行動する子どもを、保育者がサポートするニュアンスを大切にしましょう。

- ✕ 水や泥の感触を味わわせる。
- ○ 水や泥の感触を味わえるようにする。

❹ 「〜してあげる」を控える

保育者は子どもにさまざまな援助をしますが、それを、「〜してあげている」と思っているようでは困ります。子どものために保育をするのが保育者の仕事ですから、恩着せがましい表現をするのではなく、どちらかというと、「保育させていただいている」という謙虚な気持ちで書きましょう。

- ✕ 弁当箱の置き方を教えてあげる。
- ○ 弁当箱の置き方を知らせる。

❺ 「まだ〜できない」視点で見ない

子どもは常に成長の過程にいます。「まだ〜できない」とできていないことに着目しないで、ここまで発達したところだとできていることに着目し、育ちを肯定的にとらえましょう。そして、次の課題に向かおうとする子どもを温かい目で見つめ、立ち向かえるように陰ながら応援するのです。

- ✕ 気に入った遊具であそぶが、長続きしない。
- ○ いろいろなあそびに興味があり、少しずつ試している。

❻ 同じ言葉を繰り返さない

子どものようすや状況を細かく説明しようとするあまり、同じような表現が続くと、ワンパターンな記述になってしまうことがあります。一文の中だけでなく、そのあとに続く文章にも、同じ言葉を2回以上は使わないように心がけ、子どものようすを多様な表現でていねいに伝えるようにしましょう。

- ✕ 積極的に運動あそびに取り組み、友達と積極的に関わる。
- ○ 積極的に運動あそびに取り組み、自ら友達に働きかける。

保育環境ってなんだ?

集団の中で子どもが育つためには「保育環境」が重要です。前年度の保育室を引き継ぐことも多いですが、自分のクラスの「保育環境」を、今一度考えてみましょう。

よりよい 保育環境 3つの条件
- 自分の居場所と感じられる
- 思わずあそびたくなる
- 試すことができる

子どもの活動を、いかに引き出すか

保育環境とは、「保育するための環境」を意味しますが、子どもの育ちを引き出すものである必要があります。単純にかわいらしいものという側面よりも、子どもの成長にどうつながるものであるかを考えましょう。「ねらい」に近づく経験ができることが、第一です。

物的環境

用具や遊具は発達に合わせて

保育は子どもの主体的な活動があって、初めて実践されるものです。子どもの発達に合わせたおもちゃや遊具、用具や素材など、子どもが興味をもってやってみたくなるあそびを準備することが基本です。製作あそびの際に、子どもが自分で好きな素材や用具を選べるように置いてあったり、見本になるものがかざってあったりということが大切です。目の前の子どもが、思わずあそびたくなる環境を考えましょう。

人的環境

保育者、友達、家族、地域の人々が子どもを育てる

子どもをいつも見守る保育者もまた、環境の1つです。困ったときには力になる、不安なときには抱きしめて笑顔を見せる保育者は、子どもにとって心の支えです。信頼できる保育者がいるからこそ、安心して保育室や園庭、ホールであそぶことができるのです。保育者は笑顔や温かい話し方、何でも受け入れる態度を常に心がけましょう。また、友達の存在や地域の人々も、子どもにとっては大切な人的環境です。

空間

「わたしの空間」と「わたしたちの空間」

　砂場であそんでいる子どもにとって、砂場は「わたしの空間」で、友達があとから砂あそびを始めると「となりの子の空間」ができます。しかし、砂場に作った穴に水が流れ出して2人で池作りが始まると、砂場は2人にとって「わたしたちの空間」となります。子どもは「わたしの空間」「わたしたちの空間」として感じられないと、あそぶことはできません。そう感じられる環境づくりが、子どものあそびを支えます。

時間

身体リズム＋充実できる時間を配慮

　園生活は子どもの身体リズムを考慮して計画を立てましょう。1日のメインとなる活動は、脳の働きが活性化する午前10時から11時ごろが最適です。昼食後は眠くなるので静かに過ごし、エネルギーがみなぎる午後、再び体を動かしてあそびます。降園前は絵本などで気持ちを落ち着かせ、今日のあそびや明日の活動について、みんなで話し合う時間をもってもよいでしょう。

雰囲気

温かく、その場に応じた空気を

　園生活で大切なのは、「温かい雰囲気」です。保育者がいつでも子どもたちを温かく迎え入れる雰囲気は、何より子どもたちの心をなごませます。
　ほかの子どもたちの明るい声やにぎやかな歓声も、子どもを引きつける雰囲気です。一方、絵本を見るときや保育者の話に耳を傾けるときには「静かな雰囲気」が必要ですし、避難訓練では「緊迫した雰囲気」が不可欠です。このように、その場に応じた雰囲気をつくることも、保育者の仕事です。

壁面かざり

みんなでいっしょにあそぼうね！

園庭で電車ごっこをしたり、砂場であそんだり。「明日は何をしてあそぼうかな？」と期待がふくらむ壁面です。洋服に包装紙を使うと、アクセントになります。

材料 色画用紙、画用紙、包装紙、綿ロープ

型紙 278ページ

ポイント

電車ごっこのひもは、綿ロープを使うと楕円の形をつけやすく、本物のような雰囲気になります。

タンポポいっぱいの春の野原

　空へふんわりと飛んでいくタンポポの綿毛が春を保育室に運んできます。飛んでいる綿毛は、束ねた毛糸に先端を丸めたモールを貼ります。

材料 色画用紙、画用紙、お花紙、布、毛糸、モール

型紙 279ページ

CD-ROM hekimen → hekimen31

ポイント
タンポポの花は、大きさを変えて切った色画用紙を3枚重ねて貼ります。綿毛は、お花紙を使って立体的に。

壁面かざり　春

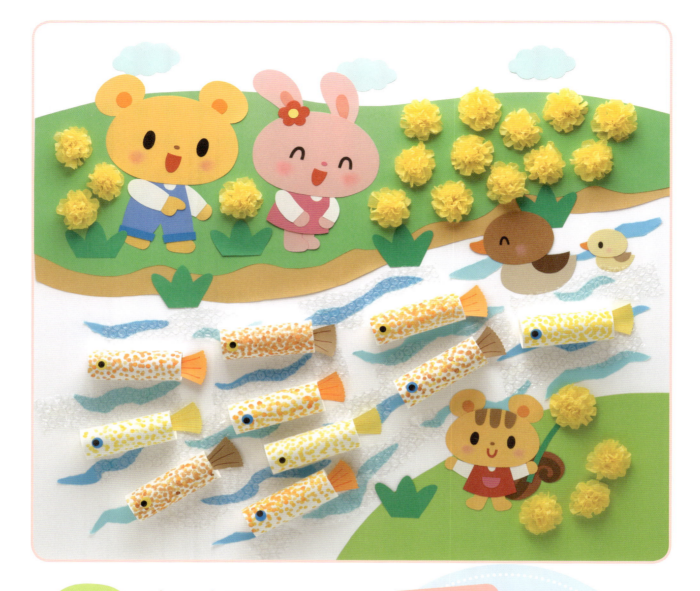

子どもと作る 春の小川のメダカたち

小川をのぞくと、気持ちよさそうに泳ぐメダカたちの姿が見えます。破った色画用紙と波形に切ったエアパッキンで小川を表現します。

材料 色画用紙、画用紙、エアパッキン、お花紙、トイレットペーパー芯、丸シール

型紙 279ページ

子どもの作品

1. トイレットペーパー芯に絵の具をつけた綿棒で描きます。
2. 色画用紙の尾にペンで線を描いて芯に貼ります。
3. 大小の丸シールを重ねて貼り、目をつけます。

子どもと作る こいのぼりで青空を散歩

大きなこいのぼりに乗って空をお散歩してみたい、そんな夢のような壁面です。染め紙がこいのぼりのカラフルなうろこに変身します。

材料 色画用紙、画用紙、障子紙

型紙 280ページ

子どもの作品

1. 障子紙を2回折り、四隅に絵の具をつけます。
2. 障子紙を広げて乾かします。

壁面かざり　春

夏

壁面かざり

アサガオがたくさん咲いたよ

色とりどりのアサガオに、「園庭のアサガオは何色かな?」など、子どもとの会話が広がります。つるは、片段ボールに細いリボンを巻きつけます。

材料 色画用紙、画用紙、片段ボール、コーヒーフィルター、リボン、ひも

型紙 281ページ

hekimen → hekimen34

ポイント

アサガオの花は、コーヒーフィルターを染めて作ります。端だけを染めて中央を白く残してアサガオらしく。

壁面かざり

夏

おいしそうなアイス いただきまーす！

大きなアイスに「ピンクはイチゴ味かな？」「わたしはチョコがいいな！」と想像が膨らみます。カラーポリ袋に折り紙のトッピングでにぎやかに。

材料 色画用紙、画用紙、厚紙、折り紙、キラキラ折り紙、カラーポリ袋、チュール

 型紙 281ページ

ポイント

大きなアイスは、厚紙に丸めたチュールを貼った上からカラーポリ袋で包み、立体的に仕上げます。

子どもと作る　アジサイの散歩道

雨降りでもレインコートと長靴があれば、お散歩が楽しくなります。梅雨らしいシーンが保育室を明るく彩ります。

材料 色画用紙、キラキラ折り紙、トイレットペーパー芯、輪ゴム

型紙 282ページ

子どもの作品

① 保育者がトイレットペーパー芯でスタンプを用意します。

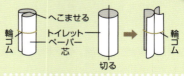

② 色画用紙に絵の具をつけたスタンプを押します。

七夕の夜の織姫と彦星

子どもたちの願い事をニッコリ笑顔の織姫と彦星が見守っています。キラキラ折り紙の星やオーガンジーリボンの羽衣で華やかに。

材料 色画用紙、コーヒーフィルター、糸、折り紙、キラキラ折り紙、オーガンジーリボン、キラキラモール

型紙 282ページ
CD-ROM　hekimen → hekimen37

子どもの作品

1. コーヒーフィルターに水性ペンで描きます。
2. コーヒーフィルターの先を水につけ、にじませます。
3. 2に保育者が願い事を書いた色画用紙と糸をつけます。

壁面かざり　夏

壁面かざり

みんなで食べるとおいしいね！

青空のもと、みんなと食べる遠足のお弁当は、おいしさも倍増です。コスモスや赤トンボで秋らしさを盛り込みます。

材料 色画用紙、画用紙、包装紙、キッチンペーパー、厚紙、綿

型紙 283ページ

CD ROM　hekimen → hekimen38

ポイント

おにぎりは、厚紙に綿をのせてからキッチンペーパーで包みます。キッチンペーパーの質感がおにぎりにぴったり。

夕焼け空に飛ぶ赤トンボ

オレンジに染まった空を飛び交う赤トンボに、秋の訪れが感じられます。ちぎった和紙でふんわりした雲を表現します。

材料 色画用紙、画用紙、和紙、スズランテープ、キラキラモール、スパンコール

型紙 283ページ

hekimen → hekimen39

ポイント 赤トンボの羽は、キラキラモールをしずく形にしたものの裏からスズランテープや色画用紙を貼ります。

壁面かざり 秋

| 子どもと作る | おいもがとれたよ！ |

「よいしょ！」とつるを引っ張る先には、立体的なおいもが並びます。「どんなおいもがとれるかな？」と行事への期待も高まります。

材料 色画用紙、クラフト紙、新聞紙、綿ロープ

型紙 284ページ　CD-ROM　hekimen → hekimen40

子どもの作品

① クラフト紙の端を重ねて貼り合わせ、筒状にします。

② ①の筒の中に新聞紙を詰め、両端をねじってとめます。

③ 絵の具で塗り、ペンで点を描きます。

子どもと作る 冬を告げる北風の妖精

妖精たちが街に冬を届けにやってきました。色の違うオーガンジーリボンを重ねて曲線を描くように貼り、北風の流れを表現します。

材料 色画用紙、クラフト紙、キラキラ折り紙、落ち葉、オーガンジーリボン

型紙 284ページ

hekimen → hekimen41

子どもの作品

1. 落ち葉（葉脈がはっきりしているもの）に、筆で絵の具をつけます。
2. 落ち葉の上からクラフト紙をのせ、手でこすります。
3. 保育者が周りを切り取ります。

壁面かざり　秋

壁面かざり 冬

クリスマスツリーを みんなでかざろう

サンタクロース姿の動物たちが張り切って大きなツリーをかざります。ハニカムシートや、キラキラ素材でにぎやかに。

材料 色画用紙、画用紙、カラー工作用紙、キラキラ折り紙、ハニカムシート、リボン、ひも

型紙 285ページ

hekimen → hekimen42

ポイント

クリスマスツリーにリボンを斜めに巻くように貼ると、アクセントになります。

かわいい雪だるまが できたよ！

ふんわり立体的な雪だるまが印象的な壁面かざり。指編みや三つ編みで作った毛糸のマフラーでおめかししています。

材料 色画用紙、厚紙、キルト芯、綿、毛糸

 型紙 286ページ

ポイント

雪だるまは、厚紙に綿を貼ったものを土台にします。その上からキルト芯で包んで立体的に。

子どもと作る クリスマスパーティー

イチゴのケーキが並び、クリスマスパーティーの始まりです。子どもの作品のオーナメントは、麻ひもに通してかざりましょう。

材料 色画用紙、画用紙、包装紙、段ボール、キラキラ折り紙、丸シール、リボン、麻ひも

型紙 286ページ

子どもの作品

1. 保育者が段ボールに銀のキラキラ折り紙を貼ります。
2. ペンで模様を描いたり、キラキラ折り紙や丸シールを貼ったりします。
3. ②の裏に、保育者が輪にしたリボンを貼ります。

今年は何をやってみたい？

子どもと作る

新しい年のスタートに、クラスみんなの1年の抱負をかざりましょう。紅白の紙テープをあしらって、おめでたい雰囲気を出します。

材料 色画用紙、画用紙、キラキラ折り紙、千代紙、紙テープ、オクラ、レンコン

型紙 287ページ

 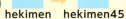

子どもの作品

1. 色画用紙に金や銀の絵の具をつけた野菜でスタンプを押します。
2. ①の両端を丸い軸の鉛筆などに巻きつけて丸めます。
3. 画用紙にペンでやってみたいことの絵を描き、②に貼ります。

壁面かざり　冬

お誕生表

壁面かざり

カラフルチューリップ

ミツバチたちが「おめでとう」のメッセージを届けます。子どもの名前は、色とりどりのチューリップと組み合わせて。

材料 色画用紙、画用紙、クレープ紙、綿ロープ、モール、割りピン

型紙 287ページ

ポイント

クレープ紙を重ねているチューリップの花びらは、根元を割りピンでとめると、角度の調整がしやすくなります。

Part 1

今日から役に立つ！

クラスづくり

- 子どもの心と姿
- 環境構成＆援助
- 製作
- 絵本
- お絵かき なぞなぞ うた・手あそび
- 行事のことばかけ
- あそび
- 読み取ろう！子どもの育ち

1年間の見通しカレンダー

クラス運営をスムーズに進めるには、1年間の見通しを立てることが大切です。毎月どんな園行事があるのか、まず把握しておきましょう。

4月 新学期は保護者と信頼関係を

- 入園式
- 保護者会
- 個人面談

5月 連休明けは体調管理に注意

- 遠足
- 健康診断

6月 プール開きは安全に配慮して

- 歯科検診
- プール開き
- 保育参観

7月 七夕には星への興味を

- 七夕集会
- 終業式

8月 ダイナミックな水あそびを

- 夏祭り
- お泊まり保育
- 夏季保育

9月 戸外で十分に体を動かそう

- 始業式
- お月見

10月 運動会は達成感を大切に

- 運動会
- いもほり
- 遠足

11月 秋の自然物で楽しもう

- 保育参観
- 個人面談

12月 年末の行事で忙しい時期

- 発表会
- もちつき
- クリスマス会
- 終業式

1月 寒さに負けず体を動かそう
- 始業式

2月 表現豊かに共同製作を

- 作品展
- 保護者会

3月 成長の喜びを受け止めよう

- ひな祭り
- お別れ会
- 修了式
- 卒園式

4月のクラス運営

不安な気持ちを受け止めて	入園・進級したばかりで、新しい環境にとまどう気持ちに寄り添いましょう。1人でゆったりできるスペースを設けて、個々のペースで園に慣れるように見守ります。
保育者や友達に親しめるように	あいさつを交わしたり、お互いに名前を呼び合ったりして、保育者や友達と親しみをもってあそべるような場作りを提供していきましょう。

4月の子どもたち

子どもの心と姿

ママ、まだ行かないで

「まだ帰っちゃだめだよ」「手をつないでて！」「ママもいっしょに入って」。玄関で保護者とさよならするのが寂しくて、気持ちをひきずる姿があちらこちらで見られます。最初はたくさん泣くけれど、少しずつ園に慣れて笑顔で別れられるようになっていきます。

おうちのブロックといっしょ！

「このブロック、持ってるよ！」。保育室で家庭と同じ玩具を見つけると安心し、気持ちがほぐれるよう。いつも作っているものを再現すると楽しくなり、誰かに見せたい気持ちも生まれます。場に慣れてくると、「ブロックをつなげたい！」「ねえ、お人形さんであそぼうよ」と、意欲がわいてきました。

4月は、あそび慣れた玩具が一番安心。

先生がママなんだ

「ママー！ あっ、間違えた。えーと、先生！」「先生、いっしょにあそぼうよ」「これ、どこに置くの？」「先生、見ててね」。先生に言えば、お母さんのようになんでも聞いてもらえると、安心する子どもたち。自分のすべてをそのまま受け止めてくれる温かい存在に気づき始めます。

明日もまたあそびたいな

「砂場で作ったケーキ、先生がおいしいねって食べたの。また明日も作ってあげるね」と、明日への楽しみを胸に降園します。保育者が「明日またおなかをすかせて待ってるね」と言葉をかければにっこりです。

お水、かけられちゃった

じょうろで水をまくのが好きな子ども、派手に服をぬらしてしまう子ども、かかった水に驚く子ども。3歳児の集団生活は、まだまだバラバラです。

ねらい

* 園や保育者に親しみをもち、安心して生活する。
* 新しい環境や生活の流れを知ろうとする。
* 季節を感じ、春の自然とふれあう。

環境構成 & 援助

子どもにわかりやすいマークを

上履きに履き替え、ロッカーに自分の荷物を置くことから園生活は始まります。くつ箱やロッカーなどに、自分のマークがあると目印になり、迷うことがありません。

排せつの手順をイラストで説明

「便座に座る」から「手を洗う」までをわかりやすいイラストで掲示。個室トイレの扉の内側に手順のイラストがあれば、すぐ確認でき、トイレの不安がなくなります。

いっしょにあそんで信頼関係を築こう

子どもはいっしょにあそんでくれる大人が大好き。入園・進級の時期はいっしょに同じことをしてあそび、ほめたり、認めたりすることで、「受け入れられている」という安心感を与えることができます。

ハイタッチでママにバイバイ

登園の際、保護者から離れづらくて泣いてしまう子には、保護者とハイタッチの儀式を。子どもなりに区切りがついたら、必ず迎えに来ることを伝え、温かく園に迎えましょう。

チェックリスト ✓

- ☐ 子どもの名簿を確認し、名前にはふりがなをつけて覚える。
- ☐ 個人マークを決め、くつ箱・ロッカーなどにシールを貼る。
- ☐ 誕生表の名前と日にちが正しいか、確認する。
- ☐ 配慮が必要な子、アレルギーのある子などを把握する。
- ☐ 保護者の名前や顔を確認し、自己紹介をする。

製作 4月のアイデア

[手形のチョウ]

手形がチョウの羽に早変わり

材料
色画用紙、厚紙、スパンコール、モール

作り方

1 手形を押す
色画用紙に絵の具をつけた手で手形を押します。

2 ペンで描く
色画用紙にペンで顔を描きます。

3 紙を貼る
保育者が1にスパンコールを貼った厚紙の体とモールをつけた顔を貼ります。

[カラーポリ袋のイチゴ]

点々を描くのが楽しい！

材料
厚紙、カラーポリ袋、色画用紙、綿

作り方

1 綿をのせる
カラーポリ袋に綿をのせ、その上から厚紙をのせて形を整え、裏をテープでとめます。

2 ペンで描く
カラーポリ袋に油性ペンで点々を描きます。

3 紙を貼る
裏に色画用紙のへたを貼ります。

お絵かき

クローバー 縦の葉、横の葉の順番に描きます。

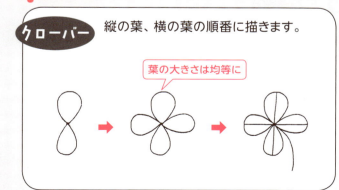

葉の大きさは均等に

小鳥 頭は真ん丸に描くと、かわいらしくなります。

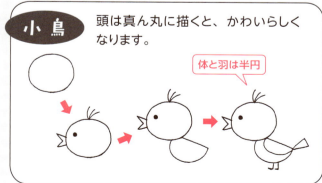

体と羽は半円

絵本

「おむかえ」
作・絵／ひがし ちから
佼成出版社

入園間もないこたろうくんは、お母さんと離れたくないと泣いてばかり。お昼寝を境に気持ちが変化してきて…。

「ようちえんいやや」
作・絵／長谷川 義史
童心社

いろいろな理由で「ようちえんいややー」と泣く子どもたち。新しい環境への不安に共感してくれるような絵本です。

「きょうのおべんとう なんだろな」
作／岸田 衿子　絵／山脇 百合子
福音館書店

みんなが大好きなお弁当。うさぎもぞうも虫もぼくも大好物に大喜び。お弁当のわくわく感が楽しめます。

「そらはさくらいろ」
著／村上 康成
ひかりのくに

サクラが満開の春、ごろんと寝転んで空を眺めながら動物や雲とおしゃべり。お散歩のあとに読むと盛り上がります。

「はるかぜさんぽ」
作／江頭 路子
講談社

サクラやタンポポ、シャボン玉にダンゴムシにちょんとふれたり、風の音を聞いたり、春を全身で感じられる作品。

「ごろりんごろんころろろろ」
作／香山 美子　絵／柿本 幸造
ひさかたチャイルド

うさぎさんがテーブルを作って運んでいると、動物たちが次々にお手伝い。仲間を思いやる姿に、心和むお話。

なぞなぞ

Q 入園すると、いっぱいできるもの、なーんだ？
A 友達

Q 春になると、「ら」が咲く花は？
[ヒント] お花見をするピンクの花だよ　**A** サクラ

Q 緑色で小さくて細くて、葉っぱを食べて大きくなる、わたしはだーれ？
A アオムシ

うた

♪ **せんせいとお友だち**
作詞／吉岡 治　作曲／越部 信義

♪ **おはながわらった**
作詞／保富 庚午　作曲／湯山 昭

♪ **手をたたきましょう**
訳詞／小林 純一　チェコスロバキア民謡

♪ **ありさんのおはなし**
作詞／都築 益世　作曲／渡辺 茂

手あそび・うたあそび

♪ **あなたのおなまえは**
作詞／不詳　インドネシア民謡

♪ **はじまるよったら はじまるよ**
作詞・作曲／不詳

♪ **あたま かた ひざ ポン**
作詞／不詳　イギリス民謡

♪ **キャベツのなかから**
作詞・作曲／不詳

Part 1　クラスづくり　4月

行事のことばかけ

入園式

今日からみんなは、この園の子

　待っている仲間がいることを話し、保護者と離れた不安を少しでも取り除きましょう。

　みんなはなんという名前の園に、入園してきたのかな？　そうですね、○○園ですね。みんながこの園に来てくれるのを、楽しみに待っていたお友達が園庭にもいますよ。ウサギのピョン子ちゃんや、カメのカメ吉くんもみんなが来てくれるのを待っていたんですよ。チューリップもたくさん咲いていたでしょう？　今日からみんなは、ここの園の子です。明日から元気よく来てくださいね。

誕生会

おうちの人に「ありがとう」を

　お誕生表を保育室にかざっておくと、友達の誕生日がわかり、関心をもつことができます。

　今日はホールで、○月生まれの子のお誕生会があります。このクラスでは、○○くんと○○ちゃんが今月お誕生日を迎えます。1つお兄さん、お姉さんになりますね。どうかな、少し大きくなった気分かな。お誕生日を迎えたお友達はもちろんうれしいけれど、○○くん○○ちゃんが4歳になるまで大切に育ててくれた、お父さんやお母さんも喜んでいると思います。おうちに帰ったら「ありがとう」と言いましょう。みんなもお誕生日のお友達に「お誕生日おめでとう」と言ってお祝いしましょうね。

ちょこっと ことばかけ

散歩　タンポポ

　タンポポの綿毛には、種がついていて、風にのって遠くまで種を運んでいくよ。1つの花には、200個くらいの種がついているんだって。

食育　タケノコ

　タケノコは、地面からニョキニョキ生えてくるよ。大きくなるスピードが速くて、1日で1mも大きくなることもあるんだって！

季節　お花見

　園庭のサクラがきれいに咲いているね。みんなは、お花見をしたかな？　お花見は、きれいな花を見て、楽しむ行事だよ。

4月のあそび

保育者と 1対1 ふれあい

くっつけ くっつけ！

ねらい
* 保育者とのスキンシップを楽しむ
* 体の部位に興味をもつ

あそび方
体の部位同士をくっつける

保育者は「くっつけ くっつけ ○○と○○」と言いながら、頬や頭、おなかなど体の部位を子どもとくっつけます。

● ほっぺた

くっつけ くっつけ ほっぺとほっぺ

● 頭

くっつけ くっつけ 頭と頭

● おなか

くっつけ くっつけ おなかとおなか

● 足

くっつけ くっつけ 足と足

ことばかけ
「頭と頭、ほっぺとほっぺ…ピッタンコってくっつけられるかな」

保育者の援助
ふれあう喜びを体いっぱいに表しながら、笑顔で子どもとくっつきましょう。しっかり目を合わせながらスキンシップを楽しみます。

バリエーション
子ども同士でくっつく

保育者のセリフに合わせて、子ども同士でくっついてみましょう。まだ子どもだけでは難しいので、保育者が間に入って見守るようにします。

くっつけ くっつけ 頭と頭

Part 1 クラスづくり 4月

| 見立て | 友達と | 体を動かす |

ゆかいな動物園

ねらい
* 全身を動かし、動物になりきることを楽しむ

あそび方

1 車になって歩き回る

保育者も子どもも、両手を前に出し、ハンドルを握るしぐさをします。「ブッブー」などと言いながら、自由に歩き回ります。

2 着いてストップ

保育者が「ストップ！ 動物園に着きました」と言い、子どもは動作を止めます。

3 ゾウのまねで

保育者が「ゾウさんが、ドーンドーンと来ましたよ」と言いながら、ゾウの歩くしぐさをします。子どもたちがまねをします。

ことばかけ

「自動車に乗って、みんなで動物園に行こう！ どんな動物がいるかな？」

保育者の援助

車になって動き回ったり、動物のまねっこをしたりするときは、動作を大きくします。「山が見える」「トンネルくぐるよ」などと景色をイメージできる言葉かけをしましょう。

バリエーション

いろいろな動物で

両手を顔の横に広げてライオンのたてがみに見立て、「ガオー」とほえます。また、ゴリラのまねで、「うっほっほ」と言って胸をたたくなど動物になりきって動きましょう。

自然　見立て　外あそび

春のお菓子やさん

ねらい
* 草花を集めて見立てあそびを楽しむ

あそび方

1 葉っぱや花びらを集める

レジ袋を持って公園などに行き、草花を集めます。

2 お菓子を作る

保育者が援助しながら、みんなで集めた草花でお菓子を作ります。

* お花プリン・お花ジュース…空き容器に花びらなどを入れ少し水を入れます。
* キャンディー…細長い葉を結びます。
* ペロペロキャンディー…シロツメクサを束にします。
* ミントガム…画用紙の上にクローバーをのせます。
* あられ…紙皿にいろいろな色の花びらをのせます。
* ケーキ…空き容器を逆さにして花や葉っぱをのせます。

準備する物
レジ袋、プリンやゼリーの空き容器、画用紙、紙皿

いっぱい集まったね

お花プリン　お花ジュース

キャンディー　ペロペロキャンディー

 ナノハナ　 サクラ　 ナズナ　 タンポポ

ミントガム　あられ

 クローバー（シロツメクサ）　　 葉っぱ　 草

ケーキ

Part 1 クラスづくり　4月

ことばかけ

「今日はきれいなお花や葉っぱで、お菓子を作ろう」

保育者の援助

子どものようすを見ながら、お菓子作りのイメージが広がるように「丸くてアメのようね」「パイナップルジュースかな?」など声をかけましょう。

あそびが広がることばかけ

五感に伝えて

葉っぱや花びらを集めているときに、「どんな匂いがするかな?」「小さなつぼみがついているよ」「ざらざらしてるよ」など五感で感じられる言葉をかけます。

お菓子の材料どんな匂いかな

粘土　指先　表現

コロコロアオムシ

ねらい
* 色の変化を楽しみながら、粘土をこねる、丸める体験をする

準備する物
紙粘土、竹串、ゴムひも、モール

\ あそび方 /

1 粘土を切る

あらかじめ、2〜4色の紙粘土を3cm角の大きさに切り分けておきます。

2 粘土を混ぜる

好きな色の粘土を2つ選んで混ぜます。

3 コロコロ丸めて

手のひらでコロコロ丸め、5〜8個程度のボールを作ります。

4 ゴムひもを通し顔をつける

保育者は、3で丸めた粘土が乾く前に竹串に刺して穴を開けます。乾いたら穴にゴムひもを通します。モールで触角をつけ、顔を描いたら、アオムシの完成。

ことばかけ

「赤、青、黄、白、4色の紙粘土があるよ。色を混ぜてこねたり、丸めたりしてみよう」

保育者の援助

紙粘土が乾燥する前に竹串に刺す必要があるので、時間を決めて、「おしまい」にします。安全に配慮して、竹串を刺す作業は子どものいない場所で行いましょう。

あそびが広がることばかけ

色の変化を楽しむ

「青色と黄色を混ぜたら何色になるかな？」などと、2色の粘土を混ぜると色が変わることを伝えます。子どもたちは、色が変わっていくようすを紙粘土をこねながら楽しみます。

| 跳躍力 | 脚力 | リズム感覚 |

ドタバタウサギ

ねらい
* 動物になりきってジャンプを楽しむ

あそび方
ウサギをイメージして、楽しくジャンプするあそびです。手首と手指はまっすぐにして頭の上に添えて、自由にジャンプをします。

保育者の援助
動きが小さい子には、「手をうんと高く上げてごらん。高く跳べるよ」と手を添えます。

ウサギの耳がピンとなるように、指先はそろえてまっすぐに。

Part 1 クラスづくり　4月

| 握力 | 協調性 | 協応性 |

長なわ引っ張りっこ

ねらい
* 友達と力を合わせてなわの引っ張り合いを楽しむ

準備する物
長なわ

あそび方
長なわの端と端を子どもたちが持ち、綱引きの要領で両方からなわを引っ張ります。

あそびのポイント
足を開き、しっかり腰を落として長なわを引っ張ります。

\読み取ろう!/ 子どもの育ち

4月

子どもは、あそびながら成長しています。今月のあそびの風景から、育ちの読み取りを紹介します。

コロコロアオムシ（p58）より

紙粘土を好みで2色混ぜて丸めるあそびを、グループで行った。

Aくん

初めてさわる紙粘土の感触に驚き、「冷たい～」「さわるの、嫌だー」と保育者に言い、粘土をさわろうとしない。しかし、周囲の友達が紙粘土をちぎったり丸めたり、色と色を混ぜてあそんだりするようすをじっと見て、人差し指で少しさわった。そして、少しずつ自分で好きな色を選び、丸めて楽しむことができた。

関連する10の姿　豊かな感性と表現

読み取り

【この場面での育ち】

ねっとりとした感触の紙粘土を「気持ち悪いもの」と受け止めていたが、友達のようすを見て、大丈夫そうだと思いなおしたのだろう。人差し指でさわって慣れ、丸める楽しさ、混色のおもしろさを経験できた。「形や色が変わるおもしろい素材」ということを感じたようだ。

今後の手立て

新しいものや経験したことのないものに対しては臆病な面があるが、友達や保育者の働きかけによって、世界は広がると思われる。楽しい出合わせ方を工夫し、やってみようと思えるように導き、新たな経験を増やしていきたい。

Bちゃん

白と赤の紙粘土を混ぜるとピンクができることに驚き、笑顔になった。その後、大好きなピンクの紙粘土をたくさん欲しくなったようで、隣のCちゃんが作ったピンクの紙粘土をなにも言わずに取ってしまった。気づいたCちゃんが「返して」と言っても、握って離さない。泣き出したCちゃんに戸惑い、そっとピンクの粘土を返した。

関連する10の姿　道徳性・規範意識の芽生え

読み取り

【この場面での育ち】

好きな色に魅かれ、意欲的に紙粘土あそびに取り組んでいる。赤と白を混ぜるとピンクになることは大きな驚きであり喜びだっただろう。友達の粘土まで取ってしまったが、泣かれたことによって悪いことをしたと気づいたようだ。自分の行動を振り返ることができたといえる。

今後の手立て

ルールを押しつけるのではなく、相手はどんな気持ちか、自分が同じようにされたらどんな気持ちか、ということを考えながら行動を選び取れるように、状況をつくり、経験を重ねていけるようにしたい。

5月

5月のクラス運営

生活習慣に目を向ける	1日の流れが徐々にわかってきます。園での生活を楽しむとともに、手洗いやトイレのしかたなどを繰り返し伝え、慣れられるようにしましょう。
友達との仲立ちをする	まだ1人あそびが中心の子もいます。子どものようすを見ながらそばにいる友達と、関わりが楽しめるよう仲立ちをしていきましょう。

5月の子どもたち

子どもの心と姿

積み木で何作るの？

積み木を並べると、「先生、何作るの?」「ぼくも」と保育者の周りに集まってきます。「お城を作ろう」「大きいお城がいい」「王子さまが住んでるんだよ」。積み木でお城作りです。保育者のそばにいると安心し、友達といっしょに楽しみます。

友達、大好き！

「いっしょに行こう!」「うん、行こう!」。友達とくっついてあそぶことが楽しいことに気づいた子どもたち。目と目が合うだけで、思わずにっこり。思いを少しずつ出しながら、関係を築きます。

仲よしの友達といるだけで、こんなに笑顔に！

おもしろい道具がいっぱい！

「どうして穴があくのかなあ」と、穴あけパンチで画用紙にいくつも穴をあける子や、ホッチキスの針が飛び出すのが楽しくて、紙をはさまずに、カチャカチャする子も。見るものすべてが珍しく、なんでもさわってみたくなるようです。

あの子が取ったんだよ

「三角屋根のおうち作ったよ」「あれ、三角屋根がなくなっちゃった」「取られちゃった」「違うよ、借りたんだよ」とケンカになることも。なんでも自分のものだと思っていたのに、自分以外の人がいることに気づき始めます。

やってみたいな

「これ、何するもの?」「はさみ。切るものよ」「やりたい」。色画用紙を出すと、さっそくチョキンと1回切り。気の向くままに、なんにでもトライします。

ねらい

* 保育者や友達と関わり、好きなあそびをいっしょに楽しむ。
* 春の自然にふれながら、戸外あそびを楽しむ。
* 園生活の仕方や一日の流れがわかり、身の回りのことを自分でする。

環境構成＆援助

戸外の用具も出し入れしやすく

砂や水など、可塑性（かそせい）のある素材の感触が楽しい時期。外にも写真つきの用具入れがあれば、今使いたい用具をすぐに出すことができ、片づけにも意欲をもって取り組むことができます。

好奇心は安全のうえで

園生活に慣れ、5歳児をまねて無理なことをしようとする子どももいます。保育者は子ども全体の動きが把握できるところにいて、常に安全に留意しましょう。

どこに何があるか、すぐわかる

やりたいときにすぐできる！

「やりたい」と思ったときにすぐにあそべるよう、製作あそびに使う道具や素材は置き場所を決め、自由に使えるようにしておきましょう。

友達とあそべばケンカも増える

子ども同士の関わりが増えると、小さなケンカも増えます。保育者が間に入り、お互いの言いたいことを補うなどして、気持ちが伝わるように援助します。

チェックリスト ✓

- ☐ 連休明けに不安になる子には、ていねいに関わる。
- ☐ 連休の疲れが出ていないか、体調に配慮する。
- ☐ 気温が高い日は、子どもの服装に留意し、水分補給を促す。
- ☐ 散歩前に、園周辺の危険箇所をチェックする。
- ☐ 自分のクラスだけでなく、園全体の子どものようすを把握する。

製作 5月のアイデア

[野菜スタンプこいのぼり]

野菜でぺったん！

材料
画用紙、色画用紙、野菜（ピーマン、コマツナの根元など）

作り方

1 スタンプを押す
画用紙に絵の具をつけた野菜でスタンプを押します。

2 紙を貼る
1の左右に、色画用紙の顔と尾を貼ります。

[にじみ絵こいのぼり]

コーヒーフィルターがうろこに

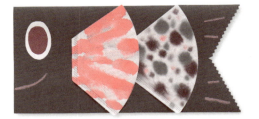

材料
色画用紙、画用紙、コーヒーフィルター

作り方

1 絵の具で描く
コーヒーフィルターに絵の具で模様を描きます。

2 紙を貼る
保育者がピンキングばさみで色画用紙を切ります。1と目を貼り、クレヨンで口などを描きます。

お絵かき

通園バッグ 肩ひもは、少したわませて描くのがポイント。

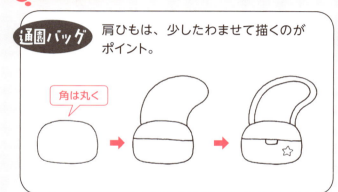

ケーキ スポンジのベースを描いたら、クリームをなみなみ線でプラス。

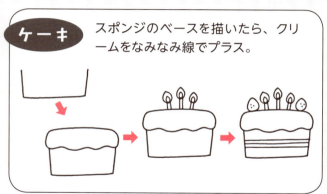

絵本

「こいのぼりくんのさんぽ」
文／すとう あさえ　絵／たかお ゆうこ
ほるぷ出版

空を散歩していたこいのぼりくんが、ねこちゃんを背中にのせると、あら大変！　行事への興味を引き出します。

「えんそく くろくま」
作・絵／たかい よしかず
くもん出版

遠足に出かけたくろくまくん。池の周りで耳をすますといろいろな音が聞こえてきます。音の表現がユニークな絵本。

「おどります」
作／高畠 純
絵本館

動物たちが次々に登場して「メケメケフラフラ」と踊ります。絵本のまねをして、みんなでいっしょに踊りましょう。

「そらまめくんのベッド」
作・絵／なかや みわ
福音館書店

そらまめくんの宝物だったふわふわベッドが、ある日なくなり…。ぜひ本物のソラマメのさやにふれてみましょう。

「ぼくとおかあさん」
文・絵／宮本 忠夫
くもん出版

やんちゃな子グマとお母さんグマとの会話のやりとりがほほえましい作品。親子の表情にも注目です。

「ふんふん なんだかいいにおい」
作／にしまき かやこ　こぐま社

お母さんの誕生日、大急ぎで出かけたさっちゃんは、動物たちと出会い…。やさしい気持ちになれる母子のお話。

なぞなぞ

- Q 梅干し、たらこ、昆布、しゃけ…。どんな食べ物？
  [ヒント] ごはんの中に入ってるよ　A おにぎり
- Q すいすいすい…すいが10個、これ、なーに？
  A 水筒
- Q 春の空に魚が泳いでいるよ。なんだろう？
  A こいのぼり

うた

- ♪ **こいのぼり**
  作詞／近藤宮子　無名著作物
- ♪ **おかあさん**
  作詞／田中ナナ　作曲／中田喜直
- ♪ **ことりのうた**
  作詞／与田準一　作曲／芥川也寸志
- ♪ **シャボン玉**
  作詞／野口雨情　作曲／中山晋平

手あそび・うたあそび

- ♪ **さかながはねて**
  作詞・作曲／中川ひろたか
- ♪ **手をたたきましょう**
  訳詞／小林純一　チェコスロバキア民謡
- ♪ **ちいさなはたけ**
  作詞・作曲／不詳
- ♪ **1本橋こちょこちょ**
  わらべうた

Part 1 クラスづくり

5月

行事のことばかけ

こどもの日　5月5日

子どもの成長をお祝いする日

ポイント　赤ちゃんのころの写真を見るなど、家庭でも成長を実感できる機会としましょう。

　5月5日は「こどもの日」です。こどもの日は、昔は男の子だけのお祝いだったけれど、今は男の子も女の子も、子どもが元気に大きくなったことを、みんなでお祝いする日です。こいのぼりを立てたり、かしわもちやちまきを食べたりしますね。みんな生まれたときは小さな赤ちゃんだったのが、ここまで大きくなったのは、おうちの人や周りの人たちが、大切に育ててくださったからです。「ありがとう」の気持ちをもちましょうね。

健康診断

体が元気かどうか診てもらおう

ポイント　痛いかも、と医師の診察を怖がらないよう、前もって手順を知らせておくと安心です。

　みんなは毎日、元気に登園していますね。今日は、「健康診断」といって、みんながどれくらい元気か、お医者さんが診に来てくれる日です。お医者さんが体を診てくれるときに、「聴診器」という道具を使います。胸や背中に聴診器を当てると、みんなの体の音が聴こえます。体の音を聴いて、「○○くんは元気だね」「○○ちゃんは調子が悪いのかな？」と、わかります。その音は小さな音だから、静かに待っていましょうね。

ちょこっとことばかけ

散歩　アリ

　園庭にはアリがたくさん歩いているね。アリのおうちは土の中にあるんだよ。たくさん部屋があるんだって。

食育　かしわもち

　こどもの日に食べるかしわもちを包む葉っぱは、カシワという木の葉っぱだよ。子どもが元気に育ちますように、という願いがこめられているんだ。

季節　潮干狩り

　潮干狩りって知っている？海の浅いところで、砂を掘ってアサリなどの貝をとって楽しむことだよ。今の季節がちょうどいいんだって。

5月のあそび

リズム感覚 **友達と** **ふれあい**

ぎゅっぎゅっぎゅっ

ねらい
* 親しみのある曲に合わせてあそぶ
* 友達とのスキンシップを楽しむ

Part 1 クラスづくり 5月

あそび方

1 握手する

2人組で向き合って、『手をたたきましょう』のリズムで手あそびをします。慣れたら、「♪わらいましょう…」の部分を「♪あくしゅをしましょう　ぎゅっぎゅっぎゅ〜」と歌詞を替えてうたい、握手します。

2 両腕をひらひらと下ろす

「♪ああ　おもしろい」で、両腕を上げてひらひらさせながら下ろします。

3 ハグする

2番は1の歌詞の部分で「♪ハグハグしましょう　ぎゅっぎゅっぎゅ〜」とうたいながら友達とハグします。2をしたら、繰り返しあそびます。

ことばかけ

「握手したり、ハグしたり。歌に合わせてお友達にたくさんさわっちゃおう！」

保育者の援助

初めはゆっくりしたテンポであそびましょう。保育者もあそびに加わると、子どもはまねをして振りを覚えるのが早くなります。

バリエーション

人数を増やして

2人組に慣れてきたら、4人にするなど人数を増やします。握手のときは輪になって手をつなぐなど、友達とふれあう楽しさをさらに体感するでしょう。

砂場　探索　友達と

砂場探検隊

ねらい
* 物への興味を広げ、探索活動を促す

準備する物
シャベル、バケツ、ボール・松ぼっくり・フタなど

あそび方

1 砂を掘って探す

あらかじめ、保育者が複数のボールや松ぼっくりなどいろいろな物を砂場に埋めておきます。子どもたちがシャベルで砂を掘り探します。

2 いろいろ見つける

中から埋めた物が出てきます。子どもが「あった！」と言ったら、保育者は「ほんとだ、見つけたね！」と応えましょう。

ことばかけ
「砂場に何か埋まってるよ！ みんなで掘ってみよう。何が出てくるかな？」

保育者の援助
いろいろな大きさや色、素材の物を埋めましょう。見つけられない子には、「あ、この辺りはどうかな？」などとヒントを出し、促します。

あそびのヒント

分別してみよう

箱やバケツなど容器を用意し、掘り当てた物を、その容器に種類別に分けて入れてみましょう。「いっぱい見つけたね」「分けるの上手だね」などの言葉をかけます。

水あそび　ルール　友達と

水の引っ越し

ねらい
* 水をこぼさないように集中力を養う

準備する物
バケツ、プラスチックのコップ

Part 1 クラスづくり 5月

あそび方

1 チームに分かれる

2チームに分かれます。
スタート地点には水を入れたバケツを、折り返し地点には空のバケツを置きます。

2 水を入れて進む

スタートの合図でバケツからコップに水を入れて、折り返し地点まで行きます。着いたらコップの水をバケツに空け、帰りは走って戻ります。

3 次の人へ

スタート地点に着いたら、次の人にコップを渡し、これを繰り返します。全員水を運んだら終了です。

ことばかけ

「お水を運ぶよ、そっとそっとね。走るとこぼれちゃうよ！」

保育者の援助

あせらないで水が運べるよう「ゆっくり　ゆっくり」などの声をかけましょう。水を全部こぼしてしまう子がいたら、保育者が水を足します。

バリエーション

楽しい水くみ体験

ペットボトルや牛乳パックなどを用意して、バケツの水を入れたり出したりして水くみの楽しさを体験します。

絵の具　表現　指先

てんてん テントウムシ

ねらい
* 筆で点をつけるのを楽しむ
* 絵の具に親しむ

準備する物
絵の具、筆、テントウムシの形に切った色画用紙

あそび方

1 好きな色を作る

絵の具を2～3色混ぜて、好きな色を作ります。単色が好きな子は混ぜなくても構いません。

2 点模様をつける

あらかじめ用意したテントウムシの土台に、点模様をつけます。

テントウムシの土台

てん、てん

ことばかけ

「テントウムシさん、このままだとさびしそうだから模様をつけてあげようね」

保育者の援助

筆に絵の具をうまくつけられない子には、保育者が手を添えて絵の具をつけます。テントウムシの顔の方に点が広がっても、点々になっていなくても構いません。

あそびが広がることばかけ

点々を楽しく

「てん、てん、てん…いっぱいてんてんができたね」などと言葉をかけ、達成感を感じられるようにします。

いっぱいてんてんできたね！

てん・てん

| 支持力 | 協応性 | バランス感覚 |

ワンワン犬歩き

> ねらい
> * 体を動かすことを楽しむ

あそび方

両手と両ひざを床につけて、はいはいで自由に動き回ります。犬の歩き方をイメージして、「ワンワン!」と鳴きまねをしても楽しいです。

保育者の援助

床につく手の指が丸まらないように、パーの形をしっかりと身につけましょう。

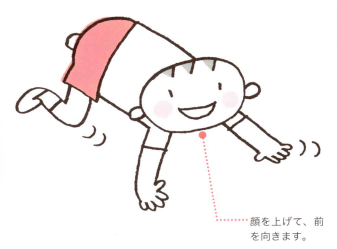

顔を上げて、前を向きます。

Part 1 クラスづくり
5月

| 協応性 | 協調性 | リズム感覚 |

回して！ 回して！

> ねらい
> * 友達といっしょにボールに慣れる

準備する物
ボール

あそび方

1 みんなで輪になって、隣の人に素早くボールを手渡します。
2 ボールは一定方向に渡していきます。落としたら次の人からスタートします。

あそびのポイント

ボールに慣れるためのあそびです。しっかりボールを両手でつかんで、隣の人に回します。

手首だけで回すのではなく、腕全体を使います。

読み取ろう！子どもの育ち 5月

今月のあそびの風景から、子どもの育ちの読み取り例を紹介。ふれあいあそびを取り上げます。

ぎゅっぎゅっぎゅっ（p67）より

朝の会でうたった『手をたたきましょう』に振りをつけ、2人組で友達とふれあった。

Dちゃん

4月半ばからうたっていたため、うたうことには積極的だったが、このあそびではじめて振りがついた。Dちゃんは戸惑ったようすで、保育者の動きをじっと見てなかなか動きだせなかった。テンポを遅くし、ゆっくりとした速さにすると振りをまねし始め、友達と握手やハグをすることができた。後半には笑顔が出てきた。

関連する10の姿：健康な心と体

読み取り

【この場面での育ち】

慎重なDちゃんは全体が見えて安心できないと動けない。でも、ゆっくりのテンポならまねしようという気持ちになったようだ。笑顔になったことから、友達との握手やハグが楽しい経験となったことがうかがえる。心と体を働かせ、生活をつくり出している。

今後の手立て

「やってみよう」と思うには、「できそうだ」と思う段階を踏まなければならない。振りが多すぎると止まってしまうし、テンポが速いとついていけなくなる。ハードルを下げて、Dちゃんの動き出せるところを見いだしながら、楽しく誘っていきたい。

Eくん

はじめから振りへの反応がよく、スムーズに友達とふれあって楽しんだ。少しずつテンポを速くするとさらにおもしろくなったようで、リズミカルに体を動かし、オリジナルの動きを交えて全身で表現した。友達とおもしろいポーズをとっては笑い合い、まねし合って繰り返した。彼のリズムにのる喜びがクラス全体に広がった。

関連する10の姿：豊かな感性と表現

読み取り

【この場面での育ち】

ひょうきんなEくんは、いつもノリノリで大きな声でうたいながら、ふれあいを楽しめる。テンポの違いを感じ、自在に振りも考えて表現できる。感じたことや考えたことを自分で表現し、友達と表現する過程を楽しみ、喜びを味わっている姿である。

今後の手立て

Eくんのよさを、周りの子どもたちに伝えたい。いつもあまり関わりのない子とも2人組になって踊ったり、ふれあったりする機会をつくることで、Eくんの表現から刺激を受けられるだろう。Eくんの世界も広がるはずだ。

6月のクラス運営

「これやりたい」の気持ちを受け止める	いろいろなことに目が向き、好奇心がわく頃です。「これやりたい」の気持ちが膨らんできたら、その気持ちを受け止め、活動に結びつけます。
梅雨期を感じられる体験を	梅雨の時期は室内での活動が多くなりがちですが、雨粒や虹、水たまり、雨上がりの日差しなど、季節の事象にも興味がもてるようにします。

6月の子どもたち

子どもの心と姿

ぼくが運転手だよ!

友達があそんでいる姿を見ると、いっしょにやりたくなります。だけど、まだ相手の気持ちはわかりません。「ぼく、運転手」「だめ、ぼくだけが運転手!」。友達とふれあい、ぶつかり合いながら成長していきます。

入れて、ぼくもやりたいな

登園すると、すぐにブロックを出し、あそび始めます。「入れて」。昨日と同じようにブロックをつなぐ仲よしの2人。2人にとってブロックは心を落ちつかせ、安定させてくれる玩具です。

友達がブロックをつなげるのを見るのも楽しいようす。

宇宙船で出発!

積み木を宇宙船に見立てたあそびにみんなが集まります。それぞれがハンドルを握るまねをして、「宇宙船、出発!」「着いたぞ、東京でーす」「ハワイだよー」とごっこあそび。同じ場所で、同じ乗り物に乗って、それぞれの思いであそびを楽しみます。

先生、来て! 先生、見て!

「先生、プリンできたよ。来てー」「今、行くね」「おいしそうなプリン、ありがとう」。この時期の子どもは保育者を独占したい気持ちが強く、保育者に一番に食べてほしいと思っています。「おいしいね」と保育者がプリンを食べると、にっこり笑顔になり、満足そうです。

ぼくのシャベルがない

「シャベルがない」「ここにあるよ」「違う。昨日、ぼくが使っていたのがない」。一度使うとそれが自分のものだと思い、主張する姿も見られます。

ねらい

* 保育者や友達とふれあってあそぶことを楽しむ。
* 自分の思いや欲求を、友達や保育者に伝える。
* 身の回りの清潔に興味をもち、自分で手洗いなどを行う。

環境構成＆援助

手に取りたくなる絵本コーナー

さまざまなテーマの絵本の表紙が並び、子どもが読みたい本を自分で選びやすい絵本棚。思わず絵本に手が伸び、片づけも自分で行えます。

友達との関わりが増えるように

「クモの巣、くぐろう！」

友達とのふれあいがうれしい時期。友達と出会えるような仕掛けを作りましょう。テープでできた巨大クモの巣で楽しむなど、あそびを考えます。

自己主張も受け入れて

自分の気持ちを自己主張する姿があちらこちらで見られます。自分の気持ちを外に出せるのは安心できている証拠。温かく受け入れ、ときに橋渡しの援助をしましょう。

雨の日も楽しく外あそび

長靴を履き、レインコートを着て園庭に出るのも、子どもにとっては新鮮なあそび。積極的に外に出て、雨の日ならではの水たまりや草花、小動物との出合いを喜びましょう。

チェックリスト ✓

- ☐ 傘立てやレインコート掛け、足ふきタオルなどを準備する。
- ☐ 園庭でカタツムリなどの生き物を探しておく。
- ☐ 水あそび用の玩具や用具のチェックをする。
- ☐ 泥あそびや汗で衣服が汚れるため、着替えを多めに準備するよう保護者に伝える。
- ☐ 気温の変化で体調が変わりやすいため、健康管理に留意する。

製作 6月のアイデア

[紙皿の掛け時計]

針を動かしてあそぼう！

材料
紙皿、画用紙、色画用紙、カラー工作用紙、丸シール、割りピン

作り方

1 紙皿に貼る
紙皿の裏に色画用紙と画用紙の顔などを貼ります。

2 割りピンでとめる
保育者がカラー工作用紙の針を紙皿の中央に割りピンでとめます。

3 シールを貼る
丸シールに数字を書き、紙皿に貼ります。

[紙皿ボウルのアジサイ]

紙皿ボウルで立体的に

材料
紙皿ボウル、折り紙、色画用紙、ひも

作り方

1 紙をちぎる
折り紙をちぎります。

2 紙を貼る
紙皿ボウルの外側に 1 を貼り、裏に色画用紙の葉とひもを貼ります。

お絵かき

歯ブラシ
柄は細長く、なみなみ線で毛束を表現します。

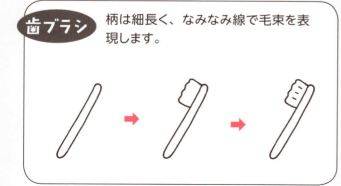

クマ
耳は丸く、離して描きましょう。

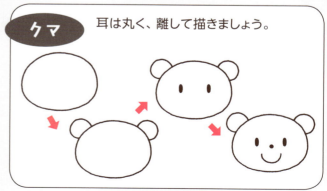

絵本

「ちいちゃんのはいしゃさん」
作／しみず みちを
ほるぷ出版

歯医者さんごっこをしていたちいちゃんの歯が本当に痛くなって…。歯の大切さを伝えるのにぴったりな一冊。

「ねこどけい」
作／きしだ えりこ　絵／やまわき ゆりこ
福音館書店

ことちゃんの家にある鳩時計をネコのねねこが壊してしまい…。時計や時間に興味をもつきっかけにもなります。

「コッコさんとあめふり」
作・絵／片山 健
福音館書店

コッコさんがてるてる坊主を作っても雨は続き…。願いを叶えてもらおうと試行錯誤するようすがかわいい作品。

「ピッツァぼうや」
作／ウィリアム・スタイグ　訳／木坂 涼
らんか社

雨であそびに行けず、不機嫌なピート。そこでパパが、ごっこあそびを始めて…。まねしたくなる楽しいお話です。

「ノラネコぐんだん パンこうじょう」
著者／工藤 ノリコ　白泉社

パン工場に忍び込んだノラネコぐんだんが大事件を引き起こします。ネコたちの表情や姿がくすっと笑える一冊。

「あおいふうせん」
作／ミック・インクペン　訳／角野 栄子
小学館

しぼんだ青い風船を膨らませると不思議なことが起こり…。風船が大きくなるしかけ絵本に子どもたちも大喜び。

Part 1　クラスづくり　6月

なぞなぞ

Q 歯磨きしないと出てくる、痛ーい虫、なーに？
　A 虫歯

Q 空にかかる橋って、なーんだ？
　[ヒント]7色で雨のあとに出るよ　A 虹

Q ピョンピョン跳ねる、オタマジャクシのお母さん、だーれ？
　[ヒント]ケロケロ鳴くよ　A カエル

うた

♪ **かえるの合唱**
訳詞／岡本敏明　ドイツ民謡

♪ **すてきなパパ**
作詞・作曲／前田恵子

♪ **とけいのうた**
作詞／筒井啓介　作曲／村上太朗

♪ **はをみがきましょう**
作詞・作曲／則武昭彦

手あそび・うたあそび

♪ **あまだれ ぽったん**
作詞・作曲／一宮道子

♪ **とうさんゆび どこです**
作詞／不詳　フランス民謡

♪ **グーチョキパーでなにつくろう**
作詞／不詳　フランス民謡

♪ **おはなしゆびさん**
作詞／香山美子　作曲／湯山 昭

行事のことばかけ

プール開き

約束を守ってプールであそぼう

ポイント 楽しみなプールには危険も伴うことを伝え、安全な入り方や約束事をわかりやすく話します。

　明日はプール開きです。楽しみですね。でもプールの周りで走ったり、ふざけたりすると、地面がぬれているから滑ったり、転んでケガをしたりすることがあります。せっかくのプールあそびなのに痛い思いをしたら、悲しいですね。だから、約束を守ってプールに入りましょう。先生は、プールでできる楽しいゲームをたくさん考えています。今日はしっかりとごはんを食べて、たっぷり寝て、明日は元気にプール開きに来てくださいね。

保育参観

かっこいい姿を見てもらおう

ポイント ふだんの園生活のようすを保護者に見てもらう機会であることを、ていねいに伝えます。

　今日から1週間、みんながどんなふうに園で過ごしているか、おうちの人が見にきてくれます。みんなは、どんなところを見てもらいたいですか？　お友達とあそんでいるところや、みんなで歌をうたうところ、給食を楽しく食べているところ、先生のお手伝いをしているところかな？　大勢の人が来るけれど、大丈夫ですよ。びっくりしないでくださいね。おうちの人が来たら、みんなのかっこいいところをたくさん見せましょう。

ちょこっと ことばかけ

散歩　カタツムリ

　カタツムリは、みんなが知っている歌にもあるように、でんでん虫ともいうね。これは貝の中から「出ろ出ろ」という意味なんだって。

食育　サクランボ

　園庭のサクラの木にもサクランボはなるけれど、お店で売っているサクランボとは違うよね。食べるサクランボ専用のサクラの木があるんだよ。

季節　梅雨

　雨の日が続くのは、梅雨だから。6月になると「梅雨入り」といって、雨の日が多くなるよ。雨は大切なものだから、降らないと困ることもあるね。

6月のあそび

ルール　友達と　体を動かす

ネコとパンダ!?

準備する物　マット（2組）

ねらい
* 簡単なルールのあるあそびを楽しむ

あそび方

1　パンダが出てくる

子どもはマットの上に座り、保育者は正面で『あがりめ さがりめ』のリズムで手あそびをします。「♪あがりめ　さがりめ　ぐるっと　まわって　パンダのめ…」両手を両目に当てて「パンダ～」と言います。子どもはネズミ役なのでネコで逃げ、パンダでは動きません。

2　ネコから逃げる

1を繰り返します。「♪あがりめ　さがりめ　ぐるっと　まわって　ネコのめ…」両目をつり上げて「ニャー!」と言います。ネズミ役の子どもははいはいで、ネコ役の保育者の先にあるマットへ逃げ、ネコが追いかけます。繰り返しあそびます。

ことばかけ
「みんなはネズミさんになるよ。ネコが現れたら捕まらないように逃げてね」

保育者の援助
保育者は、子どもたちを捕まえそうで捕まえられないよう演じます。ネズミがきちんと目的地（先のマット）まで逃げられるかがポイントです。

バリエーション

ひざをつけずに逃げる

子どもたちはひざをつけずに逃げるようにします。はいはいよりもバランスをとるのが難しくなるため、保育者は子どものようすを注意して見守りましょう。

| 友達と | 体を動かす | 感 覚 |

ふわふわふわっと

ねらい
* 布の感触や特性を楽しむ
* 全身で風を感じながらあそぶ

準備する物
シーツぐらいの大きい布数枚

あそび方

1 布の陰に隠れる

大きい布を壁につったり、床に広げたりしてかくれんぼをします。

2 寝転んだ上で布を揺らす

保育者たちが布の四隅を持ち、子どもたちが寝転がっている上で、ふわふわ揺らしてあそびます。

ことばかけ

「やわらかくて、ふわふわで楽しいね。みんなでかくれんぼしよう」

保育者の援助

用意する布は、透ける素材や色の薄い物のほうが子どもたちは安心してふれあえます。布の陰で子どもたちがぶつかったりしないように、配慮します。

バリエーション

1人でふわふわを体感

子ども自身がふわふわできるように、1人ずつに切ったカラーポリ袋を渡します。上から落としたり、振ってみたり、ふわふわさせながら思い思いにあそびます。

| 自然 | 感覚 | じっくり |

雨音探検に出かけよう

ねらい
* いろいろな場所で、落ちてくる雨音に興味をもつ

準備する物
バケツ、鍋、洗面器、コップなど

あそび方

1 容器を置く

雨降りの日に、園庭に金属やプラスチックなど素材の異なる容器を置きます。

2 雨音を聞く

容器のそばにしゃがみ、どんな雨音がするのか聞きます。

ことばかけ

「耳を澄まして雨の音を聞いてみようね。どんな音がする?」

保育者の援助

金物、プラスチック、ガラスなど音の違いが楽しめるような容器を用意します。子どものようすを見ながら、テラスなど屋根のある場所で聞いてもよいでしょう。

バリエーション

手に持って聞く

缶やビンなどを手に持って雨音を聞きます。耳元に持って聞くこともできるので、違いもわかりやすいでしょう。

Part 1 クラスづくり 6月

絵の具　じっくり　みんなで

雨あめふれふれ

ねらい
* のびのびと描くことを楽しむ

準備する物
絵の具、筆（大・小）、模造紙

\あそび方/

1 雨粒を描く

壁に模造紙を貼ります。保育者の「ポツポツ雨だ」の言葉かけで、子どもは小筆で雨粒を描きます。

2 ザーザー雨を描く

「ザーザー雨だ」の保育者の言葉かけで、今度は大筆にかえて上から下に、体全体で雨の線を描いていきます。

3 保育者が花など描く

できた雨の絵の空いているところに、保育者がアジサイやカエルなどを描きます。

ことばかけ
「まず赤ちゃん筆で、ポツポツ雨を描いてみよう」

保育者の援助
子ども同士が場所取りでけんかになったり、他の子の絵のじゃまをしたりしないように、模造紙の大きさを調整しましょう。

バリエーション

オノマトペを楽しむ

慣れてきたら「雷さまがきたよー、ゴロゴロ」「雨のしずくがピチョンピチョン」など、オノマトペを楽しみながら自由に描けるようにしましょう。

| 支持力 | 協応性 | バランス感覚 |

クマさん歩き

ねらい
* 腕で体を支えることを知る

あそび方

1. 両手を床につけ、腰を高く上げて自由に動き回ります。
2. ❶右手 ❷左足 ❸左手 ❹右足の順に、交互に前に出して歩きます。クマをイメージして、ゆっくり行いましょう。

あそびのポイント

指先は「パー」の形に開きましょう。体重を支えやすくするとともに、指のケガ防止にもなります。

ひざは床につきません。

顔を上げて、前を向きます。

Part 1 クラスづくり 6月

| 協応性 | 脚力 | 協調性 |

いろいろ電車ごっこ

ねらい
* 友達とジャンプを楽しむ

準備する物
長なわ

あそび方

1. 輪にしたなわの中に子どもが数人入り、両手でなわを持ちます。
2. 先頭の子はジャンプをしたり、走ったり止まったりと、いろいろな動きをしながら進みます。ほかの子どもたちはその動きに合わせながら歩き回ります。

あそびのポイント

先頭の子はジャンプをしたり、スピードを変えたり、しゃがんだりと、歩き方に変化をつけます。

ジャンプ！
保育者の合図で先頭を交代します。

\読み取ろう!/ 子どもの育ち

6月

梅雨の時期。レインコートと長靴で園庭に出れば、新しいあそびが広がります。そこで成長した子どもの姿をとらえましょう。

雨音探検に出かけよう (p81)より

雨の日に外に出て、いろいろな容器で鳴る、かすかな雨音にみんなで耳を傾けた。

Fくん

はじめは長靴やレインコートに気をとられて歩き回っていた。ようやく落ち着くと、雨音を聞き始めた。静かにしないと雨音が聞こえないことに気づくと、耳をすましてしゃがみこんだ。「こっちはポツン、ポツンだね」「今、カンっていわなかった?」と自分なりの言葉で雨音を表現し、小さな声で保育者や周りの友達に伝えた。

関連する10の姿　思考力の芽生え

読み取り

【この場面での育ち】

「耳をすまして、雨音を聞こうとする姿勢」が育っている。また、雨音を自分で「ポツン」というオノマトペで表現している。さらに、しずくが落ちた容器などの違いによって、音が異なることに気づき「カン」という別の言葉で表現している。

今後の手立て

十分に雨音を味わって聞く経験ができたので、これからも感性を伸ばして、生活を豊かにしてほしい。また、音を言葉にする力も豊かなので、彼の言葉を周りの友達にも広げながら、言葉にする楽しさをさらに深めていきたい。

Gちゃん

自分の傘の先から落ちるしずくをじっと見つめ、指先でそっと受け止めたり、そばにあった空き缶にしずくを集めたり、耳のそばでその音を確かめたりと、1人でじっくりと観察していた。雨が強くなると雨水がどんどん落ち、傘の先から水が流れてくるのを顔で受け止め始めたので、あわててそのあそび方は止めた。

関連する10の姿　自然との関わり・生命尊重

読み取り

【この場面での育ち】

音よりもまず、見ることを楽しんでいる。透明だけれど向こうの景色がゆがんで映ることにも気づいたようだ。そして、指でもさわり、しずくを体験した。Gちゃんなりのマイペースな関わりでのアプローチである。雨の強さの違いも感じられた。

今後の手立て

雨という自然現象に飛び込み、全身で体験できたことを嬉しく思う。彼女にとっては、雨はおもしろいもの、好きなものになっただろう。しかし、顔で受け止めるのはやり過ぎなので、こうした行動には配慮が必要である。

7月のクラス運営

友達と関わってあそべるようにする

気の合う友達といっしょに過ごすことが増え、共にあそぶ楽しさを感じはじめます。小さなトラブルも起こりがちですが、お互いの気持ちに気づけるよう援助をします。

夏のあそびを楽しめる環境づくりを

水あそびやプールなど、この時期ならではのダイナミックなあそびができます。使う道具を多めに用意し、また片づけやすい環境も整えましょう。

7月の子どもたち

子どもの心と姿

あのあそび、おもしろそう!

「森(園の雑木林)に行ったら、ゆり組さんのレストランがあった」。ほかのクラスのあそびに入れてもらい、自分たちもまねをしてあそびます。「保育者がいつもそばで助けてくれる」という思いがあるからこそ、行動範囲を広げ、思いきり行動できます。

水あそび、わぁー、楽しい!

水の感触が楽しい季節。プールで輪になり、水の掛け合いっこが始まりました。「キャー!」「もっと、もっと!」と大騒ぎ。みんなでいっせいにあそぶことにおもしろさを感じています。

水しぶきをあげながら、水の気持ちよさを味わいます。

もっと切りたいな

一度保育者がやって見せると、すぐに夢中になって取り組みます。今のブームは「はさみ」。細長く切っておいた折り紙や広告紙などをチョキチョキと切ると、紙吹雪がたくさんできました。

自分でTシャツ、着られるよ

Tシャツや半ズボンなど、夏は着脱がしやすいので、自分でやろうとする子どもが増えます。あちこちから「先生、見ててね」の声がして、自分でTシャツをかぶり、半ズボンもくつ下もはきます。「できたよ!」と笑顔がはじけます。

先生、ほら、わたしも!

たいこ橋渡りをしている友達を見て、「わたしも」と挑戦する子ども。「先生、見っててよ」と、保育者が自分のほうを見るまで呼び続け、にっこりとうなずくと、満足そうな顔。こわいけどやりたい気持ちや保育者に認められたい思いから、一歩を踏み出します。

ねらい

* 夏の自然にふれ、水あそびなどをダイナミックに楽しむ。
* 気の合う友達との関わりを深め、あそぶ楽しさを共有する。
* 衣服の着脱や身の回りの始末を、自分でしようとする。

環境構成 & 援助

日除けを使って元気に外あそび

タープで涼しく！

戸外あそびでは、日差しが気になる箇所にタープを張り、日陰を作って涼しくあそべる環境を整えましょう。ときどき水分補給を促します。

水あそびが楽しめるよう人数分の用具を準備

水あそびの用具は、一人一人に準備。十分に楽しめるよう配慮します。ペットボトルを加工し、切り口にビニールテープを巻いて、ケガを防ぎます。

開放感で大胆な動きも

プールや水あそびのほか、泥あそびやフィンガーペインティングなど、開放的なあそびを設定しましょう。保育者がそばで見守ることで、友達と関わりながら大胆なあそびを楽しみます。

自分でやりたい気持ちを応援！

衣服の着脱を自分でやりたい気持ちを認め、袖を通す際などにはさりげない援助を心がけます。子どもが求めたらすぐに手伝い、できたときは認めましょう。

チェックリスト ✓

- ☐ はだしで思いきりあそべるよう、園庭に危険物がないかチェックする。
- ☐ 皮膚病の感染がないか、子どもの体調を確認する。
- ☐ 衣服の取り違えのないよう、保護者に記名を促す。
- ☐ 熱中症予防のために園庭に日陰を作り、蚊の発生にも留意する。
- ☐ 感染症の拡大を予防するため、異年齢あそびの時間を再考する。

製作 7月のアイデア

[つなぎかざり]

折り紙を自由に組み合わせて

材料
両面折り紙、糸

作り方

1 紙を切る
両面折り紙を好きな形に切ったり、細長く切ったりします。

2 紙を貼る
1をしずく形や輪にしたりしながら、好きな順で貼ります。上に糸をつけます。

[千代紙の織姫・彦星]

千代紙で着物の雰囲気に

材料
千代紙、色画用紙、紙テープ、糸

作り方

1 紙を折る
紙テープを折り、色画用紙の星を貼ります。千代紙を二つ折りにし、紙テープの先をはさんで貼ります。

2 紙を貼る
1にペンで顔を描いた色画用紙と、織姫に紙テープの羽衣を貼ります。上に糸をつけます。

お絵かき

パン 縦線は少し内側に入れて描きます。

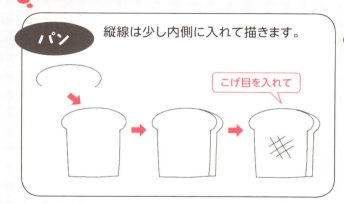

こげ目を入れて

トンボ 体を細長く描くと、トンボらしくなります。

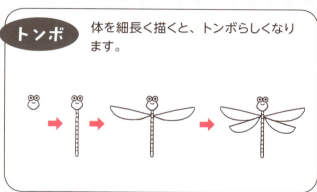

絵本

七夕

「たなばたまつり」
作／松成 真理子
講談社

広場の笹には、みんなの願い事が書かれた短冊が結ばれています。七夕の夜、その願いは空に昇り…。

夏

「カルちゃんエルくん あついあつい」
作・絵／いわむら かずお　ひさかたチャイルド

暑さから逃れようとカエルのカルちゃんとエルくんが畑を大移動。夏野菜に夕立と夏らしさが感じられる一冊。

夏

「おまつり」
著者／あずみ虫
白泉社

夏祭りに来たくまは、屋台や金魚すくい、お神輿や花火を楽しみます。いっしょにお祭り気分を味わって。

水あそび

「たなばたプールびらき」
文／中川 ひろたか　絵／村上 康成
童心社

織姫と彦星に天の川へ招待された子どもたち。天の川で元気よくあそびます。いっしょに準備体操をして楽しんで。

冒険

「めっきらもっきら どおんどん」
作／長谷川 摂子　画／ふりや なな
福音館書店

ご神木の根元に吸い込まれたかんたはおばけたちとあそぶことに。不思議な世界の楽しい体験に夢中になれます。

乗り物

「でんしゃがきた」
作／竹下 文子　絵／鈴木 まもる
偕成社

田んぼ、鉄橋、街中…、いろいろな場所を走る電車の風景を描いた絵本。何気ない景色にもドラマが感じられます。

なぞなぞ

Q カリカリ、ポリポリ、緑ののっぽの野菜、なーんだ？
　　　　　　　　　　　　　　A キュウリ

Q 夏の空には川が流れているよ。なんていう川かな？
　　　　　　　　　　　　　　A 天の川

Q 空にたくさんあって、キラキラ光っているのは、なーんだ？
　　　　　　[ヒント] 夜、見えるよ　**A** 星

うた

♪ **たなばたさま**
作詞／権藤はなよ（補詞／林 柳波）
作曲／下総皖一

♪ **とんでったバナナ**
作詞／片岡 輝　作曲／櫻井 順

♪ **水あそび**
作詞／東 くめ　作曲／滝 廉太郎

♪ **海**
作詞／林 柳波　作曲／井上武士

手あそび・うたあそび

♪ **バスごっこ**
作詞／香山美子　作曲／湯山 昭

♪ **水中メガネ**
作詞・作曲／谷口國博

♪ **いっぽんばし にほんばし**
作詞・作曲／湯浅とんぼ
作曲／中川ひろたか

♪ **糸まき**
作詞・不詳　デンマーク民謡

行事のことばかけ

七夕 7月7日

笹に願い事をかざろう

ポイント 笹かざりを作ったり、願い事を考えたりし、伝統的な行事を楽しみましょう。

　もうすぐ7月7日の「七夕」ですね。今日は、先生が笹を持ってきたので、この笹にみんなで作った七夕かざりをつけましょう。みんなのやりたいこと、なりたいもの、ほしいものなど、自分のお願い事をこの短冊という紙に書いて吊るします。お願い事は絵で描いてもいいですよ。みんなのお願い事ってどんなことかな？　お星様のお祭りをみんなで楽しみましょう。

夏休み

長いお休みを元気に過ごそう

ポイント 夏休みを健康で安全に過ごすために、クラスで心がけたいことを話し合うのもおすすめです。

　夏休みという長いお休みがあります。お兄ちゃんやお姉ちゃんが小学校や中学校に通っている人は、知っているかもしれませんね。夏休みは幼稚園もお休みです。その長いお休みの間、おうちで過ごしたり、おじいちゃんやおばあちゃんのところにあそびに行ったりする人もいるでしょう。ケガをしないように、楽しんできてくださいね。夏休みが終わって、また元気なみんなと会えるのを楽しみにしていますよ。

ちょこっと ことばかけ

散歩　ヒマワリ

　黄色くて、丸くて、背が高いヒマワリは、夏の太陽みたいな花だね。花が終わると、真ん中の茶色い部分が種になるんだよ。

食育　モモ

　甘くてやわらかいモモは、夏の果物。指でぎゅっと押すと、そこから傷んでしまうので、さわるときは優しく持とうね。

季節　夕立

　夏のお昼過ぎから夕方くらいの時間に、ザーッと大粒の雨が降ることがあるよね。あれを夕立というよ。夏は夕立がよく起きるよ。

7月のあそび

保育者と **見立て** **ふれあい**

野菜をゴシゴシ

ねらい
* 子どもの体を野菜に見立て、ふれあいを深める

あそび方

1 ダイコンに見立てて

保育者は足を伸ばして座り、足の間に子どもが座ります。「ダイコン、ゴシゴシ」と言いながら、子どもの両足をなでます。

ダイコンゴシゴシ

2 キュウリに見立てて

「キュウリをキュッキュー」と言いながら、子どもの腕を伸ばし、なでます。

キュウリをキュッキュー

3 キャベツに見立てて

「キャベツを洗って」と言いながら、子どもの髪を洗うようになでます。

キャベツを洗って〜

4 漬け物に見立てて

「漬け物、ギュー」と言いながら、子どもの体をぎゅっと抱きしめます。

漬け物ギュ〜

ことばかけ

「○○ちゃんの好きな野菜は何かな？ ゴシゴシ洗って食べちゃおう」

保育者の援助

子どもの体をなでたり、くすぐったりして、いろいろなふれあい方をしてみましょう。なでたり、くすぐったりするときは、子どものようすを見ながら加減するようにします。

バリエーション

いろいろな野菜で

子どもの手をジャガイモに見立てたり、ほっぺをトマトに見立てたりしてあそびましょう。ほかにも子どもがよく知っている野菜に見立ててあそびましょう。

まるまるトマト〜
ゴツゴツジャガイモ〜

Part 1 クラスづくり 7月

[大型積み木] [見立て] [体を動かす]

つないでシュッポッポ

ねらい
* イメージを共有することで、友達との関わりを深める

準備する物
大型積み木、人形

あそび方

1 大型積み木を1列に並べる

子どもたちが積み木を並べてつなげ、列車に見立てます。

2 みんなで座って

保育者が運転手になって先頭に座り、後ろに子どもたちが座ります。保育者が「出発!」と言ったら、みんなで「シュッシュッ、ポッポ」などと言いながらあそびます。

3 運転手を交代しながら

お客さんとして人形を乗せたり、運転手を交代したりして楽しみましょう。

ことばかけ
「長い列車を作ってみよう。みんな手伝って!」

保育者の援助
「長くつながったね」など言葉かけをして、イメージを広げるきっかけをつくりましょう。大型積み木に手をはさまないよう気をつけます。

バリエーション

全員が運転手に

1人で1つの積み木に乗り、輪投げなどをハンドル代わりにして持ちます。保育者は「乗せてください」と言い、後ろにつきます。

[ペットボトルのフタ] [水あそび] [友達と]

プカプカすくい

ねらい
* 水あそびの楽しさを体験する

準備する物
ビニールプール、プリンカップなどの空き容器、ペットボトルのフタ

あそび方

1 プールにフタを入れる

ビニールプールに水を入れ、ペットボトルのフタを30個くらい入れます。

2 カップですくう

子どもはビニールプールの周りに座ります。プリンカップなどでフタをすくいます。

緑色とりたい／とれた／まだとれそう

Part 1 クラスづくり 7月

ことばかけ
「金魚すくいと同じだよ。プカプカ、フタをすくってみよう」

保育者の援助
子どもは夢中になってフタを追いかけるので、子ども同士がぶつからないように注意します。時間を区切って行い、水分補給を忘れないようにしましょう。

バリエーション

流れるプールに

慣れてきたら、保育者は一定の方向に水を回します。水が回り、すくうのが難しくなります。しばらくしたら反対方向に回します。

回ってるよ

| じっくり | みんなで | 見立て |

つながれ どこまでも

ねらい
* つなげたり並べたりを楽しむ

準備する物
ビニールテープ（数色）

あそび方

1 興味をもたせる

あらかじめ切っておいたいろいろな色のビニールテープを見せ、これから作る物に興味をもたせます。

2 テープを貼る

子どもたちがビニールテープを床につなげ、並べて貼ります。いろいろな色のビニールテープを使い、部屋中に広げます。

3 たどって歩く

長くつなげられたら、踏まないように注意しながらみんなでゆっくり道路をたどっていきましょう。

ことばかけ

「みんなでつないでつないで、長い道路を作るよ。どのくらい長くできるかな」

保育者の援助

「つなげてつなげて」「並べて並べて」などと声をかけながら、ビニールテープを貼るよう促しましょう。多少ずれても構いません、楽しく貼ります。

あそびのヒント

ストローを通して

つなげて並べるあそびを広げましょう。ゴムひもに、あらかじめ短く切ったストローを子どもたちが通し、輪にします。

通す側のひもの端をセロハンテープでくるむとストローが通りやすい

ネックレスにしておうちに持って帰ろう！

端に大きめのビーズを結ぶ

| バランス感覚 | 協応性 | 脚力 |

ペンギン歩き

ねらい
* マットに慣れる

準備する物
マット

あそび方
1. マットにひざをついて、背筋を伸ばします。
2. ひざを使って前に歩きます。

あそびのポイント
マット運動の導入にぴったりのあそびです。ひざでマットの感触を覚えます。

上体はまっすぐにします。

Part 1 クラスづくり 7月

| 空間認知力 | 協応性 | 協調性 |

対面ボール転がし

ねらい
* 友達とボールに慣れる

準備する物
ボール

あそび方
1. 間隔を空けて2本の線を平行に引きます。
2. 子どもがそれぞれの線に立って向かい合います。
3. ボールを手で転がし合います。片手で転がしても、両手で転がしてもかまいません。

あそびのポイント
ボールを転がすときは、体を相手の体の正面に向けます。また、受け取るときは、体の正面でボールをキャッチします。

友達の正面に立ってから、転がしましょう。

読み取ろう！子どもの育ち

7月

友達とのあそびにも慣れてきた頃。2人1組であそんだ際の、育ちの読み取りを紹介します。

対面ボール転がし（p95）より

平行に引いた線に分かれて並び、向かい合ってボールを転がし、キャッチした。

Hちゃん

運動あそびが苦手で、消極的なHちゃんは、ボールを持つことを嫌がった。そこで、大きくて柔らかいボールを渡すと安心して転がした。向き合った友達に向けて両手で転がしたが、なかなか正面に転がすことができない。友達から文句を言われると「やめる」と言って列から外れた。

関連する10の姿：健康な心と体

読み取り

【この場面での育ち】

ボールあそびの経験が少なく、ボールを見ただけで嫌だという反応だったが、大きな柔らかいボールなら手に取ることができた。「わたしにもできそうだ」と思えたことがうれしい。まだ技術は伴わないが、転がしてみようと思えたことが大きな成長である。

今後の手立て

友達に向かって転がすというのは、この子には難度が高かった。ボウリングなど、物にめがけて転がすという経験を楽しんでできるように工夫したい。その際、ボールの数は多めに用意し、何度でも存分に転がすことができるように配慮したい。

Iくん

ボールあそびが好きなIくんは、はじめから友達に向けて片手でボールを転がし、「Iくん、上手」と友達からほめられ喜んでいた。その後、友達に、「こうするんだ」「よく見てね」と優しく手本を示した。友達が上手にできないと、「線からは出ないで！」「ちがうよ！」と友達への言葉がだんだん強くなった。

関連する10の姿：言葉による伝え合い

読み取り

【この場面での育ち】

ボールの扱いに慣れているので、このあそびは楽しかったことだろう。片手でも転がせ、コントロールもいいので、みんなに認められている。友達に転がし方を教えることもできたのは、よい育ちの機会だったといえるだろう。

今後の手立て

次に育てたいのが、友達に対する関わり方である。自分ができるからといって、相手もできるとは限らない。相手が楽しい気持ちで上手になれる言葉のかけ方を学べる機会をつくりたい。

8月のクラス運営

健康に過ごせるように配慮する	暑さから疲れがでたり、食欲が落ちたりする子どももいます。休息や水分補給などをうながし、一人一人の健康状態に気をつけましょう。感染症の流行にも留意します。
異年齢児との関わりを楽しめるように	保護者の夏休みに合わせてお休みする子もいるので、異年齢児との保育が多くなります。不安にならないように保育者が仲介して、楽しくあそべるようにします。

8月の子どもたち

子どもの心と姿

恥ずかしいけど…

初対面の大人の前では、恥ずかしくて緊張することがあります。園の夏祭りでは、保護者とお店を回っていると、お店係の保護者に「ゆかた、かわいいね」「かき氷、おいしい?」と話しかけられ、はにかみながら返事をする姿も見られます。

スイカ、おいしいね!

「甘い!」「種、飲んじゃった!」。今日のおやつはスイカ。スイカは水分補給になり、ほてった体を内側から冷やしてくれます。子どもたちは種をプッと飛ばしたり、手で1つ1つ取ったりしながら食べています。

園庭に向かって種を「プッ」。すべてが楽しい夏の思い出に。

わたしの話を聞いて!

夏季保育で友達と久しぶりに会い、水あそびや泥んこあそびを楽しみます。その合間に「花火をしたよ」「神社のお祭りに行った」など、おしゃべりにも忙しいようす。ひと通りあそんだら、自分で着替えます。タオルで体をふく、パンツをはくなどがスムーズにできるようになっています。

お兄さんお姉さんとあそびたい!

夏休みでクラスの人数が減り、異年齢で過ごします。お兄さんお姉さんのするあそびをまねたり、いっしょにあそんだり。最初はぎこちない雰囲気ですが、「やってあげる」「やらせて」「教えてね」と関わり合いながら、コミュニケーションをとっています。

汗をかいたって、へっちゃら!

暑くても、子どもは水分補給し、元気にあそびます。汗びっしょりになりながら「見ててね」とパワフルに活動します。

ねらい

* 保育者や友達と夏季保育を楽しむ。
* 夏ならではの行事を楽しみ、異年齢児との関わりを深める。
* 保護者や地域の人とふれあう。

環境構成 & 援助

夏の疲れ、病気やケガに対応する

暑さの厳しい季節、熱中症や感染症、またケガも心配です。すぐに処置ができるよう、保育室内に救急箱を設置し、中を確認しておきましょう。子どもたちには「大切なもの」と伝えれば、いたずらもありません。

衣服の着脱で自信を

「自分でできるよ」

着替える機会が多い季節。自分1人で着替えができるよう、保育者は傍らで見守りましょう。自分でできたときには大いに認める言葉をかけましょう。

異年齢であそぶ楽しさを

夏休みをとる子が増え、園では異年齢児といっしょに過ごすことが増えます。年齢が違ってもみんなで楽しめるあそびを提供し、自然な関わりができるよう援助をします。

体調の変化を言えるように

夏の疲れが出やすいとき。体調の変化に留意するほか、「だるかったり、気持ち悪くなったりしたらすぐに言ってね」などと伝え、子どもが自分で体調を意識できるようにします。

チェックリスト ✓

- ☐ 昆虫など生き物の世話の仕方を掲示する。
- ☐ 夏祭りの内容を考え、子どもへの知らせ方を考える。
- ☐ 夏野菜について調べ、関心をもてるような活動を取り入れる。
- ☐ 地域の方々と自然に関われるあそびを考える。
- ☐ 休み明けの子が不安にならないよう、温かく迎え入れる。

製作 8月のアイデア

[透明容器のお魚]

中が見えるのが楽しい！

材料
透明容器、折り紙、色画用紙、お花紙、丸シール

作り方

1 容器に紙を詰める
透明容器に丸めた折り紙やお花紙を詰めます。

2 紙を貼る
1に色画用紙のひれをテープで貼ります。丸シールで目をつけます。

[ビニール袋の綿あめ]

ふわふわの綿が本物そっくり

材料
ビニール袋、綿、広告紙

作り方

1 ペンで描く
ビニール袋に油性ペンで絵を描きます。

2 綿を詰める
1に綿を詰めます。

3 丸めた紙をつける
広告紙を細い筒にし、2に差し込んでテープでとめます。

お絵かき

おばけ 先端の形は、なみなみ線でうまく表現しましょう。

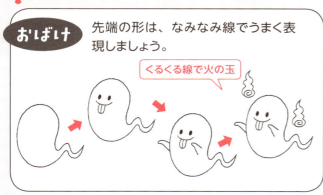

くるくる線で火の玉

トラック 荷台は大きく、運転席は3分の2くらいの高さに描きます。

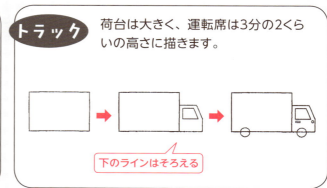

下のラインはそろえる

絵本

「はだしになっちゃえ」
文／小長谷 清実　絵／サイトウ マサミツ
福音館書店

焼けるように熱い真夏の浜辺に冷んやりした波打ちぎわ…。足の裏で感じた海の温度や感触が思い描ける絵本です。

「くまさんアイス」
作・絵／とりごえ まり
アリス館

せっかく買った"くまさんアイス"が溶けて、泣きべそのプリンくん。すると、お母さんがうまく機転を利かせて…。

「アリから みると」
文／桑原 隆一　写真／栗林 慧
福音館書店

アリから見ればバッタもカエルも草花もとても大きい存在。そんなアリ目線で自然を探検できる迫力の写真絵本。

「ばけばけばけばけ ばけたくん」
文・絵／岩田 明子　大日本図書

食いしん坊のおばけが、夜中に誰かの家でつまみ食いしています。食べた物に次々と変身するようすが楽しいお話。

「てをつなぐ」
作・絵／鈴木 まもる
金の星社

つないだ手と手が家族、町、日本、外国、動物とどんどん広がり…。みんな同じ地球上の生き物とわかる一冊。

「あのやまこえて どこいくの」
作／ひろかわ さえこ　アリス館

生き物たちが山を越えて買ってきたものの使い方がおもしろい！　リズムにのせて、うたうように読める絵本です。

Part 1　クラスづくり　8月

なぞなぞ

Q 白い着物でうらめしや〜。暗いところにいるかもしれない、わたしはだーれ？
A おばけ

Q 赤、青、黄色…冷たくておいしいもの、なーに？
[ヒント] 氷を削って作るよ　A かき氷

Q 夏の空に大きくてきれいに咲く花ってなーんだ？
[ヒント] 夜に咲くよ　A 花火

うた

♪ **オバケなんてないさ**
作詞／まきみのり　作曲／峯 陽

♪ **トマト**
作詞／荘司 武　作曲／大中 恩

♪ **アイスクリームの唄**
作詞／佐藤義美　作曲／服部公一

♪ **かもめの水兵さん**
作詞／武内俊子　作曲／河村光陽

手あそび・うたあそび

♪ **カレーライスのうた**
1・2番作詞／ともろぎゆきお
3番／不詳　作曲／峯 陽

♪ **かみなりどんがやってきた**
作詞／熊木たかひと　作曲／鈴木 翼

♪ **コブタヌキツネコ**
作詞・作曲／山本直純

♪ **こどもとこどもが**
わらべうた

行事のことばかけ

夏季保育

楽しい体験がつまった夏!

ポイント 久しぶりに登園した子どもたちの顔を見回しながら、話したい気持ちを引き出しましょう。

　今日はお友達と久しぶりに会えて、うれしいですね。先生も、みんなの元気な笑顔が並んでいるのを見られて、とてもうれしいです。みんな、真っ黒に日焼けしているね。夏休みには、どんなことをして過ごしましたか？　海であそんだり、山に行ったり、おじいちゃんおばあちゃんに会ったりした子もいるでしょう。どんなことがあったか、先生やお友達に教えてね。

お盆　8月13日〜15日ごろ

ご先祖様に感謝する日

ポイント 地域によって風習や時期が違うこともありますので、確認してから話すとよいでしょう。

　先生には、もうおじいちゃんはいません。でも仏様になって、先生のことをお空の上から見守ってくれています。こうした、みんなとつながっているけれど、亡くなった方のことを「先祖」といいます。おじいちゃんやおばあちゃんの、そのまたお父さんやお母さんたちも、みんなのご先祖様たちです。亡くなってもみんなが元気かな、仲よくしているかな、と温かく見守ってくれているんですよ。「お盆」は、このご先祖様たちに「いつも守ってくれてありがとう」と感謝する日です。

ちょこっと ことばかけ

散歩　カブトムシ

カブトムシは、つのがかっこいい夏の虫だね。普通のカブトムシは4〜5cmだけど、世界一大きいヘラクレスオオカブトは16cmくらいあるよ。

食育　トウモロコシ

ゆでて食べるのはスイートコーンという種類だよ。ポップコーンもトウモロコシから作るけど、種類が違うんだ。

季節　雷

ゴロゴロという音がして、ピカッと光る雷。雷はモコモコした大きな雲が出ているときに起きることが多く、雲の中で電気が生まれるんだって。

8月の あそび

保育者と　見立て　言葉

かくれんぼ だあれ？

準備する物　ペープサート、ハンカチ

ねらい
* 当てっこするやりとりを楽しむ

あそび方

1 クイズを出す

ペープサートにハンカチをかぶせて子どもに見せ、「かくれんぼしてるの、だーれだ？」と問いかけます。

2 ヒントを出す

「ワンワンって鳴いているよ、誰かな？」と言いながら、ハンカチを少し引いてペープサートの一部を見せ、子どもが答えるのを待ちます。

3 答えを教える

ハンカチを外して、「ワンワン！イヌさんでした」と言いながら、子どもにペープサートを見せます。

ことばかけ
「お友達がかくれんぼしているよ。誰か当ててみてね」

保育者の援助
鳴き声を出したり、ペープサートを半分見せたりして、答えやすい工夫をしましょう。すべての子どもが見えるように、位置や向きなどに配慮しましょう。

バリエーション

あいさつでやりとり

答えが出たら、ペープサートを使って「おはよう」などのあいさつや、「みんな元気？」などとやりとりを楽しみましょう。

| みんなで | 体を動かす | シーツ |

ポンポンシーツ

ねらい
* みんなで力を合わせる
* ボールのランダムな動きを楽しむ

準備する物
シーツ、新聞紙ボール

あそび方

1 シーツを持つ
シーツを広げ、子どもたちが端を持ちます。

2 ボールを投げ入れる
保育者がシーツの上に新聞紙ボールを3〜4個投げ入れます。

3 シーツを揺らす
子どもたちはシーツを揺らし、ボールを動かします。

4 いろいろな動作で
シーツを高く上げたり、低くしたり、いろいろな動きを楽しみましょう。

ことばかけ
「みんなでシーツの端を持って。ボールがシーツから落ちないようにしてね」

保育者の援助
「大きく揺らして」「シーツを高く上げて」と、保育者が動きのきっかけをつくります。「ウサギさんみたいにジャンプしたね」など、ボールのようすを伝えましょう。

バリエーション

大きなボール2個で
新聞紙ボールより大きなビニールボールを2個使って、あそびます。力を加減しながら楽しみましょう。

| チームで | 砂場 | じっくり |

うめて掘って 宝さがし

ねらい
* 砂の感触を楽しみ友達と協力しながらあそぶ

Part 1 クラスづくり 8月

準備する物
シャベル、宝（ままごとの果物、ビー玉、乳酸飲料の容器など）

あそび方

1 砂場に宝をかくす

砂場にひもを張り2つに分けます。チームの宝を決めて見せ合います。陣地に宝を埋めてかくします。

2 宝をさがす

陣地を交換して、かくした宝を探します。宝をすべて早く見つけたチームの勝ち。

ことばかけ
「砂場に宝を埋めてみよう。さぁ、どこにかくそうかな？」

保育者の援助
砂場の大きさに合わせて子どもの人数を調整します。小さい砂場であれば全面を使い、かくすチームと探すチームに分けてもいいでしょう。

あそびのヒント

砂の変化を楽しむ

あそびの後、砂に水をかけて「変わったかな？」などと声をかけて、砂が固まったり、泥のようになったりする変化に興味がもてるようにします。

絵の具 ｜ じっくり ｜ 指先

泳げ！魚さん

ねらい
* 絵の具に親しむ

準備する物
池の形に切った画用紙、絵の具、筆、魚のシール

あれ〜お魚さんどうしたのかな？

くーるくる

ペタッ

\ あそび方 /

1 活動を促す

あらかじめ、池の形に切った画用紙に魚のシールを2匹ほど貼っておきます。それを子どもたちに見せ、水がなくて魚が困っていることを話します。

2 絵の具を塗る

絵の具をカップに用意し、子どもが自分の好きな色で池を塗ります。

3 シールを貼る

絵の具が乾いたら、魚のシールを貼って完成です。「仲間が増えてよかったね」と話します。

ことばかけ
「お魚はお水がないと困ってしまうの。すてきな色の水を描いてみよう」

保育者の援助
絵の具はあらかじめカップに、水色を用意します。別の色に変えたい子には、途中で色を変えても構わないことを伝えます。

あそびが広がることばかけ

魚が泳げるように

絵の具を塗るときは、「困ってるお魚さんの池にいっぱいお水をあげてね。大きなぐるぐる、小さなくるくる…」とたっぷりとていねいに塗るように促します。

大きなぐるぐる、小さなくるくる…
困っているお魚さんの池にいっぱいお水をあげてね

バランス感覚　柔軟性　協応性

カメさん

ねらい
* 体の柔らかさを楽しむ

あそび方

うつぶせになって後ろ手で足首を持ち、顔を上げ反り返ります。

あそびのポイント

体の柔軟性が養われるあそびです。あごをしっかり上げると、自然に体も反り返ります。

足首をしっかり持って行います。

Part 1 クラスづくり　8月

バランス感覚　脚力　協応性

くねくねなわ走り

ねらい
* なわに沿って走ることを楽しむ

準備する物

長なわ

あそび方

長なわを2〜3本つなげて曲線に置き、その上を走ります。

あそびのポイント

曲線に置いたなわから落ちないように、つま先に力を入れて走ります。最初は緩やかな曲線で行い、だんだん難しくしましょう。

しっかりつま先に力を入れて走ります。

読み取ろう！子どもの育ち

8月

集団での生活にも慣れてきた頃。ダイナミックなあそびを通した、子どもの育ちを読み取ります。

ポンポンシーツ（p104）より

大きなシーツをみんなで持ち、新聞紙ボールを力を合わせて跳ね上げさせた。

Jくん

大きなシーツを広げると、手をたたいて大喜びしたJくん。テンションが高まり、みんなでピンッと引っ張る際にはふざけて波立たせたり、1人だけ急に持ち上げたりし、周囲となかなか息を合わせることができない。ついには友達に「ふざけないで！」と注意され、しょんぼりとしてシーツを下ろした。

関連する10の姿　協同性

読み取り

【この場面での育ち】

大きなシーツを持ったことがうれしかったのだろう。じっとしていることができず、シーツを動かして、その動きを楽しんでしまった。友達に注意され、羽目を外しすぎたことに気づいたようだ。友達といっしょに楽しむ、ということがわかったと思われる。

今後の手立て

やりたいことを存分にやるのは彼のよさではあるが、今それをしてよいのか、嫌な気持ちになる人はいないかを考えることも、これからは大切になるだろう。周りの人を見ながら自分の行動をコントロールする力を、今後の活動で育てていきたい。

Kちゃん

しっかりと新聞紙ボールを見て、友達同士で「せーの」とタイミングを合わせ、ボールを跳ね上げようとしていた。何回か新聞紙ボールがうまく跳ね上がったときに、自ら「いーち」「にー」「さーん」と数を数え始めた。周囲の子どももまねし、クラスのみんなで掛け声を合わせるきっかけとなった。

関連する10の姿　数量や図形、標識や文字などへの関心・感覚

読み取り

【この場面での育ち】

ボールが跳ねるようすが楽しかったのだろう。ボールが複数あったので、ボールの個数を数えようとしたのか、連続回数を数えようとしたのかは定かではないが、彼女の声に同調し、みんなが数え始めたことで一体感が生まれた。

今後の手立て

自分の発した声をみんなが受け止めて、まねして言ってくれたことは、彼女にとって喜びだったと思われる。これからも、いいと思ったことはどんどん提案してほしいし、みんなで一体感を感じられるあそびも重ねていきたい。

9月のクラス運営

園生活のリズムが取り戻せるように	休み明けで園生活の流れに、とまどう子も出てくるでしょう。温かく受け止めながら、夏の間に経験したことを表現できるようにします。
戸外に出る機会を多くもつ	月の後半には、外あそびに適したさわやかな気候になります。自然にふれあいながら、友達といっしょにあそぶ楽しさを味わえるようにします。

9月の子どもたち

子どもの心と姿

タオル、かけてないよ

「ぼく、海へ行ってきたよ」とカバンをかけたまましゃべり始める子どもや、「タオルをかけてない人、いっぱいいるよ」「靴下とパンツが脱ぎっぱなし。誰の?」と気づく子ども。長い休み明けなので、園生活のリズムにのりきれない姿も見られます。

虫さん、動いてるよ

園庭で見つけたアオムシに、おっかなびっくり。保育者にとってもらってじっと観察します。「動いてるね」「図鑑に載ってるかな」と友達と話し合う姿も。あそびの中で、小さな命について学んでいます。

虫の動きをじっと見つめる2人。興味津々です。

お話、聞いて！

「お父さんと飛行機に乗った」「わたし、結婚式に行ったの」。夏休みに見たり聞いたりした体験を話したくて、大賑わい。好奇心旺盛なこの時期、覚えたての言葉でおしゃべりをします。保育者や友達に話しかけて、他者とのつながりを喜びます。

お片づけ、大好き！

「片づけて、お昼ごはんにしましょう」とほうきを出すと、子どもが集まってきます。大きなごみ箱はごみ収集車に早変わり。「ごみはここに入れてー！」と声をかけ合い、ごみ集めが始まります。

みんなと同じが楽しいな

想像力が発達し、友達とのごっこあそびがうれしい時期。「わたしがお姫様」「わたしもお姫様」となることもありますが、みんなはそれで満足です。

ねらい

* 生活のリズムを取り戻し、友達とふれあってあそぶ。
* 思いを自分の言葉で表現する。
* さまざまな表現あそびや運動あそびを楽しむ。

環境構成 & 援助

慣れたあそびで、安心

休み明けに不安になる子どもも、休み前に好きだったあそびなら安心して入れます。ごっこあそびなどで使えるテーブルやいすなど、あそび慣れた遊具や用具を整えておきます。

子ども同士で関われる空間を

低い絵本棚と子ども用いすを揃えた、絵本コーナー。子どもだけの空間で友達との関わりが深まり、絵本の世界に浸れます。

みんなの前で話す手助けを

夏の体験を友達に伝えたい子どもたち。みんなの前で発表する機会をつくり、自分の言葉で表現する場を設定します。語彙が増え、友達の体験に共感することもできます。

園生活の流れを思い出す

家庭のリラックスした生活から、自分のことは自分でする園生活に戻ります。1日の流れを思い出せるように話し、着脱などを自分でできた際にはほめて意欲を高めましょう。

チェックリスト

- [ ] 子どもが生活リズムを整えられるよう、1日の流れを再確認する。
- [ ] 虫かごや虫取り網をすぐに出せるよう、準備しておく。
- [ ] 見つけた虫や草花を調べられるよう、図鑑を出しておく。
- [ ] 運動会に向けて、集団あそびを取り入れる。
- [ ] 気温の変化が大きい時期なので、体調に気を配る。

製作 9月のアイデア

[ぐるぐる描きスパゲティ]

ぐるぐる描きを楽しんで！

材料
紙皿、毛糸、折り紙

作り方

1 ペンで描く
紙皿にペンでスパゲティを描きます。

2 毛糸や紙を貼る
1に毛糸や折り紙で作った具を貼ります。

[プラカップのジュース]

ごっこあそびにも広がる

材料
プラカップ、お花紙、コピー用紙、折り紙、ストロー

作り方

1 紙を入れる
プラカップに丸めたお花紙やコピー用紙、折り紙を入れます。

2 ストローをさす
1にストローをさします。

お絵かき

お人形 仕上げのミシン目やリボンをつけることでお人形らしくなります。

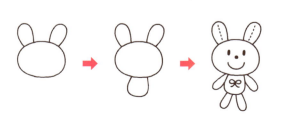

エプロン 台形をベースに、ひもとポケット、ボタンを加えます。

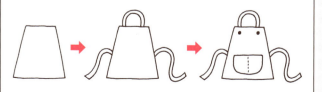

絵本

「おつきみこびとのおはなし」
さく／まつい のりこ
童心社

十五夜の日、おつきみこびとがお月見団子を作り始めると…。まねして粘土でお団子を作ってみましょう。

「お月さまってどんなあじ？」
絵と文／マイケル・グレイニエツ
訳／いずみ ちほこ　らんか社

お月さまの味を確かめたい動物たちは、ひと口かじろうと順に積み重なっていき…。どんな味がするか想像してみて。

「14ひきのあきまつり」
さく／いわむら かずお
童心社

森でかくれんぼをしていたら、ろっくんが見つからない！　探しているうちに「あきのまつり」と出合い…。

「ピヨピヨ　おばあちゃんのうち」
作・絵／工藤 ノリコ　佼成出版社

おばあちゃんの家で1日過ごすことになったヒヨコたち。おやつを作ったり写真を見たり家族の時間に心和みます。

「ルラルさんのほんだな」
作／いとう ひろし
ポプラ社

本好きのルラルさん。動物たちに地底探検の物語を読むことに。本の世界も実世界の冒険も、どちらも楽しめます。

「だれのじてんしゃ」
作・絵／高畠 純
フレーベル館

ページをめくるたびに不思議な形の自転車が登場します。「持ち主は誰かな？」と想像しながら読める楽しい一冊。

なぞなぞ

Q モモから生まれたのは桃太郎。では、タケから生まれたのは、だーれ？　**A** かぐや姫

Q 道にある白くて大きなしましま。なんのこと？　**A** 横断歩道

Q いつも酔っぱらっている魚は？
[ヒント] おにぎりに入れたりするよ　**A** サケ

うた

♪ **とんぼのめがね**
作詞／額賀誠志　作曲／平井康三郎

♪ **バスごっこ**
作詞／香山美子　作曲／湯山 昭

♪ **線路はつづくよどこまでも**
訳詞／佐木 敏　アメリカ民謡

♪ **はたけのポルカ**
訳詞／峯 陽　ポーランド民謡

手あそび・うたあそび

♪ **山ごや いっけん**
作詞／志摩 桂　アメリカ民謡

♪ **げんこつやまのたぬきさん**
わらべうた

♪ **おはぎがおよめに**
わらべうた

♪ **あがりめさがりめ**
わらべうた

行事のことばかけ

防災の日　9月1日

自分を守る方法を覚えよう

ポイント 地震が起きたときの安全な場所への逃げ方など、約束事を再確認しましょう。

　みんなは地震がどういうものか知っていますか？ そうですね、地面がグラグラ揺れることを地震といいます。小さな揺れも、立っていられないくらい大きな揺れも、同じ地震です。グラグラと地面が揺れたら、みんなはどうすればいいですか？ そう、慌てないで机の下に体を入れて、落ちてくるものに当たらないようにするのでしたね。頭を守ることが大切です。揺れが止まったら、先生といっしょに、安全な場所に逃げましょうね。

十五夜　9月中旬～10月上旬ごろ

きれいな月が見える日

ポイント 月の美しさに目を向けましょう。昔からの月見の風習に関する絵本もおすすめです。

　もうすぐ「十五夜」といわれる、お月様が1年の中で一番きれいに見える日が来ます。月をよく見ると、中ではウサギがおもちつきをしているのが見えるんですって。だから、白いお団子やススキ、果物などをお供えして、お月見をするんですよ。みんなもお月様を見上げて、真ん丸のきれいなお月様の中で、ウサギがおもちつきをしているところを見てくださいね。

ちょこっと ことばかけ

散歩　キンモクセイ

　最近、外を歩いていると、甘い香りがしてきたことはないかな？ それはキンモクセイという木の、花の香り。小さなオレンジ色の花だよ。

食育　リンゴ

　みんなが知っているリンゴは何色かな？ そうだね、赤や青があるね。リンゴは春に白い花を咲かせ、秋になるとリンゴの実になるんだよ。

季節　台風

　みんなの家に台風が近づくと、強い雨が降ったり、ビュービューと強い風が吹いたりするよ。外にいると危険だから、家の中で過ごそうね。

9月のあそび

2本のしっぽ取り

ルール **体を動かす** **みんなで**

ねらい
* 逃げる、追いかけるという動きを楽しむ

準備する物
紙テープ（2色）

あそび方

1 サルが逃げる
子どもがサルになり、しっぽに見立てた紅白の紙テープを2本、腰にはさみます。保育者がおになり、サルのしっぽを取りに追いかけます。

2 捕まったらおにになる
2本とも紙テープを取られたサルはおにになり、保育者（おに）と手をつないで他のサルを追いかけます。おにが増えたら子ども同士で手をつなぎ、サルを追いかけます。

ことばかけ
「（紙テープをつけて）みんなは、長いしっぽのサルだよ。おにが、しっぽを取りにくるよ！」

保育者の援助
おに役の子どもといっしょに作戦を立てながら動きましょう。おにが増えたら子ども同士でペアになり、手をつないでサルのしっぽを取りに行きます。

バリエーション

おにを交代
子どもたちがおにになります。保育者が2本の紙テープをつけて、おにたちが追いかけます。保育者はスピードや動きに変化をつけて走りましょう。

| 保育者と | 1対1 | 言葉 |

お願い電話

ねらい
* 電話での言葉のやりとりを楽しむ

準備する物
箱で作った電話、絵本

\ あそび方 /

1 電話でお願いをする

「もしもし、○○ちゃんですか？○○ちゃんが好きな絵本を持ってきてください」と、子どもに電話をします。

2 読み聞かせをする

子どもが絵本を持ってきたら、「ありがとう」と言って絵本を受け取り、読み聞かせをします。

3 電話でトイレに誘う

「もしもし、○○ちゃんですか？トイレに行きましょう」と、電話で子どもをトイレに誘います。

ことばかけ

「プルルル…、プルルル…。○○ちゃん、電話が鳴ってますよー。電話に出てくださーい」

保育者の援助

子どもが会話を楽しめるよう、答えやすい問いかけをしましょう。1つのお願いから始めて、少しずつ複雑なお願いにしてみましょう。

作り方

お願い電話

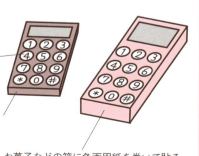

丸シールを貼り、0～9までの数字などを書く。

子どもが扱いやすい大きさに調整する場合は、段ボール板に色画用紙を巻く。

お菓子などの箱に色画用紙を巻いて貼る。

| 自然 | みんなで | 外あそび |

ケーキやさん

ねらい
* みんなで1つの物を作り上げる

準備する物
たらい、洗面器、バケツ

あそび方

1 材料を集める
公園などに行き、みんなで落ち葉や、どんぐりなどの木の実、小枝などを集めます。

2 土台作り
砂や土を固めて、たらいや洗面器、バケツでケーキの土台を作ります。

3 飾りつけ
拾ってきた落ち葉などで、ケーキの飾りつけをします。

Part 1 クラスづくり 9月

ことばかけ
「どんなケーキがいいかな？ おいしそうに飾ろうね」

保育者の援助
ケーキの土台を作るときには、壊れない硬さになるよう保育者が調整します。「スポンジ土台係」「トッピング落ち葉係」「トッピング木の実係」など役割を決めてもよいでしょう。

あそびのヒント

分類してみよう

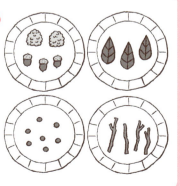

みんなで拾ってきた落ち葉や木の実を、紙皿などに入れて分類します。秋の木々の下に、どんな物が落ちているか興味がもてるようにします。

絵の具　表現　指先

おいしいブドウ

ねらい
* 指で絵の具を混ぜたり、描いたりするおもしろさを知る

準備する物
絵の具、ブドウの茎を描いた色画用紙

\ あそび方 /

1 ブドウの茎の絵を配る

あらかじめ保育者がブドウの茎の絵をクレヨンで色画用紙に描き、子どもたちに配ります。

2 指で絵の具を混ぜる

子どもが赤と青の絵の具を皿に取り、指で混ぜ合わせます。

3 ブドウの実を描く

ブドウの茎を描いた色画用紙に、子どもが指でブドウの実を描きます。

ことばかけ

「赤と青を混ぜるとどんな色になるかな？」
「おいしそうなブドウ、いくつ描けるかな？」

保育者の援助

汚れるのを嫌がる子には、指を拭きながらできるよう、ぬらしたぞうきんを用意します。紫になるよう、絵の具の赤と青の量を見ながら、不足分の絵の具を足します。

バリエーション

手のハンコ

手のひら全体にあそびを広げましょう。紙に子どもたちが自由に手形を押します。

協調性　リズム感覚　柔軟性

2人で引っ張りっこ

ねらい
* 友達といっしょに引っ張り合いを楽しむ

あそび方
1. 2人で向かい合って足を伸ばして座り、互いの足の裏をつけます。
2. 手をつなぎ、交互に引っ張り合います。これを5回行います。

あそびのポイント
引っ張られた子は、そのまま前に体を倒しておじぎをするようにします。リズミカルに繰り返しましょう。

Part 1　クラスづくり　9月

懸垂力　バランス感覚　支持力

おサルさんのぶら下がり

ねらい
* 鉄棒に慣れる

準備する物
鉄棒

あそび方
鉄棒をにぎり、ひざを曲げてぶら下がります。

保育者の援助
すぐ落ちてしまう子には、保育者が腰の位置を支えるようにしましょう。

順手(またはサル手)でにぎります。
腕は伸ばして行います。

読み取ろう！子どもの育ち

9月

慣れ親しんだあそびに簡単なルールをプラスして展開します。その際の子どもの育ちを読み取りました。

2本のしっぽ取り（p115）より

腰にはさんだ紙テープを、2本とも取られたらおにになるしっぽ取りを行った。

Lくん

好きなおにごっこなので、「しっぽを取られたらおにになる」というルールもすんなりと理解し、やる気も上々だった。Lくんはおにになりたくない一心で全力で逃げ、汗をかいて走り回っていた。しかし、動きの速い友達に2本ともしっぽを取られ、大声で泣き出した。

↓読み取り

関連する10の姿　健康な心と体

【この場面での育ち】

しっぽを取られないように速く走ることに力を入れ、十分に体を動かすことができた。ルールの理解もしっかりできている。走りには自信があったので、しっぽを取られたショックは大きかったことだろう。悔しさを大きな声で泣くことで表現している。

今後の手立て

物事はいつも自分が思ったようにうまくいくとは限らない。失敗することも負けることも時にはある。取られて悔しかった気持ちを十分に受け止めつつも、気分を切り替えて、また挑戦するという気持ちを育てたい。

Mちゃん

早々にしっぽを取られてしまい、がっかりしつつも気持ちを切り替えたMちゃん。保育者といっしょにおにを楽しみ始めた。保育者が提案する作戦をよく聞き、次々と友達のしっぽを取ることに成功した。共に拍手して喜び、ルールのあるあそびを大いに楽しんだ。

↓読み取り

関連する10の姿　自立心

【この場面での育ち】

しっぽを取られても泣かずに受け止め、ルールに従っておにの役割を引き受けている。保育者の作戦を聞いて理解し、しっぽを取りに行くことに意欲的に取り組んだ。このあそびを楽しみ、十分に体を動かしてあそぶことができたと思われる。

今後の手立て

自分の役割を自覚し、自信をもって行動して達成感を味わうことができた。走る経験をさらに増やせるよう、戸外で体を動かすあそびに誘いたい。そして機敏に動けるよう、体をコントロールする力をつけていきたい。

10月のクラス運営

体を動かすあそびを楽しめるように

思い切り体を動かす楽しさを味わえるように、保育者も戸外に出ていっしょに走ったり踊ったりします。運動会に向けて子どもが楽しんで活動できる準備をしましょう。

身の回りのことを自分でできるように

使ったものを片づけたり、汚れた服を着替えたり、自分の身の回りのことができるようになってきます。とまどう子へは、必要に応じて手伝いましょう。

10月の子どもたち

子どもの心と姿

玉入れ、楽しいな

園生活に慣れ、他クラスとの交流も盛んに。他クラスが園庭で玉入れをしているのを見て、「あれ、おもしろそう！」と帽子をかぶってかけ出します。「えいっ」「それっ」と投げてもなかなか入りませんが、玉を拾っては投げることを楽しみます。

見て！ お箸でつかめたよ

さまざまな素材を使って、ままごとあそびが始まりました。「ジュージュー」「おかずができました」「お箸でつかめたよ！」。イメージはそれぞれですが、お互いから学ぶ姿があります。

道具の使い方もあそびの中から覚えます。

大きい組さん、さすが！

「ふじ組さんが、大きなおいもを持ってたよ」「あとで焼きいもやさんをするから、来てくださいだって」と知らせる子ども。お兄さんお姉さんへのあこがれが強くなり、見つめる瞳はキラキラ。友達と5歳児クラスまで出かけ、あそびが広がります。

空き箱で、何作る？

包装紙や空き箱、はぎれなどが入っている廃材ボックスから、好きなものを取り出しておもちゃ作り。「これとこれを組み合わせて…」とイメージをふくらませたり、「お人形さんを作りたい」と決めてから、材料を探したりなど、さまざまです。

赤い葉っぱ、きれいでしょう？

夏は緑色だった園庭の木の葉が、紅葉します。黄や赤の葉は子どもにとっては宝物。イチョウやモミジの葉を拾っては、大切にビニール袋に入れます。

ねらい

* 思ったことや感じたことを、自分なりに表現する。
* 友達とあそびの場を共有しながら、自分なりにあそびを楽しむ。
* ルールや約束を知り、守ることを意識してあそぶ。

環境構成 & 援助

種や木の実を、瓶に詰めて

園庭でとれた花の種や木の実を瓶に入れて、保育室に並べてかざるのもおすすめ。子どもはカラカラと音を鳴らしたり、匂いをかいだり、手に取って観察します。日頃から自然を身近に感じられる工夫です。

関わりを深められる援助を

友達といっしょにあそんでいますが、まだまだ平行あそびの3歳児。保育者がいっしょにあそび、子どもたちのイメージをつなぐ仲立ちをしましょう。

大きい子へのあこがれに対応

「〇〇ちゃんみたいにしたい」「ふじ組であそびたい」など、年上の子へのあこがれをもちます。異年齢あそびを取り入れ、多様な友達と関わる時間をもてるようにしましょう。

季節を感じる体験を

気持ちのよい季節、近くの公園に散歩に出かけ、走ったり寝転がったり、秋を体いっぱいで満喫しましょう。拾った素材を使った製作など、あそびはどんどん広がります。

チェックリスト ✓

- ☐ 体を動かしたあとは休息をとる。
- ☐ 集団あそびと自由あそびのメリハリをつける。
- ☐ 衣服の調節を自分で意識できるよう、着替えの場を再度伝える。
- ☐ 表現あそびに興味・関心をもてるよう、ごっこあそびに使える用具を増やす。
- ☐ 製作あそびが自由にできるよう、空き箱やリボンなどの素材を集めておく。

製作 10月のアイデア

[落ち葉のベスト]

落ち葉でかざろう！

材料
新聞紙、ビニールテープ、落ち葉、木の実

作り方

1 土台を作る
二つ折りにした新聞紙の輪（つながっている側）を半円形に切り、穴にします。

2 葉を貼る
1 に落ち葉や木の実をテープでとめ、ビニールテープでかざります。

3 テープでとめる
子どもが穴に首を通したら、保育者が脇をテープでとめます。

[色画用紙の帽子]

ハロウィンにぴったり

材料
色画用紙、キラキラモール、ゴムひも

作り方

1 土台を作る
扇形の色画用紙を円すい形にして貼ります。

2 紙を貼る
1 に色画用紙の目や口を貼ります。

3 モールを貼る
2 にキラキラモールをつけ、保育者が内側にゴムひもを貼ります。

お絵かき

おにぎり — 最後にごはん粒を3つほど足すことでリアルに。

角のない丸っこい三角形

木 — もくもく線は、大きく丸く描いてかわいらしく。

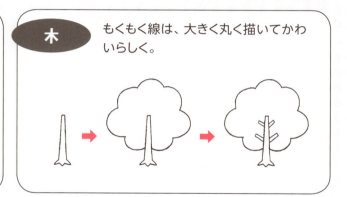

絵本

ハロウィン

「おばけやしきに おひっこし」
作／カズノ・コハラ　訳／石津 ちひろ
光村教育図書

おばけ屋敷に引っ越してきた女の子とネコがおばけたちを捕まえて…。楽しい展開におばけが大好きになりそう。

いもほり

「さつまのおいも」
文／中川 ひろたか　絵／村上 康成
童心社

土の中で暮らすサツマイモ。子どもたちとの綱引きに向けてトレーニング中です。いもほりが待ち遠しくなる一冊。

運動会

「ようい どん」
文／渡辺 茂男　絵／大友 康夫
福音館書店

平均台から落ちても鉄棒で尻もちをついても、あきらめずに走るくまくん。がんばる姿に勇気がもらえます。

遠足

「おべんとう だれと たべる?」
作・絵／あずみ虫
福音館書店

かわいくて、おいしそうなおにぎりがたくさん登場。みんなといっしょにお弁当を食べる楽しさが伝わる一冊。

食育

「きょうの おやつは なんだろな?」
作・絵／ふじもと のりこ　鈴木出版

ふかしいもにぜんざい、ドーナツ…、素朴な手作りおやつが次々に登場。おなかが鳴りそうなリアルな絵もすてき。

色

「なにをたべてきたの?」
文／岸田 衿子　絵／長野 博一
佼成出版社

腹ぺこのしろぶたくんが次々に果物を食べるとその色が体を彩っていき…。ユーモラスな展開に引き込まれます。

Part 1　クラスづくり　10月

なぞなぞ

Q かけっこのときに出てくるドンって、なーに?
A よーい、ドン

Q 土の中からみんなで掘ろう！ 焼いたり蒸したりする食べ物、なーに?
A サツマイモ

Q お弁当を食べるときに活躍するふたごはだーれ?
A はし

うた

♪ 運動会
作詞・作曲／則武昭彦

♪ 松ぼっくり
作詞／広田孝夫　作曲／小林つや江

♪ 夕焼け小焼け
作詞／中村雨紅　作曲／草川 信

♪ どんぐりころころ
作詞／青木存義　作曲／梁田 貞

手あそび・うたあそび

♪ ピクニック
作詞／不詳　アメリカ民謡

♪ やきいもグーチーパー
作詞／阪田寛夫　作曲／山本直純

♪ 大きな栗の木の下で
作詞／不詳　イギリス曲

♪ いわしのひらき
作詞・作曲／不詳

行事のことばかけ

いもほり

大きなおいもがとれるかな？

ポイント 秋の収穫に喜びを感じ、クッキングにも興味が広がるように話しましょう。

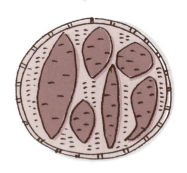

　さあ、明日は待ちに待ったいもほりです。どんなおいもがとれるかな？　楽しみですね。去年のいもほりでは、みんなの顔と同じくらい大きなおいもがとれたんですよ。みんなはおいものお料理の中でどんなものが好きですか？　先生はおいもの天ぷらや焼きいもが大好きです。ほかには、スイートポテト、おいものケーキもありますね。明日はみんなで力を合わせて大きなおいもがとれるように、今日の夜は早く寝て、明日は元気いっぱいで来てください。

ハロウィン 10月31日

子どもにとって楽しいお祭り

ポイント 外国の祭りを知り、園でも仮装する風習を楽しむのもよいですね。

　みんなは「ハロウィン」を知っていますか？　10月31日に行われる外国のお祭りです。お店に目や口がくり抜かれたカボチャがかざってあるのを見たことがあるかな？　この日は、その年にとれた野菜などをお供えして、「たくさん実ってくれてありがとう」と感謝する日です。外国では、子どもたちが好きな姿に変身して、「お菓子をくれないといたずらをするよ」と言って、近所のおうちを回ります。そのおうちでは、子どもたちが来たらあげられるよう、お菓子を用意してるんだって。子どもたちの楽しいお祭りでもあるんですよ。

ちょこっと ことばかけ

散歩　コオロギ

　コオロギはバッタの仲間で、夏から秋にきれいな声で鳴く虫だよ。「リリリリ」と鳴いているのはオスなんだ。羽をこすり合わせて鳴くよ。

食育　ブドウ

　ブドウにはたくさんの種類があるね。粒の大きさもいろいろで、皮の色が紫や黄緑のものもあるよ。栄養たっぷりで体にいいよ。

季節　夕焼け

　夕方、お日様が沈むときに、空が赤くなることがあるよね。それを夕焼けというよ。秋は特に夕焼けがきれいに見えるんだって。

10月のあそび

みんなで **ふれあい** **体を動かす**

こちょりん・トン

準備する物
椅子

ねらい
* あそびを通して友達とふれあう
* 簡単なルールを理解する

Part 1 クラスづくり　10月

あそび方

1 椅子の周りを歩く

椅子を向かい合わせにしてランダムに並べます。その周りを曲に合わせて自由に歩きます（保育者も）。

2 椅子に座る

曲が止まったら、近くの椅子に座ります。

3 合図でくすぐり合う

「5・4・3・2・1」と数えて、向かい合った子ども同士でくすぐり合います。

4 握手して手を振る

「握手、握手、握手でバイバイバイ」と握手してからお互い手を振り合います。繰り返しあそびます。

ことばかけ

「曲が止まったら、近くの椅子に座るよ。お友達をコチョコチョしちゃおう」

保育者の援助

できるだけ、さまざまな子どもと関わりをもてるように促します。子どもが歩く中で椅子が動いてしまいます。保育者はいっしょに歩きながら整えます。

バリエーション

椅子を3脚にする

並べ方に注意しながら、椅子を3脚にして向かい合わせます。3人で向き合ってくすぐり合う楽しさを味わいます。

| チームで | 見立て | 体を動かす |

ダンゴムシのトンネルくぐり

ねらい
* 身近な生き物になりきる
* 友達との関わりを楽しむ

1 2チームに分かれる

　トンネルとダンゴムシの2チームに分かれ、『あたまかたひざポン』のリズムで交互にうたいます。トンネルチームはうたいながら2人組になり、センターラインの上にトンネルを作ります。次に、ダンゴムシチームはうたいながらダンゴムシのまねをして進みます。

ト「♪トンネルみんなで　つくりましょう×3　トンネルみんなで　つくりましょう　さあできた〜」
ダ「♪ダンゴムシが　くぐります×3　ダンゴムシがくぐります…」

2 トンネルを下げる

　トンネルチームは、ダンゴムシチームの歌に合わせてトンネルを低く（小さく）します。最後に「♪トンネルガッシャンコ！」と言ってトンネルを下げます。トンネルに挟まらないようダンゴムシたちはくぐり抜けます。

ことばかけ
「お散歩で見つけたダンゴムシさん。どうやって歩いているかまねしてみよう」

保育者の援助
　トンネルとダンゴムシの両方の役が楽しめるあそびです。あそびをスタートする前に、「♪トンネルみんなで　つくりましょう…」をみんなでうたってから始めましょう。

バリエーション

歌のテンポを上げる

　トンネル・ダンゴムシチームともに、歌のリズムをテンポアップして、動きも速くしましょう。

自然　見立て　指先

ポテトやさんとふりかけやさん

ねらい
* 小枝や枯れ葉で見立てあそびを楽しむ

準備する物
半分に切った封筒の底側、広告紙など

あそび方

1 小枝を集める

公園などに行きます。小枝を集めて封筒に入れ、フライドポテトに見立てます。

2 枯れ葉を集める

カサカサに乾いた葉っぱを集め、広告紙などの上でもんで細かくしてふりかけに見立てます。いろいろな色を混ぜたりして自分の好きなふりかけを作ります。

ことばかけ
「フライドポテトは好き？　ごはんにかけるとおいしいふりかけも作ろう」

保育者の援助
ふりかけ用の葉っぱは、乾燥していないとパラパラにならないので探す際にどれがよいか援助します。見立てあそびが広がるように、まず保育者といっしょにあそぶとよいでしょう。

あそびのヒント

掲示してみよう

あそんだポテトとふりかけは、お迎えの際に保護者に向けて掲示しても。ティッシュペーパーを丸めてごはんにし、その上に落ち葉のふりかけをかけるとそれらしくなります。

お散歩でポテトとふりかけごはんができました

Part 1 クラスづくり 10月

| 芯材 | みんなで | 見立て |

コウモリをやっつけろ

ねらい
* 丸めたり貼ったり、手指を動かして製作をする

準備する物
トイレットペーパー芯、羽の形に切った色画用紙、切ったモール、セロハンテープ、ペン、新聞紙

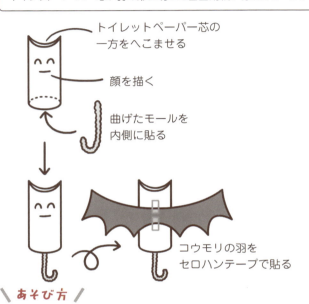

あそび方

1 コウモリを作る

保育者はトイレットペーパー芯の一方を、へこませておきます。子どもはトイレットペーパー芯に顔を描き、羽とモールを貼ります。

2 コウモリを落とす

新聞紙を丸めて玉を作ります。ポールにコウモリをぶら下げます。みんなで新聞紙の玉をぶつけてコウモリを落とします。

ことばかけ
「ボールを投げて、コウモリをやっつけるよ。いくつ落とせるかな」

保育者の援助
新聞紙の玉は「いくよー、ぐしゃぐしゃぐしゃー!」と言葉をかけて丸めます。それを3回位繰り返すと、新聞紙が柔らかくなり、丸めやすく玉が作れます。

バリエーション

オバケの的当て

コウモリの他に色画用紙で、オバケを作っても楽しめます。「からかさオバケに、命中できるかな?」と、みんなで1つの的をめがけて投げるのも楽しいあそびです。

| バランス感覚 | 空間認知力 | 高所感覚 |

大きな山越え

ねらい
* 平均台に慣れる

準備する物
平均台

あそび方
1 2本の平均台を並べ、保育者がまたがって座ります。
2 子どもが平均台の端から歩き、保育者の体をまたいで越えます。

あそびのポイント
保育者を越えていくときは肩や腕につかまるなどします。

お山だよ

Part 1 クラスづくり 10月

| 空間認知力 | 協応性 | リズム感覚 |

小さくバウンドキャッチ

ねらい
* ボールをとることを楽しむ

準備する物
ボール

あそび方
1 両手でボールを地面につき、バウンドしたボールを両手でキャッチします。
2 できるようになったら片手でボールを地面につき、バウンドしたボールをもう片方の手でつきます。これを連続して行います。

保育者の援助
ボールをつく位置が安定せず、ボールが思ったところでバウンドしない子には、足元に印をつけ、そこにボールをつくようにします。

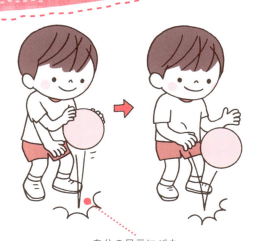

自分の足元にバウンドさせます。

読み取ろう！子どもの育ち

10月

肌寒くなってきた10月。体を動かす運動あそびを展開しました。そのようすと子どもの育ちを紹介します。

小さくバウンドキャッチ（p131）より

両手で持ったボールを足元でバウンドし、また両手で受け取ってあそんだ。

Oちゃん

保育者の説明をじっと聞いていたOちゃん。しかし、自分の足に当たったり、バウンドの強弱をコントロールできなかったりして、なかなかキャッチできない。あきらめず、何度かやるうちにキャッチできてうれしそうだった。

読み取り

関連する10の姿　自立心

【この場面での育ち】

はじめは床にボールをぶつける際に力を入れてしまい、思いもしない方向へ行くこともあったが、やっているうちにボールの特性を知り、手になじんできたようだった。Oちゃんの育ちは、あきらめないでやり続けたことにある。喜びはその先にあることを体得した。

今後の手立て

あきらめずにトライすることで、いつかはきっと成功するという有能感を身につけているところである。これからも、いろいろなことに挑戦しながら自分の世界を広げてほしいと願う。また、Oちゃんのよさを他の子にも伝え、粘り強い集団へと育てたい。

Pくん

ボールをしっかりと目で追い、何度もボールをキャッチできたPくん。保育者や友達からほめられて、うれしそうだった。その後、うまくできない友達に自分で考えたコツを伝え、その子がキャッチできると自分のことのように喜んだ。

読み取り

関連する10の姿　協同性

【この場面での育ち】

1回取れるとうれしくなり、何度も続ける姿に、自信をもっていることを感じた。人にほめられて、さらに喜びはふくらんだだろう。できない友達に教える姿に優しさを感じた。相手の身になって感じる心があることは、素晴らしいと思う。

今後の手立て

ボールの操作がずいぶん器用になったので、歩きながらボールをつくあそびを提案してみようと考える。また、周りの子に「P先生に教えてもらうといいよ」と声をかけ、今まで関わりの少なかった子どもとの出会いのきっかけをつくりたい。

11月のクラス運営

友達とあそびが広がるように	ごっこあそびや造形あそびなど、自分の思ったことをその子なりに表現し、友達とやり取りする中でイメージを伝え合い、あそびが広がるようにします。
秋の自然を楽しめるように	落ち葉や木の実などの自然とふれあう中で、子どもの喜びや発見を受け止めます。持ち帰った葉や実などで製作もできるようにします。

11月の子どもたち

子どもの心と姿

うん、光ってる！

空き箱で作った双眼鏡を首にかけて、園庭を見る子ども。「山のほうが光ってる。宝物があるんじゃない？」「どこどこ？」「ほんとだ、光ってる」「なんにも光ってないよ」。意見は違っても、いつもいっしょの友達だからこそ伝わるイメージを共有します。

自分で手洗い、うがいできるよ

生活習慣もしっかりと身についてくる頃。手洗いの歌をうたったり、「手、洗ってるよ、ほら」「ガラガラできるよ、見てて」と言ったりしながら、順番に行います。中には手洗いをしているうちに水あそびになってしまうこともあります。風邪をひかないように、予防を意識して行います。

保育者のやり方を見ながら、ていねいに手洗い。

ここ、おかしの国よ！

先月のハロウィンの余韻にひたる子どもたち。「ここ、おかしの国だよね」「そう、おかしをたくさん食べてもいいの」。カラーセロハンでボタンを包み、両端をねじってキャンディーを作り、食べるまねをしています。イメージが広がり、空想の世界を楽しんでいます。

葉っぱがいっぱいだ！

「葉っぱがいっぱい！」「わーい！」。園庭は落ち葉のじゅうたんに。カサカサと踏んだり、手のひらですくっては落としたり。落ち葉にまみれてあそび、全身で自然の変化や不思議さを感じ取ります。

大きな作品、明日も続きを…！

仲よしの友達といっしょに共同作品を作ることが楽しい時期。「明日もやろう」「明日はドアを作るんだよね」と、共有したイメージを形にしていきます。

ねらい

* のびのびと作ったりうたったりして、表現することを楽しむ。
* 友達とルールのあるあそびを楽しみ、イメージを共有する。
* 身の回りのことをていねいに行い、健康に過ごす。

環境構成 & 援助

落ち葉や木の実もあそび道具

どんぐり、いっぱい！

落ち葉や木の実でごっこあそびをしたり、飾りを作ったりすることも。散歩先の公園などで落ち葉やどんぐりを集められるよう、どんぐり入れを用意するとよいでしょう。

製作あそびのきっかけに

その子なりの思いを表現できるよう、製作コーナーには素材や道具を豊富にそろえ、使いやすい工夫をします。1本ずつ取り出せる紙テープの収納箱は、子どもの意欲をかき立てるでしょう。

紙テープが1本ずつ出せる！

子どもの表現に共感する

子どもの自由な製作活動を見守り、余計な言葉はかけずに見守りましょう。その子らしい言葉や表現を聞き取り、共感することが大切です。子どもの思いに共感し、子ども理解につなげましょう。

明日も続きができるように

あそびが深まり、明日も続きをしたいことが多くなります。「さわらないで」の看板を作って設置するなど、また明日も続きができるような工夫をしましょう。

チェックリスト ✓

- [ ] 今後の製作の素材として使うために、落ち葉や木の実などの自然物を豊富に確保しておく。
- [ ] 保育参観の方法や告知を考えておく。
- [ ] 自然物に関する絵本を用意する。
- [ ] 自然物を使った製作物を作り、見えるところに飾る。
- [ ] 感染症が流行らないよう、手洗い・うがいを徹底する。

Part 1 クラスづくり 11月

製作 11月のアイデア

[びりびり紙のミノムシ]

いろいろな紙を混ぜて作ろう

材料
色画用紙、折り紙、包装紙、新聞紙

作り方

1 土台を作る
台形の色画用紙をじゃばらに折ります。

2 紙をちぎる
折り紙や包装紙、新聞紙をちぎります。

3 紙を貼る
1に2を貼り、裏から色画用紙の顔を貼ります。

[千代紙の七五三飴袋]

千代紙で華やかに！

材料
画用紙、色画用紙、千代紙、ホイル折り紙

作り方

1 土台を作る
画用紙を三つ折りにし、下側を裏に折ってテープでとめて袋状にします。

2 紙を貼る
1に千代紙やホイル折り紙を貼り、裏に色画用紙の持ち手を貼ります。

お絵かき

どんぐり 帽子の部分は、三日月のような形を意識して。

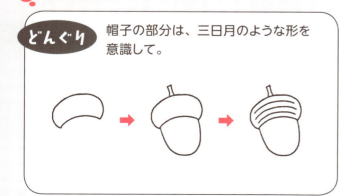

手洗い 泡のもこもこを大きく描いて、手の重なりを簡単に。

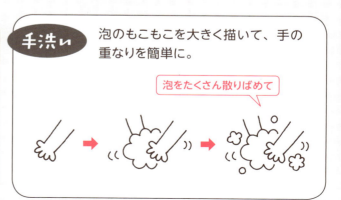

泡をたくさん散りばめて

絵本

七五三

「みんなげんきで七五三」
さく／寺村 輝夫　え／いもと ようこ
あかね書房

はじけ飛んだわんすけくんのズボンのボタンは、みんながすてきな七五三を迎えられるようにと願って…。

勤労感謝の日

「パンやのくまさん」
作・絵／フィービ・ウォージントン、セルビ・ウォージントン　訳／間崎 ルリ子　福音館書店

パンやのくまさんの一日を描いた絵本。朝食を食べ、パンを焼いて売りに行く平凡な日常にほのぼのできます。

秋

「どんぐりころころ」
監修／大久保 茂徳　写真／片野 隆司ほか
ひさかたチャイルド

身近な木の実"どんぐり"の種類や生長過程を写真で詳しく紹介。今すぐどんぐり拾いに行きたくなる一冊です。

友達

「かぼちゃスープ」
作／ヘレン・クーパー　訳／せな あいこ
アスラン書房

仲よしのネコとリスとアヒルがカボチャスープ作りの役割をめぐって大げんか。アヒルは怒って家を出ていき…。

言葉

「へんてこへんてこ」
作・絵／長 新太
佼成出版社

体がニューッと伸びてしまう不思議な橋をいろいろな動物やものが渡ります。みんなで声に出して読んでみましょう。

言葉

「あっちゃん あがつく たべものあいうえお」
作／さいとう しのぶ　原案／みね よう
リーブル

「あ」から「ん」まで濁音、半濁音含む69音の食べ物や食に関する言葉が登場。楽譜つきでうたいながら読めます。

なぞなぞ

Q 秋に黄色くなるチョウといえば、なーに？
[ヒント] 木の実はギンナンだよ　A イチョウ

Q 食べると安心するケーキって、どんなケーキ？
A ホットケーキ

Q 風邪を引いたとき、鼻から出てくるお水って、なーんだ？
A 鼻水

うた

♪ **まっかな秋**
作詞／薩摩 忠　作曲／小林 秀雄

♪ **山の音楽家**
訳詞／水田 詩仙　ドイツ民謡

♪ **大きなたいこ**
作詞／小林 純一　作曲／中田 喜直

♪ **森のくまさん**
訳詞／馬場 祥弘　アメリカ民謡

手あそび・うたあそび

♪ **なっとう**
作詞・作曲／不詳

♪ **とんとんとんとんひげじいさん**
作詞／不詳　作曲／玉山 英光

♪ **一丁目のウルトラマン**
作詞／島田 直美とウルトラの仲間たち
アメリカ民謡

♪ **あぶくたった**
わらべうた

Part 1 クラスづくり　11月

行事のことばかけ

七五三 11月15日

子どもの成長をお祝いする日

ポイント 男の子は3歳と5歳、女の子は3歳と7歳でお祝いしますが、地域差があるので確認を。

　昨日、○○ちゃんは七五三のお祝いをしてきたそうです。七五三というのは、子どもの成長をお祝いする、日本に昔から続いている行事です。「3歳、5歳、7歳になりました。無事に元気に育ちました。これからも見守ってください」という気持ちをこめて、神様にお礼をする日なんですよ。昔は、子どもが元気に大きくなることが難しかったので、3歳、5歳、7歳のときにお祝いをしたんですね。

勤労感謝の日 11月23日

すべての働く人に「ありがとう」

ポイント 外に仕事に行く家族だけでなく、家事や育児をする人にも感謝の気持ちを伝えます。

　先生は、この園で働いていますが、家に帰ったら、洗濯や食事の用意など、家の仕事もしています。みんなのお父さん、お母さんもいろいろなお仕事をしていますよね。明日は、「勤労感謝の日」です。みんなの周りにあるものは、全部誰かが働いてくれて、できているものばかりです。働く人がいるから、わたしたちは生きていくことができるんですね。だから、「いつもみんなのために働いてくれて、ありがとう」と、働いている人たちに感謝の気持ちを伝えましょう。

ちょこっと ことばかけ

散歩　どんぐり

　どんぐりにはいろいろな形があるね。細長いのはアラカシやコナラ、丸くて大きいのはクヌギだよ。どんぐりの形を比べてみるのも楽しいよ。

季節　紅葉（こうよう）

　この間まで葉っぱが緑色だったのに、今は赤色や黄色になっている木があるね。これは「紅葉」といって、秋になると葉っぱの色が変わるんだよ。

食育　千歳飴（ちとせあめ）

　七五三のときに食べる細長いあめは、「千歳飴」というよ。子どもの成長と長生きしますようにと願いをこめて、紅白の長いあめにしたんだって。

11月のあそび

リズム感覚 **バランス感覚** **体を動かす**

おはよう！ポトン？

ねらい
* バランス感覚を養う
* 友達と楽しい感覚を共有する

準備する物
お手玉

あそび方

1 頭の上にお手玉をのせながらうたう

お手玉を頭の上にのせて、『せんせいとお友だち』の2番「♪せんせいとおともだち×2　あいさつしよう」をうたいます。

2 おじぎをする

「♪お・は・よ〜」の歌詞でおじぎをします。ポトンとお手玉が落ちたら「落ちた〜」と言って拾います。

ことばかけ
「お手玉を頭の上にのっけてごらん。うまく歩けるかな？」

保育者の援助
「こんなことできる？」と言葉かけをすることで、子どものチャレンジする意欲を引き出しましょう。人数が多いとぶつかりやすくなるので、調整していきましょう。

バリエーション

頭以外にものせて

お手玉をのせる場所を子どもたちと考えます。肩やひざにのせる、頭に2つのせる…などさまざまなアイデアが出てきたら、試してみましょう。

● 2つのせ　● 肩のせ　● ひざのせ

Part 1 クラスづくり 11月

| 新聞紙 | 見立て | 指先 |

新聞おんせん

ねらい
* 指先を使って大きな紙を裂く
* 素材のおもしろさに気づく

準備する物
新聞紙、段ボールや衣装ケースなど、カラーポリ袋、ガムテープ

あそび方

1 新聞紙を裂く

開いた新聞紙を、ひたすら裂きます。1人でうまくいかない場合や、飽きるようすが見られたら、2人組になって裂きましょう。

2 お風呂ごっこへ

1を段ボールなどの中に集めます。みんなで新聞紙のお風呂に入ってあそびます。

3 カラーポリ袋に集める

あそび終えたら、保育者が構えたカラーポリ袋の中に新聞紙を集めて入れる競争をします。

4 大きなボールを作る

袋がいっぱいになったら、口を閉じてガムテープで補強してボールにします。みんなで大きなボールでサッカーをしてあそびます。

ことばかけ
「しっかり持つとたくさん破けるよ。いっぱいビリビリしてみよう」

保育者の援助
子どもが裂ける新聞紙の量は多くないため、保育者は、複数枚重ねてどんどん裂いていき、量を増やすようにします。

あそびが広がることばかけ

お風呂ごっこを盛り上げる

「新聞お風呂、あったかいですか〜?」「新聞シャワーが出るよー」など言葉をかけながら、かき混ぜる動作をしたり、上から降らせたりすると楽しいです。

みんなで　自然　見立て

小枝線路

ねらい
* 友達といっしょに作る楽しさを味わう
* 長い、短いの認識をもつ

Part 1 クラスづくり 11月

あそび方

1 小枝を集める
公園に行き、みんなで小枝を集めます。1人8〜9本ぐらいが目安。

2 小枝をつなげる
集めた小枝を並べて、線路を作ります。葉っぱで駅を作っても楽しいでしょう。

ことばかけ
「枝をつなげて、ながーい線路を作ってみよう」

保育者の援助
小枝がたくさん必要なので、あらかじめ公園などに下見に行き確認しておきます。「○○ちゃんの枝は長いね」など、あそびの中で長短に気がつける言葉をかけます。

あそびのヒント

じっくり観察しよう
あそびの途中で小枝の皮をむいてみたり、匂いをかいでみたりします。木の幹にさわって木肌を感じてみるのもよいでしょう。

| はさみ | 表現 | 指先 |

ちょきちょきピザ

ねらい
* はさみの直線切りを楽しむ

準備する物
丸く切った画用紙、4cm幅の色画用紙、のり、はさみ

ぬりぬり

おいしそう！

あそび方

1 はさみで切る
4cm幅に切ってある色画用紙を、子どもたちが細かく切ります。

2 のりを塗る
ピザの土台になる丸い画用紙に、のりを塗ります。のりは円を描くように塗ります。

3 色画用紙を貼る
1で切った細かい色画用紙を、のりを塗った2に自由に貼ります。

ことばかけ
「ピザを食べたことある人！ どんなピザが好きかな？ 食べてみたいかな？」

保育者の援助
はさみがうまく使えない子には、正しい持ち方を手を添えて伝えます。のりはグルグル円を描くように塗ることを伝え、うまくできない子は補助します。

あそびが広がることばかけ

はさみの使い方
「はさみの小さい穴にはお父さん指、大きい穴にはお母さん指とお兄さん指が入るんだよ」などと、はさみの穴にどの指が入るかを伝えます。

小さい穴にはお父さん指 大きい穴にはお母さん指とお兄さん指が入るよ！

小さい穴にはお父さん指…と

懸垂力　脚力　支持力

ワニさん歩き

ねらい
* 手の力だけではうことを経験する

あそび方
1. うつぶせになり、胸とおなかは床につけ、ひじを曲げて両手を胸の横に置きます。
2. 右腕を前に出すときは左足を前に、左腕を前に出すときは右足を前に出しながら、はうように進みます。

あそびのポイント
腕だけでなく足も使うので、腕の力が弱い子どもでも無理なく行えます。

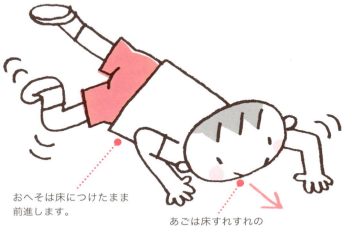

おへそは床につけたまま前進します。

あごは床すれすれのところで、顔はななめ上を向きます。

Part 1 クラスづくり 11月

バランス感覚　空間認知力　回転感覚

さつまいもゴロゴロ

ねらい
* マットに転がることを楽しむ

準備する物
マット

あそび方
1. マットの上にうつぶせで寝転がり、両手と両足をまっすぐ伸ばします。
2. マットの端から端まで転がります。

あそびのポイント
指先を見るようにして回転すると、目が回りにくくなります。まっすぐ横に転がります。

指先までピンと伸ばします。

読み取ろう！子どもの育ち

11月

普段のあそびから、はさみやのりなどの道具に親しむ子どもたち。製作あそびでの育ちを紹介します。

ちょきちょきピザ（p142）より

さまざまな色画用紙を細かく切り、のりで貼ってオリジナルのピザを作った。

Qちゃん

はさみは1回切りしか経験のなかったQちゃん。好きな赤とピンクの色画用紙を選んで手にすると、少しずつ2回切り、3回切りと長くきれいに切れるようになった。太く切ったものを見つけると指先でそっとつまみ、さらに細く切ろうとした。どんなピザを作るか考えながら切っていた。

関連する10の姿　思考力の芽生え

読み取り【この場面での育ち】

はさみの穴にどの指を入れるか確認し、刃を動かしながら、切れるようすを楽しんだ。便利な道具としてはさみを使いこなせるようになったことをうれしく思う。「赤はトマト、ピンクはハム」と言いながら、イメージを言葉にしたのも成長である。

今後の手立て

直線を切ることには慣れてきたので、次には三角や物の形など、紙を回しながら切る経験ができるように準備していきたい。そして、イメージをふくらませたピザの種類がわかるようにし、ピザやさんごっこで人と関われるよう、あそびを組み立てていきたい。

Rくん

さっさと切って貼ってピザを作ったRくん。早くできあがったことがうれしく、「お待たせしました、ピザやさんです」などと、1人でごっこあそびを始めた。そのようすをみた他の子も加わりたくなり、みんなが次々とピザやさんになってあそび始めた。

関連する10の姿　言葉による伝え合い

読み取り【この場面での育ち】

手際がよく、やることが早い。できあがったピザを見たら、配達に来るピザやさんを想像したのだろう。製作よりもごっこあそびへと興味が移った。楽しそうな声に、友達も誘われ、ピザをのせる皿を探したり、出前に出かけたりと工夫し始めた。

今後の手立て

ピザを作る過程を、友達と会話しながら十分に楽しんでほしかった。ピザやさんのメニューを考えることを通して、具材はなにをのせるか、どのように貼ったらおいしそうかなど、製作を工夫するチャンスもつくりたい。

12月

12月のクラス運営

| 年末年始を楽しんで迎える | クリスマス会やもちつき、大掃除など、この時期ならではの行事を楽しみましょう。年末年始が期待をもって迎えられるようにします。 |

| 冬の生活習慣を伝える | 風邪をひく子が多くなってくる頃です。「ばい菌をやっつける」など子どもがイメージできる言葉で、自分から手洗い、うがいの必要性を理解できるようにします。 |

12月の子どもたち

子どもの心と姿

風邪もひくけど、元気だよ

　寒くても外あそびは大好き。「キャー、寒い!」とうずくまっていたのもつかの間、風と追いかけっこ。でも風邪をひいて、のどを痛めたり、せきをしたりする子どももいます。鼻水が出ても気にせずにあそんでいたら、鼻かみを促します。

はさみが使えてうれしいな

　はさみがなかなか使えなかった子どもも、いつの間にか使えるようになり、自分ではさみと切るものを出してきて、チョキチョキと自在に切っています。ひと通り切ると、「できたよ。見て」とうれしそうです。

チョキン、チョキン。1回切りから成長しました。

トナカイになったよ

　歌をうたったり、曲に合わせて体を動かしたりするのが好きで、自然と心も軽やかに弾んでいます。12月になると、「赤鼻のトナカイ」の歌を楽しみ、トナカイになる子どもたち。思い思いにポーズを決めて踊ります。友達といっしょに表現することが楽しいようです。

おいしい葉っぱは?

　「おいしい葉っぱはどこかな?」「あった!」「これにしよう。食べてね」。保育者もあそびに入るとにっこり笑顔に。自分のイメージを言葉にして、少しずつイメージを共有できるようになります。

寒くても平気だよ

　子どもは風の子。寒くても子どもは園庭を走り回ります。「早く来て」「いっしょにやろう」と、心も体も常に元気いっぱいです。

> **ねらい**
> * 友達とあそびを共有しながら、自分の思いを表現してあそぶ。
> * 周りのことに興味をもち、簡単なルールのあるあそびを楽しむ。
> * 冬の生活の仕方を覚え、健康的な生活習慣を身につける。

環境構成 & 援助

新しい道具にも親しんで

手指が器用になり、はさみや接着剤などの道具も使えるようになります。段ボールに木の実を接着剤でつけるあそびでは、「並べ方や間隔のこだわりを友達と見比べる姿」を大切にします。

ぶくぶくと、がらがらうがいを

風邪が流行する時期。食事のあとの「ぶくぶくペ」と、戸外あそびの後の「がらがらペ」のうがいをイラストで掲示し、子ども自身が意識して体調管理を行えるようにします。

自分でできる！

外であそんで元気いっぱい！

寒い日でも、暖かい時間帯を選んで1日に一度は外気にふれてあそびましょう。かけっこや運動あそびなら、あっという間に体中がぽかぽかに！ 少しずつルールのあるあそびを取り入れましょう。

うれしい言葉を友達と共有

言葉がたくさん出るようになると、友達に嫌な言葉を言ってしまうこともあります。クラス全体でうれしい言葉、嫌な言葉を確認し、気持ちのよい言葉を使うよう心がけましょう。

チェックリスト ✓

- ☐ 鼻水を自分で始末できるように、ティッシュペーパーやごみ箱、鏡を保育室に用意する。
- ☐ 自由に楽器をさわれるよう、コーナーを作る。
- ☐ 室温や湿度を確認し、暖房の調節をこまめに行う。
- ☐ 秋にとっておいた自然物を、製作に使えるよう出しておく。
- ☐ 冬がテーマの絵本を、絵本棚に並べておく。

製作 12月のアイデア

[リボンのサンタクロース]

不織布リボンを土台として活用

材料
不織布リボン、色画用紙、画用紙、綿、ボタン、リボン

作り方

1 土台を作る
不織布リボンを二つ折りにし、両端を貼ります。

2 紙を貼る
1に色画用紙と画用紙で作った顔と帽子、綿、ボタンを貼り、裏にリボンを貼ります。

[紙コップのツリー]

紙コップがツリーに変身！

材料
紙コップ、片段ボール、ホイル折り紙、丸シール

作り方

1 土台を作る
保育者が紙コップに切り込みを入れます。紙コップを絵の具で塗り、カールさせます。

2 紙とシールを貼る
1に丸めたホイル折り紙や丸シールを貼り、内側に筒状にした片段ボールを貼ります。

お絵かき

ツリー 上から順番に描いていきます。かざりはシンプルに。

ぎざぎざ線は左右対称

プレゼント リボンを豪華にアレンジするのも楽しい！

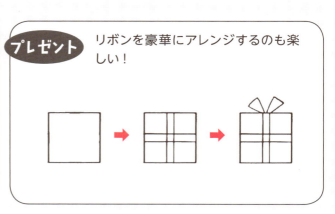

絵本

「まどから おくりもの」
作・絵／五味 太郎
偕成社

サンタさんが窓からプレゼントを投げ入れていくも…。あわてん坊のサンタの勘違いがおもしろい、しかけ絵本。

「まちのおふろやさん」
作・絵／とよた かずひこ
ひさかたチャイルド

空き地にやって来たおふろやさん。動物たちが湯に入ったあとは、自分も銭湯へ。くすりと笑える一冊です。

「ぼくのてぶくろ」
作・絵／ふくだ すぐる
岩崎書店

大切な手袋の片方をなくしたマーくんが、来た道を探しに戻ります。マーくんより先に手袋を見つけられるかな？

「ねずみくんとおんがくかい」
作／なかえ よしを　絵／上野 紀子
ポプラ社

音楽会でトランペット担当になったねずみくん。うまく吹けないので、ほかの楽器に換えてもらおうとしますが…。

「いしゃがよい」
作／さくら せかい
福音館書店

体の弱い子パンダを自転車にのせて、医者に通うエンさん。やがて年を取って…。心温まる絆の物語にほろり。

「こびとのくつや」
原作／グリム　文・絵／いもと ようこ
金の星社

貧しい靴やさんの工房では、誰が作ったのか、毎朝、見事な靴が完成していて…。グリム童話の名作に親しんで。

Part 1　クラスづくり　12月

なぞなぞ

Q　赤と青、2つ合わせて、タンタンタン。これ、なーに？
A　カスタネット

Q　プレゼントを入れてもらうために用意しておくものって、なーんだ？
[ヒント] 身につけるものだよ　A　靴下

Q　うすときねを使って、もちをペッタン。なんていう？
A　もちつき

うた

♪ ジングルベル
訳詞／宮澤章二　作曲／J・S・ピアポント

♪ ウインター・ワンダーランド
作詞／SMITH RICHARD B DICK
訳詞／横井 弘　作曲／BERNARD FELIX

♪ ゆきのぺんきやさん
作詞／則武昭彦　作曲／安藤　孝

♪ お正月
作詞／東　くめ　作曲／滝　廉太郎

手あそび・うたあそび

♪ きらきら星
訳詞／高田三九三　フランス民謡

♪ ぼうがいっぽん
わらべうた

♪ のねずみ
作詞／鈴木一郎　イギリス曲

♪ アブラハムの子
訳詞／加藤孝広　外国のうたあそび曲

行事のことばかけ

クリスマス 12月25日

サンタクロース、来るかな?

 ポイント クリスマスがテーマの絵本やシアターなどを楽しみ、夢のある話をしましょう。

　もうすぐ、みんながとっても楽しみにしているクリスマスがやってきますね。クリスマスはキリストという神様の誕生日です。サンタクロースは、トナカイが引っぱるそりに乗って、世界中の子どもたちの家にプレゼントを届けてくれるといわれています。今ごろ、プレゼントの準備に大忙しかもしれません。みんなのおうちにも来てくれるかな? 楽しみに待っていましょうね。

もちつき

お正月に向けての準備

 ポイント おもちつきはお正月を迎えるための風習であることを伝え、楽しみにできるようにします。

　明日は、おもちつき大会です。おもちつきをするのに使うきねとうすを、園庭に出しましたが、みんなもう見ましたか? 先生たちも、交代でおもちをつきます。昔は、どこのおうちでもおもちをついてお正月を迎えたそうです。みんなも、おもちをつくので、今夜は早く寝て、力をいっぱいためて明日、園に来てくださいね。おもちつきのあとは、みんなのついたおいしいおもちを、たくさん食べましょうね。

ちょこっと ことばかけ

散歩　ポインセチア

　ポインセチアの、赤色の部分は花のように見えるけれど、本当は葉っぱなんだよ。赤色と緑色はクリスマスにぴったりだね。

食育　ダイコン

　ダイコン、みんなは好きかな? ダイコンの白いところは、土の中で大きく育つんだ。白いところにも、緑色の葉っぱにも栄養があるよ。

季節　大みそか

　12月31日、1年の一番最後の日のことを「大みそか」っていうよ。新しい年の神様をお迎えする準備をする、特別な日だよ。

12月のあそび

見立て　みんなで　ルール

まねっこ牧場

ねらい
* 動物の動きをまねしながら表現することを楽しむ

準備する物
動物サイコロ

あそび方

1 サイコロをふる

保育者が「サイコロ、ポン!」と言いながら、動物サイコロをふります。

2 動物のまねっこをする

みんなで、サイコロに出た動物のまねをしてあそびます。

ことばかけ
「みんなは、牧場に行ったことある? どんな動物がいるかな?」

保育者の援助
「ガーガー」「モー」など鳴き声を出します。
「アヒルさん、池で泳ぎましょう」「お昼寝しましょう」「草を食べよう」など、子どもといっしょに場面を展開しましょう。

作り方

動物サイコロ

ウレタン積み木または空き箱に色画用紙を貼り、動物の絵を貼ったり、描いたりする。

みんなで　ルール　体を動かす

引っ越し子ブタ

ねらい
* 逃げたり捕まったり、集団あそびを楽しむ

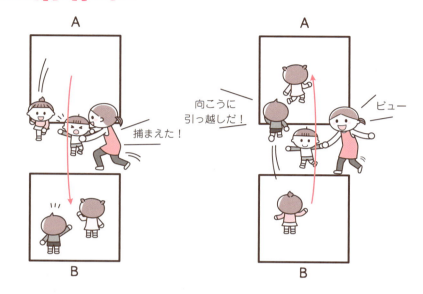

\あそび方/

1 子ブタが□に入る

Aの□に子ブタ（子どもたち）が入ります。保育者がオオカミになり、□の外から「くんくん、いい匂いがするな」と言い、うろうろします。

2 子ブタを捕まえる

オオカミが「ビュー」と息を吹いたら、子ブタがAの□からBの□へ引っ越します。その途中でオオカミが捕まえます。

3 捕まったらオオカミに

オオカミに捕まった子ブタは、オオカミになり、保育者と手をつなぎます。Bの□に移動できた子ブタは、今度はAの□へ引っ越します。

ことばかけ
「オオカミが"ビュー"と息を吹いたら、もう1つの四角に逃げるよ」

保育者の援助
なかなか移動できない子がいる場合は、子ブタ役に保育者も加わり、オオカミが「ビュー」と吹いたらいっしょに移動するように促します。

バリエーション

枠の形を細長く変えて

Aの□とBの□を横に細長くし、移動するタイミングに変化をつけてあそびます。

| 見立て | 体を動かす | 表現 |

おーい北風さん

ねらい
* 風の吹くようすを体で表現する

小さな北風 ヒュー

大きな北風 ビュービュー

大きな北風さん、おいでー！

あそび方

1 小さな風に

保育者が「小さな北風、ヒュー」と言い、手を振りながら軽く走ります。子どもはまねをします。

2 大きな風に

次に「大きな北風、ビュー」と言い、手の振りを思い切り大きくして走ります。子どももまねをします。

3 いろいろな風に

慣れてきたら、保育者と子どもは向かい合います。保育者の「大きな北風さん、ここまでおいでー」の合図で、子どもは保育者に向かって大きな風になって走ります。

ことばかけ

「今日はみんなで風になってみよう」

保育者の援助

冬の冷たい風が感じられるように、最初に「風が冷たいね」などと言ってから始めましょう。風の強さを体の動きで表現できるようにしますが、保育者について走る際、転ばないように気をつけましょう。

あそびが広がることばかけ

反応に工夫を

あそびが充実してきたら、子どもたち自身が風の種類を言えるように促します。「大きな風〜」に保育者が「おお寒い、ブルブル」などと反応すると、あそびがさらに広がります。

ブルブル寒いよー
大きな風 ビュー

Part 1 クラスづくり 12月

はじき絵 / 表現 / じっくり

みんなのツリー

ねらい
* はじき絵をすることを楽しむ

準備する物
絵の具、筆、ツリーの形に切った段ボール、クレヨン、コースター

あそび方

1 オーナメントを作る

コースターにクレヨンで好きな模様を描きます。上から絵の具を塗りはじき絵をします。

2 ツリーを作る

ツリーの形に切った段ボールに、みんなで白いクレヨンで雪を描きます。その上から緑色の絵の具を塗り、ツリーを作ります。壁に貼り、オーナメントを飾ります。

ことばかけ
「ちょっと力を入れて、クレヨンで描いてみようね」

保育者の援助
オーナメントを作る際、はじき絵の楽しさがわかるように、クレヨンとは違う色の絵の具で塗ることなどを伝えていきます。

あそびのヒント

いろいろな模様を

コースターに模様を描くときは、取り組みやすいように「ぐるぐる、ギザギザ…」など保育者が言葉をかけてもいいでしょう。

協調性　柔軟性　リズム感覚

2人で押し合い

ねらい
* 友達と柔軟体操を楽しむ

あそび方
1. 2人1組になります。
2. 1人は足を伸ばして座ります。もう1人は後ろに立ち、肩に両手を置いて静かに体を押します。5回押したら交代します。

保育者の援助
押す力の加減がわかりにくい子は、「イチ、ニ、サン、シ、ゴ」とかけ声をかけながら、「ゴ」で少し強めに押すなど、リズミカルに行うとよいでしょう。

ひざは軽く曲げてもかまいません。

Part 1 クラスづくり 12月

バランス感覚　空間認知力　高所感覚

太い1本橋渡り

ねらい
* 平均台を渡ることを楽しむ

準備する物
平均台

あそび方
2本の平均台をつけて並べます。その上を端から歩いて渡ります。

あそびのポイント
まず2本つけた平均台をゆっくり歩きます。落ちないように集中して渡りましょう。

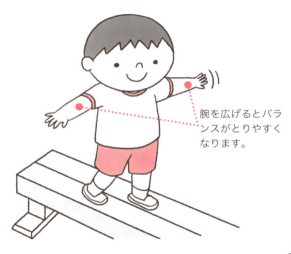

腕を広げるとバランスがとりやすくなります。

155

＼読み取ろう！／ 子どもの育ち

12月

まねっこあそびが大好きな3歳児。動物のまねをするあそびでの育ちを読み取ってみましょう。

まねっこ牧場（p151）より

動物の絵を描いた大きなサイコロをふり、出た動物の動きや鳴き声をまねしてあそんだ。

Sくん

大きなサイコロを見ると、自分がふりたいと言い張る。ほかの子が動物の鳴きまねをすることを楽しんでいても、なかなかやろうとしない。ずっと大きなサイコロに執着していたのでサイコロをふる役を任せると、満足そうに転がした。

関連する10の姿　健康な心と体

読み取り

【この場面での育ち】

自分のやりたいことはやりたいと主張できる。それは大事なことだと思う。今回もサイコロを転がす役をすることができて、満足感を味わった。ただ、友達が動物のまねをしていても待てず、またサイコロをふろうとした。次に育てたいところである。

今後の手立て

自分のしたいことをして満足したら、ほかにやりたい人に気づいて譲ってあげられるような気持ちを育てたい。また、周りの人のようすを認識できるよう援助したい。今回はサイコロをふるだけだったが、動物のまねをする楽しさも味わってほしいと願う。

Tちゃん

出た動物のまねをして、友達と大笑いして喜んだ。はじめはそれぞれが動きや鳴き声をまねするだけだったが、自由な発想で「ぴょん子のおうちはここだぴょん」「おじゃましますぴょん」などと言い、気の合う友達といっしょにストーリーをつくった。

関連する10の姿　豊かな感性と表現

読み取り

【この場面での育ち】

ウサギが気に入ったようで、手を耳にして頭に当て、跳びながら会話を楽しんだ。友達の言ったこともよく聞いており、そのストーリーのうえに自分の考えた話をプラスして話を進めていた。表現する喜びを味わい、動物の1つ1つを楽しむ育ちがあった。

今後の手立て

園で飼っているウサギをよく見て関わっていることから、ウサギに対する親しみの気持ちが表れていたのだと思う。これからもさまざまな生き物を紹介したり、実物を見たりして、命あるものに興味・関心をもてるようにしたい。

1月のクラス運営

休み明けの子どもと余裕をもって関わる	年末年始で生活のリズムが整わない子もいます。子どもの経験したことを話したい気持ちに共感しながら、ゆっくり受け止めましょう。
お正月の伝承あそびを楽しむ	こまやかるた、凧あげなどお正月の伝承あそびを楽しみましょう。はじめての子どもも多いので保育者がやってみせ、子どもができるようなやり方を工夫します。

1月の子どもたち

子どもの心と姿

かるた、たくさん取ったよ！

「かるた、うちでぼくがいちばんたくさん取ったんだ」「ぼくが読む人になる」と、覚えている読み札を言って、うれしそう。お正月、家の人にあそんでもらったのでしょう。子どもだけでかるたはまだ難しいですが、保育者といっしょに楽しみます。

雪で、かき氷ができた！

めずらしく雪が降り、園庭の日陰に少しだけ雪が残っていました。それを見つけて早速、かき氷作り。「メロンがいい」「わたし、イチゴ」と思い思いの絵の具のシロップをかけています。

色とりどりの絵の具で作ったかき氷はとってもおいしそう。

ダイヤモンド、見つけたよ

「ダイヤモンド見つけたよ！」「へぇ！ どこ？ 先生もほしいな」「お山の上。早くおいでよ」。行くと山の草むら一面に霜柱です。朝日に輝いて本当にダイヤモンドのよう。見て、さわって、感じたことを表現し、保育者や友達に知らせるようになります。

セメント、ペッタンコ！

「レンガをよいしょ」「セメント、ペッタンコ」。牛乳パックを積み上げて、『三びきのこぶた』に登場するブタのおうち作り。そこへオオカミがやってきて、追いかけっこ。共通のイメージをもった友達とのあそびを楽しむ姿が見られます。

ぼくの宇宙船だよ

大型ブロックの前で「宇宙船の操縦席だよ」「バスだよ！」と大騒ぎ。でも、別の友達がいすを出すとみんなそちらに大移動。興味の移ろいが、切り替えのきっかけになります。

ねらい

* 友達との会話を楽しみ、イメージを共有してあそぶ。
* 戸外あそびを楽しみ、冬の自然を感じる。
* 友達と関わりながら、伝承あそびを楽しむ。

環境構成 & 援助

自分で取り組むコーナーを

折り方の難しい折り紙に取り組めるよう、コーナーの設定を。折り方の掲示があれば、見て自分たちで作れます。

本物を貼るとわかりやすい！

冬の自然事象を楽しむ

園庭で氷や霜柱を見つけたり、雪と関わったり。冬ならではのあそびをたっぷりと楽しめるよう、関連の絵本を読んで興味・関心を引き出し、用具を整えておきます。

子どもの要求に応じて

あそびが展開し、イメージが広がることで、「ここに入れ物がほしい」「〇〇があるといいな」など、子どもがほしいものを伝えてきます。要求に応じて必要な材料や道具を出しましょう。

道具を作って、ごっこあそび

手作りの聴診器を首から下げて、患者さんは横になり…。気の合う友達と、それぞれのイメージをつなげて楽しいあそびが広がります。

チェックリスト

- ☐ 休み明けで生活のリズムが崩れていないか確認をする。
- ☐ インフルエンザなどの感染症について、園全体で情報を共有する。
- ☐ 伝承あそびの玩具が壊れていないか、チェックする。
- ☐ 雪や氷であそんだあと、暖かく着替えやすい環境を整える。

製作 月のアイデア

[みんなで作る すごろく]

「グループで取り組もう」

材料
模造紙、色画用紙、画用紙、ペットボトルのふた

作り方

1 ペンで描く
色画用紙や画用紙に、ペンで顔などを描きます。

2 紙を貼る
模造紙に1を道の形に並べて貼ります。

3 ペンで描く
丸い画用紙にペンで絵を描き、ペットボトルのふたに貼り、こまを作ります。

[コラージュ手袋]

「手の形をかたどるのが楽しい！」

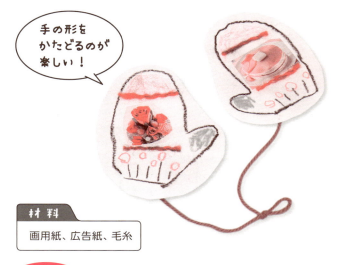

材料
画用紙、広告紙、毛糸

作り方

1 クレヨンで描く
画用紙に手を置いて、クレヨンで形をかたどります。周囲を切ります。

2 紙を貼る
1に写真の部分を切り取った広告紙を貼り、裏に毛糸を貼って2枚をつなげます。

お絵かき

晴れマーク 放射線をていねいに、偏りなく描くのがポイント。

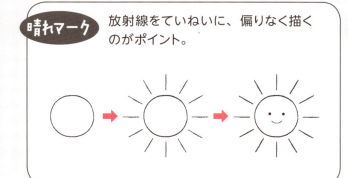

スプーン＆フォーク 柄から描くと安定しやすくなります。ニコニコ笑顔でキュートに！

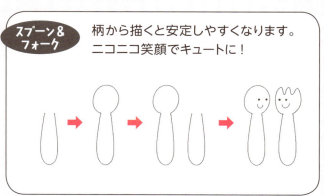

絵本

「あけましておめでとう」
文／中川 ひろたか　絵／村上 康成
童心社

おせち料理にお雑煮、お年玉、初詣と、元日の一日を描いた絵本。お正月の楽しい雰囲気に共感できます。

「十二支のかぞえうた」
作・絵／さいとう しのぶ
佼成出版社

十二支の動物たちを「かごめかごめ」のメロディーにのせて紹介。うたいながら十二支を覚えてみましょう。

「おおさむこさむ」
文／松谷 みよ子　絵／遠藤 てるよ
偕成社

わらべうたをもとにした絵本。動物たちと子どもたちがおしくらまんじゅうをして、寒さを吹き飛ばします。

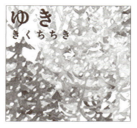

「ゆき」
作／きくち ちき
ほるぷ出版

晩秋の森に降り始めた雪は、やがて大地を覆い、音のない白の世界へ。雪の森を美しい色彩で表現した絵本です。

「チリとチリリ ゆきのひのおはなし」
作／どい かや　アリス館

初雪の日、自転車に乗って出かけたチリとチリリは氷の扉を見つけて…。氷の世界での体験を描いた楽しい物語。

「おしくら・まんじゅう」
さく／かがくい ひろし
ブロンズ新社

紅白のおまんじゅうがコンニャクや納豆とおしくらまんじゅう。子どもたちも大笑い間違いなしの楽しい一冊。

なぞなぞ

Q　お正月に空を飛んでいる海の生き物って、なーに？
　　A タコ

Q　トラがおならをするあそびって、なーんだ？
　　A トランプ

Q　家にあって、中に入ってくるみんなを温めてくれるものって？
　　［ヒント］四角で布団がかかってるよ　A こたつ

うた

♪ 雪
文部省唱歌

♪ にんげんっていいな
作詞／山口あかり　作曲／小林亜星

♪ ふしぎなポケット
作詞／まど・みちお　作曲／渡辺 茂

♪ おんまはみんな
訳詞／中山知子　アメリカ民謡

手あそび・うたあそび

♪ パンダうさぎコアラ
作詞／高田ひろお　作曲／乾 裕樹

♪ おてらのおしょうさん
わらべうた

♪ ひらいた ひらいた
わらべうた

♪ おしくらまんじゅ
わらべうた

Part 1　クラスづくり　1月

行事のことばかけ

七草 1月7日

七草がゆでおなかを休ませよう

ポイント 食べすぎや偏食などを避けることが、健康な体につながることも話せるとよいですね。

　年が明けて、7日目に「七草がゆ」というおかゆを食べます。セリ、ナズナ、ゴギョウ、ハコベラ、ホトケノザ、スズナ、スズシロという7種類の草が入っています。この日に七草がゆを食べると、その1年は病気をしないといわれています。みんなは、お正月におせち料理やおもちをたくさん食べたでしょう？　おなかの中もパンパンかな？　おいしいものでいっぱいのおなかは疲れちゃうから、七草がゆで休ませましょう。

鏡開き 1月11日

鏡もちを割って食べる日

ポイント 鏡開きは、1年の健康を願って行うことを知らせ、元気で暮らせるように話しましょう。

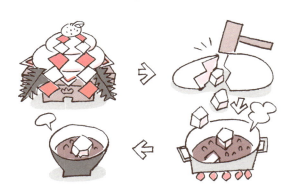

　この丸くて二段になっているおもちを何というか知っていますか？　そう、お正月にかざる鏡もちです。みんなのおうちにもあったかな？　神様にお供えしたおもちを、手で割ったり木づちで砕いたりして食べることを鏡開きといいます。お雑煮やお汁粉に入れて食べるとおいしいですよ。1年間、元気でいられますように、とお祈りしながらいただきます。

ちょこっと ことばかけ

散歩　スイセン

　ラッパのような形をしたこの花は「スイセン」といって、秋から冬に咲く花だよ。よい香りがするので、近づいてみよう。

食育　おせち料理

　おせち料理は、おめでたい言葉が入っていたり、元気で過ごせるようにという願いがこめられたりしている料理だよ。お正月にだけ食べるよ。

季節　初日の出

　初日の出とは、1月1日にその年初めて出るお日様のことだよ。初日の出はおめでたいから、海や山へ行って見る人もいるんだって。

1月のあそび

体を動かす **みんなで** **ルール**

どこペッタン!?

ねらい
* 体をいっぱいに動かして、あそぶことを楽しむ

あそび方

1 手拍子しながらうたう

保育者が「♪ペッタン ペッタン どこペッタン?」と手拍子しながらうたいます。

2 床に体をつける

保育者が「お・な・か!」と言ったら、子どもたちは床におなかをくっつけます。

3 体の他の部分でも

背中、頭、手、お尻など、体のいろいろな部分をくっつけます。

 ●背中　 ●手　 ●お尻

ことばかけ

「床とくっつくよ。どの部分をペッタンしようか?」

保育者の援助

初めは2か所ぐらいで繰り返します。ようすを見ながら、「こんなところもつけられる?」と少しずつ増やしていきましょう。

バリエーション

床以外でも挑戦!

壁や柱、ロッカーといった場所に、体をつけてあそびましょう。また、「お友達!」と言って子ども同士でくっつきあうのも楽しいです。

じっくり　見立て　みんなで

みんなで宝探し

ねらい
* 共通のイメージを広げて宝探しを楽しむ

準備する物
大型積み木、宝物の絵、椅子

あそび方

1 舟をこぐ

子どもたちは舟（椅子）に座ります。保育者が「舟に乗って宝探しに行こう！」と言葉をかけ、みんなで舟をこぐしぐさをします。

2 着いたら船から降りる

保育者が「到着したよ。さあ、宝探し！」と声をかけます。子どもたちが舟から降ります（椅子から立ち上がります）。

3 宝を探す

事前に宝物の絵を積み木に貼っておきます。みんなで積み木を1つずつ運び出して、宝物を探し、見つけたら、舟に戻ります（椅子に座ります）。

ことばかけ
「ずっと遠くの島に宝物があるんだって。いっしょに宝探しに行こう！」

保育者の援助
宝探しは子ども同士が協力してできるように、大きめの積み木を使います。「宝物はすぐ見つからないよ」「よく探してね」と、意欲が持続するような言葉かけをします。

バリエーション

飛行機で出発

子どもたちは椅子に座り、両腕を横に伸ばして飛行機のまねをします。「着陸したよ。さあ、宝探し！」の合図で、みんなで宝物を探します。

| 外あそび | みんなで | 感覚 |

あったかキュッキュッ

ねらい
* こすると温かくなることを知る

\あそび方/

1 寒さを感じる

寒い日に保育者と外に出て、冬の寒さを体感します。

2 頰をこする

「寒いね、あったかキュッキュッ ほっぺをキュッキュッ」と言いながら、保育者は頰をこすります。子どもはそのまねをします。

3 いろいろな所をこする

「あったかキュッキュッ お尻をキュッキュッ」と言いながら、今度はお尻をこすります。おなか、頭、足など保育者の合図に合わせてこすりましょう。

ことばかけ
「今日は寒いね。でも体をいっぱいこすったら温かくなるよ」

保育者の援助
こすっていくと体が温かくなることを知らせます。子どもがまねしたくなるように、保育者は少し大げさな振りをしてみましょう。

バリエーション

みんなで集まって

「あったかキュッキュッ」で、いろいろな部位をこすった最後に「集まれ！ みんなでキュッキュッ」と言いながら、小さな輪になっておしくらまんじゅうのようにしてもよいでしょう。

クレヨン　じっくり　表現

わたしの顔、どんな顔

ねらい
* 自分の顔をよく見て鼻や目の形を知る

準備する物
鏡、顔・目・耳・鼻の形に切った色画用紙、色画用紙の台紙、クレヨン

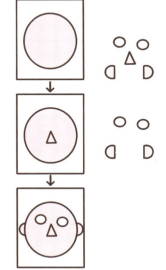

\あそび方/

1 鏡で顔を見る

2～3人組になり、鏡で自分の顔を観察します。

2 顔のパーツを貼る

あらかじめ用意したパーツの置き場から、顔、鼻、目2個、耳2個を選んで台紙に貼ります。最初は顔を、次に顔の真ん中に鼻、次に目、耳の順に貼ります。

3 目や髪を描く

クレヨンで目玉、まゆげ、口、髪を描いていきます。

ことばかけ

「みんなの顔には、何がついているかな？鏡でよく見てね」

保育者の援助

子どもの置いた顔のパーツがずれていても、こだわる必要はありません。自分の顔をよく見て製作することが大切です。

あそびのヒント

どこにあるかな？

じっくり鏡で顔を見たことがない子どもも、いるかもしれません。「まゆの下には何がある？」「耳はどこにあるかな？」など、顔のパーツの位置がわかるような言葉をかけましょう。

支持力　跳躍力　懸垂力

跳び上がろう

ねらい
* 鉄棒に跳び上がり、体を支えることを経験する

準備する物
鉄棒

あそび方
1 鉄棒をにぎり、ひざを曲げてつま先で跳び上がります。
2 下腹部を鉄棒の上に乗せ、腕で体を支えます。

あそびのポイント
跳び上がって、おなかを鉄棒に乗せたら腕はしっかり伸ばして体を支えます。

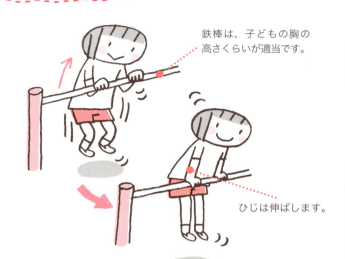

鉄棒は、子どもの胸の高さくらいが適当です。

ひじは伸ばします。

Part 1 クラスづくり　1月

バランス感覚　逆さ感覚　脚力

ラッコさん

ねらい
* あお向けで体を動かすことを楽しむ

あそび方
1 あお向けになり、おなかの上に両手を置きます。
2 足だけを動かして、頭のほうに向かって進みます。

あそびのポイント
「あお向け」という言葉をあえて使ってもかまいません。子どもたちに教えるよい機会です。

脇はしめます。

読み取ろう！子どもの育ち 1月

冷たい風も、子どもにとってはあそび相手。寒い外に飛び出してあそんだときの、育ちの読み取りを紹介します。

あったかキュッキュッ（p165）より

寒い日に外に出て、頬や体のいろいろな場所を自分でこすり、温かさを感じてあそんだ。

Uちゃん

寒い日は登園時にぐずりがちで、自分から外に出ないUちゃん。はじめは寒い外に出ることを億劫そうにしていたが、保育者に促されると手をつないで外に出た。「ほっぺをキュッキュッ」という保育者の動作に合わせ、自分でも頬をこすり、「あったかい」「もっとやってみる」と、びっくりしたようすで何度も頬をこすって確かめていた。

関連する10の姿：自然との関わり・生命尊重

↓ 読み取り

【この場面での育ち】

寒さが苦手なため、外に出るのは気が進まないようだったが、誘うとついてきたのでよかった。保育者のまねをしながら、手と手、手と体をこすると温かくなることを実感できたようだ。摩擦により熱が発生することを、体験から知ることができた。

今後の手立て

寒いのが嫌いだったUちゃんが、外に出ることができたのは進歩だ。次はもう少し余裕をもって外を楽しみ、冬の樹木のようすを見るなど、冬の自然にも親しみたい。また、体を動かすあそびにも誘い、冬でも全身をのびのびと使った運動を楽しめるようにしたい。

Vくん

友達と「寒い寒い」と言い合っていたが、言い合うようすはすでに楽しそうな笑顔。頬をこすると温かいことを知ると、友達とお互いの頬を「ほっぺっぺ」と言ってこすりあって、ふれあいを楽しんだ。また、背中をこすっても温かいことにも気づき、「お風呂、ごしごし」と言いながら、友達同士で笑い合ってこすり合った。

関連する10の姿：言葉による伝え合い

↓ 読み取り

【この場面での育ち】

頬をキュッキュッとこすると温かくなることをおもしろがり、友達と心を通わせながら楽しむことができた。また、保育者の示した言葉ではなく、「ほっぺっぺ」と言ったことや、背中をこするイメージから「お風呂、ごしごし」と言ったことから、発想の豊かさを感じた。

今後の手立て

友達と心を通わせて、自分なりの楽しみ方であそぶ力がある。彼の発想を肯定的に受け止め、「おもしろいね」と共感したり、「みんなで『ほっぺっぺ』と言ってみよう」と誘うなどし、友達にも広げていきたい。

2月のクラス運営

| 友達同士で
あそびを進める | 友達や保育者といっしょにあそびながら、自分なりに考えてお
に役の子に捕まらないよう工夫するなど、ルールがあるとあそ
びがおもしろくなることを味わえるようにします。 |

| 冬の自然を
体感できるように | 寒さの厳しい時期ですが、積極的に戸外に出ましょう。息が白
くなったり、氷が張っていたり、冬ならではの自然事象に気づけ
るようにします。 |

2月の子どもたち

子どもの心と姿

負けたら、下りるんだよ

「じゃんけんぽん」「負けちゃった!」「負けたら下りるんだよ」。負けた子どもは口をとがらせて立っていますが、促されていっぽん橋を下り、スタートに戻ると、もうにっこり。簡単なルールのあるあそびやゲームは、ルールがあるから楽しいとわかってきます。

「入れて」って言ったのに…

「入れて」「だめよ」「だめって言ったらだめ」「なんで?」「だって…」。友達とあそぶのは楽しいけれど、思い通りにはいかないこともあります。どうすればいいかと考え、解決方法を自分たちで模索します。

トラブルになっても、子ども同士で話し合う姿も。

節分のおにを作るよ!

今月は豆まき。みんなでおにのお面を作ります。「泣き虫おに作る」「わたしは怒りんぼおに」。紙袋や毛糸などを使って、カラフルなおにができました。

切ったり貼ったり、楽しいね

道具の扱いも器用になり、思い思いに切る、貼る、塗る、描くなどして何かを作り出します。やろうとしない子どもも、友達のしていることをじっと見て、そのうちに「わたしもやる」と始めます。

自分でファスナー、上げられた!

戸外あそびの際に着る上着のファスナーを自分で上げようとします。なかなか上げられずにいるので保育者が手を貸そうとしても「自分で!」と言い張ります。時間はかかりますが、自分でできると誇らし気です。

> **ねらい**
> * 自分の考えを伝え、自分らしさを発揮しながら生活する。
> * 行事に参加し、表現することを楽しむ。
> * ルールを守ってあそぶ楽しさを味わう。

環境構成 & 援助

手を貸しすぎず、自主性を育てる

子どもが自分で考えて行動に移せるように、ときには手を出さずに見守ることも必要です。午睡用のコットを友達と相談し、協力して運ぶ姿は成長の証です。

よいしょ、よいしょ

少しのトラブルは見守って

友達との関係ができるにつれ、小さなケンカが起こります。ケンカはすぐに止めず、保育者がパイプ役となり子ども同士で解決できるように援助します。

ルールをいっしょに作る楽しさ

フープやなわ跳びなど、3歳児が取り組みやすい用具を準備します。あそびのルールは子ども同士でそのつどつくり、ルールのある楽しさ、守ることの大切さも経験します。

自信のない子には小さなことでも認める言葉を

子どもが自分らしさを発揮するためには、自己肯定感が必要です。スリッパを並べられたなどの小さなことでも、積極的に認める言葉をかけましょう。

チェックリスト ✓

- [ ] フープやなわ跳びなどの数をそろえて、出しておく。
- [ ] 子ども同士で静かに話し合える場を設定する。
- [ ] 子どものつぶやきを聞き取り、小さなことも認める。
- [ ] 製作あそびを子どもの興味・関心に合わせて広げ、自然な流れで作品展につなげる。
- [ ] 生活習慣が身についているかチェックする。

製作 2月のアイデア

[色画用紙の筒形お面]

色画用紙の切り方がポイント

材料
色画用紙、画用紙、片段ボール、毛糸

作り方

1 土台を作る
つのの形になるよう色画用紙を切り取り、筒状にして貼り合わせます。

2 紙を貼る
1にペンで描いた画用紙の目、筒にした片段ボールの鼻、毛糸の髪などを貼ります。

[ビニール袋の雪だるま]

綿の感触が楽しい！

材料
紙コップ、ビニール袋、綿、色画用紙、紙テープ

作り方

1 綿を入れる
ビニール袋に綿を入れます。保育者が紙コップの底を十字に切り、そこからビニール袋を通して引っ張ります。油性ペンで顔を描きます。

2 紙を貼る
1の上に色画用紙で作った円すいの帽子をのせ、紙テープを巻いて貼り、マフラーにします。

お絵かき

クレヨン 先を丸く描き、かわいい表情をつけましょう。

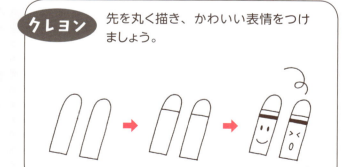

ごはん もこもこ線を山なりに、こんもりと描きます。

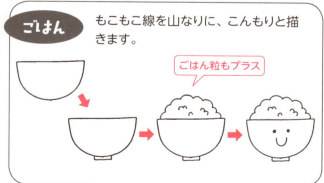

ごはん粒もプラス

絵本

「おなかのなかにおにがいる」
作／小沢 孝子　絵／西村 達馬
ひさかたチャイルド

子どもたちのおなかの中には本人によく似たおにがいます。節分の日、豆まきをしておにを追い出したものの…。

「まゆとおに」
文／富安 陽子　絵／降矢 なな
福音館書店

山姥の娘まゆを食べようとたくらむおにでしたが、無邪気なまゆには到底かなわず…。おにの表情も見どころです。

「そらとぶクレヨン」
文／竹下 文子　絵／鈴木 まもる
金の星社

大好きなクレヨンがあれば何でも描ける、何でもできる！　お気に入りの色で好きなものを描いてみましょう。

Part 1　クラスづくり　2月

「ふゆのあさ」
著／村上 康成
ひかりのくに

冬の朝、いつもより静けさを感じたしずちゃんが窓の外を見ると…。雪が積もった日のわくわくに共感できます。

「みんなでぬくぬく」
文／エルザ・ドヴェルノア　絵／ミシェル・ゲー
訳／末松 氷海子　童話館出版

冬の夜、ストーブが壊れたハリネズミとリスはウサギの家を訪ねます。みんなでくっついて眠る姿にほっこり。

「しきぶとんさん　かけぶとんさん　まくらさん」
作・絵／高野 文子　福音館書店

おねしょもこわい夢を見る心配も「まかせろ、まかせろ」と頼もしい布団たち。ユーモラスなテーマと絵が新鮮。

なぞなぞ

Q いつも食べている豆を、おにに投げてもいいのは、なんの日？　**A** 節分

Q 袋を持っている鳥って、なーんだ？　**A** フクロウ

Q 丸めたり、転がしたりできる、白くて冷たいものって、なーに？　**A** 雪

うた

♪ **豆まき**
作詞・作曲／日本教育音楽協会

♪ **こんこんクシャンのうた**
作詞／香山美子　作曲／湯山　昭

♪ **たのしいね**
作詞／山内佳鶴子（補詞／寺島尚彦）
作曲／寺島尚彦

♪ **クラリネットをこわしちゃった**
訳詞／石井好子　フランス民謡

手あそび・うたあそび

♪ **おにのパンツ**
作詞／不詳　作曲／L. Denza

♪ **かなづちトントン**
作詞／幼児さんびか委員会
作曲／不詳

♪ **いっちょうめのどらねこ**
作詞・作曲／阿部直美

♪ **やおやのおみせ**
作詞／不詳　訳詞／シマダナオミ　フランス民謡

行事のことばかけ

節分　2月3日ごろ

鬼は追い出して、福を入れよう

ポイント 豆まきの風習を知ってから製作活動ができるよう、事前に話しましょう。

　2月3日は「節分」という日で、豆まきをします。節分は季節の変わり目という意味で、2月4日からは春になります。豆まきのとき、何と言って豆をまくか知っていますか？　そうですね、「鬼は外、福は内」と言いながら、豆を鬼に向かって投げますね。鬼を追い出して、楽しいことやうれしいことがありますようにという意味です。今日は、みんなが豆まきをするときに、豆を入れる升を作りましょうね。

作品展　

描いた絵をみんなに見せよう

ポイント 友達と協力し合って作り上げたことを思い出せるよう、具体的に作品を話題にしましょう。

　この間、みんなで動物園へ遠足に行きましたね。そして、自分の好きな動物の絵を描きました。明日から、みんなの絵を、おうちの人や知っている人が見に来てくれる、作品展が始まります。絵だけではなく、みんなでいっしょに作った〇〇〇や△△△もかざりますよ。どんなところを心をこめて描いたか、どんな工夫をして作ったのか、おうちの人に教えてあげてくださいね。

ちょこっと ことばかけ

散歩　ウメ

ウメの花はよい香りがするから、昔からみんなに愛されている花なんだ。サクラと同じように、「梅見」に行く人もたくさんいるよ。

食育　恵方巻（えほうまき）

恵方巻というのは、節分の日に食べる太巻き寿司のこと。その年のよい方角というのがあって、そちらを向いて黙って食べると願い事がかなうんだって。

季節　雪

雪は、実はすごく小さな氷なんだ。とても寒いと、雲の中の水が凍ってしまい、そのまま解けずに落ちると雪になるんだよ。

2月のあそび

見立て　ルール　みんなで

迷子になっちゃった

準備する物　段ボールパズル、箱

ねらい
* 形への興味を広げ、指先の動きを促す

あそび方

1　準備をする

箱には、あらかじめパズルのピースを入れておきます。その先にはテーブルの上にパズルの型を並べておきます。子どもたちはおまわりさんになります。

2　ピースを取り出す

「スタート」の合図で、おまわりさん（子ども）が箱からパズルのピースを1つ取り出します。

3　型にはめてゴール

テーブルの上にある型から、ピースに合う型を探してはめ、ゴールに届けます。

ことばかけ

（パズルのピースと型を見せて）「お魚さんや動物さんが迷子だ。おまわりさん、助けて」

保育者の援助

ピースをうまく型にはめられない子には、保育者が型の向きを直したり、「ほかの土台を試してみたら」とヒントを出して完成できるように促します。

作り方

段ボールパズル

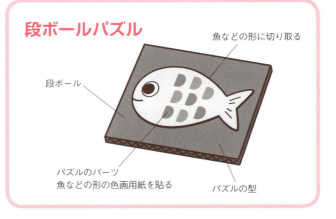

- 魚などの形に切り取る
- 段ボール
- パズルのパーツ　魚などの形の色画用紙を貼る
- パズルの型

Part 1　クラスづくり　2月

`ふれあい` `体を動かす` `ルール`

おしくらまんじゅうW（ダブル）

ねらい
* 友達とのやりとりを楽しむ
* 力の加減などを経験する

あそび方

1 おしくらまんじゅうをする

二重の輪になります。外側の輪の「まんじゅうの皮役」は外側を向いて腕を組みます。内側の輪の「あんこ役」は内側を向いて腕を組みます。おしくらまんじゅうをします。

2 あんこ役がバンザイ

保育者が「あんこが出ちゃった〜!」と言うと、あんこ役はバンザイをします。

3 皮があんこを食べる

外側のまんじゅうの皮役は、あんこ役をつまんで食べるまねをします。あんこたちは大笑い！ 繰り返しあそびます。

ことばかけ

「みんな大好きなおまんじゅう。中身のあんこと皮で押し合うよ」

保育者の援助

あそびの流れを大切にしましょう。単に押し合いへし合いするのではなく、着地点をしっかりと見据えて取り組むようにします。

バリエーション

まんじゅうの中身を考える

あんこに替わるまんじゅうの中身を子どもたちと相談します。チョコやクリーム、チーズなど、子どもが好きな中身に替えてあそびましょう。

みんなで / ルール / 体を動かす

だるまさんストップ!!

ねらい
* 友達と協力してあそぶ
* あそびを通してドキドキ感を味わう

準備する物
マット、コーン

あそび方

1 唱える間にマットの上へ

子どものだるま役はスタートラインに並び、おに（保育者）は後ろ向きで立ちます。「だるまさんがころんだ」と唱える間に、だるまはひとつ前のマットに進みます（マットの上では動いてOK）。マットとマットの間は動けません。

2 コーンを倒して逃げる

3枚目のマットまできたら、最後にコーンを倒します。倒したら、だるまは一斉にスタートラインまで逃げ、おにが追いかけます。

ことばかけ
「マットの上では動いていいよ。コーンを倒しに行こう！」

保育者の援助
「〇枚目のマットの中に入れたかな？」など、初めは1つ1つの動きを確認しながら進めると、2回目以降はスムーズにあそびが進められます。

バリエーション

マットの上でも動かない！

慣れてきたら、徐々にマットの上でもピタッと止まるようにします。動いてしまう子に声をかけるようにしましょう。

保育者と　表現　見立て

コップさん一家、こんにちは！

ねらい
* 紙コップの形を生かしてあそぶ
* 想像力を養う

準備する物
紙コップ、丸シール、ペン

あそび方

1 子どもたちに紹介
あらかじめ作った、コップさん一家を子どもたちに見せ、紹介します。

2 紙コップに顔をつける
子どもたちは新しい紙コップを4〜5個選び、丸シールを貼ったり、ペンで口を描いたりして顔をつけます。

3 紙コップであそぶ
紙コップの下に紙コップを重ねて隠し、「赤いコップが隠れているのはどっち？」など、かくれんぼをしてあそびます。

ことばかけ
「みんなのコップさん一家は何人家族？ 男の子はいる？　女の子はいる？」

保育者の援助
「これは誰？」など、子どもたちに問いかけ、イメージを広げられるようにします。紙コップは大小、白だけでなく色つきのものがあっても楽しめます。

あそびのヒント

紙コップに親しむ
テーブルの上に紙コップをたくさん用意し、みんなで並べたり、ピラミッドのように重ねたりしてあそびましょう。

脚力　空間認知力　協応性

ワニさん・ラッコさんでくぐり抜け

ねらい
* うつぶせ・あお向けでなわをくぐることを経験する

準備する物
長なわ

あそび方
1. なわを30cmくらいの高さに張ります。
2. うつぶせになって腕と足を動かしながら、はうように進み、なわの下をくぐります。
3. あお向けになって、足だけを動かして、頭のほうに向かって動き、なわの下をくぐります。

あそびのポイント
うつぶせになって進む「ワニさん」では、腕だけでなく足もしっかり使い前進します。

ワニさん
足も動かして進みます。
ラッコさん

Part 1 クラスづくり 2月

跳躍力　空間認知力　脚力

なわに向かってジャンプ！

ねらい
* 思いきり跳ぶことを楽しむ

準備する物
長なわ

あそび方
1. 子どもの頭の上になわを張ります。
2. 腕をまっすぐに伸ばしてジャンプし、なわをさわります。

あそびのポイント
思いきり真上にジャンプし、着地は足の裏全体で地面をとらえるようにします。なわを張る高さは、子どもの発達に合わせて調節しましょう。

腕はまっすぐに伸ばしたままジャンプします。

読み取ろう！子どもの育ち

2月

冬の定番のあそび「おしくらまんじゅう」に新たなルールとやり方をプラス。そこでの育ちを紹介します。

おしくらまんじゅうW（ダブル）（p176）より

二重の輪になっておしくらまんじゅうをし、皮とあんこになってふれあいあそびを楽しんだ。

Wくん

おしくらまんじゅうを楽しみ、気持ちが高ぶったWくんは「押して、押して」という声に応え、力任せに押してしまい、「痛い！」「やりすぎ！」「やめてよ！」と友達に言われた。みんなが楽しめるよう、ちょうどいい力加減で押すことが大切なことを伝えると、「そっか」と理解して加減した。その後はみんなで楽しくあそぶことができた。

関連する10の姿：道徳性・規範意識の芽生え

⬇ 読み取り

【この場面での育ち】

Wくんに悪気はなく、押せと言われたのでまじめに力いっぱいに押したようだった。「痛い！」「やめてよ！」とみんなに言われて、ハッとしていたので、自分の行動をコントロールすることにつながる大事な経験だと感じた。

今後の手立て

力を思いきり出す場面と、力を加減しながら出すという場面をどちらもつくり、状況にあわせて行動をコントロールできる力を身につけられるように、経験を重ねる機会をつくりたい。

Xちゃん

Wくんの激しい押しに、近くにいた友達が「痛い！」と言っていることに気づくと、すぐに「ストップ！」とあそびを止めた。そして、「〇〇ちゃんが痛いんだって、もっと弱く押してね」とWくんへ優しく言った。

関連する10の姿：言葉による伝え合い

⬇ 読み取り

【この場面での育ち】

隣にいた仲よしの友達が痛い思いをしていることに気づき、友達を守りたいと思ったのだろう。Wくんへどうしてほしいかを、はっきりと伝えることができた。自分が楽しみながらも、周りのようすを見てあそぶ姿が頼もしかった。

今後の手立て

友達のために行動する姿に、成長を感じられた。誰かが困っている際に、何か自分ができることはないかと考えて行動する姿は、わたしたちの目指す姿である。彼女の行動のよさをクラス全体に伝え、そのような行動を増やしていきたい。

3月のクラス運営

友達の思いに気づけるように	友達とのあそびが続くようになると、思いがすれ違いトラブルになることもあります。相手の思いにも気づけるよう状況をつくることも必要です。
自信をもって4歳児へ	進級を楽しみにする一方、不安に思う子どももいます。一人一人の育ちをふまえ、その子なりの意欲や自信につながるような言葉をかけましょう。

3月の子どもたち

子どもの心と姿

帰りの支度、ちゃんとできるよ

「タオルはしまいましたか？」「はーい」「あ、忘れた。取ってくる！」。帰りの支度を終えた子どもが、友達に声をかけます。身の回りのことは、ほとんど自分でできるようになり、「自分でできた」と誇らしげな表情で生活しています。

みんなであそぶと楽しい

はないちもんめ、おにごっこなど簡単なルールのあそびが楽しめるようになります。ルールを忘れたり、小さなことでケンカになったりすることもありますが、相手には相手の気持ちがあることが経験からわかってきます。

集団であそぶ楽しさを体いっぱいで感じています。

ばら組になるんだ！

最近は、4歳児ばら組の保育室へ出かけることが多くなります。「わたし、ばら組になるの」「お姉さん、これ何するもの？」「こっちは？」。異年齢で関わることが増え、お兄さんお姉さんにあこがれ、もうすぐ進級することを楽しみにしています。

じゃんけんぽん！

自分しか見えなかった3歳児も、ルールを理解し、解決方法を考えるようになりました。「これ、ぼくのだ」「違うよ、ぼくの…」「じゃんけんで決めよう」「うん」と、困るとじゃんけんで解決しようとします。

青になったら渡るんだよ

「信号が青になったら、車が来ていないか確かめてから渡る」など交通ルールの絵本を読んでから、散歩へ行きます。横断歩道では「先生、こうだよね」と渡り方を確認します。

> **ねらい**
> * 基本的な生活習慣を身につけ、身の回りのことは自分で行う。
> * 進級を心待ちにし、期待をもって生活をする。
> * 相手の気持ちを考えながら、いっしょにあそぶ。

環境構成 & 援助

進級が楽しみになる仕掛けを

異年齢グループで食事をすることで、4、5歳児をお手本に食べるマナーが身につき、また、進級を楽しみにする気持ちにつながります。

園内のルールを知らせる

生活の中のルールや約束事が理解できる頃。「走らない」「歩いて移動する」「友達を押さない」など、日頃から伝えていることをポスターで示し、意識づけにつなげましょう。

わかりやすい！

役に立つうれしさを

5歳児のお別れ会の準備や飾りつけ、保育室の掃除などで役割を果たす喜びを感じられるような言葉をかけます。成長した自分を実感し、役に立てるうれしさは自信へと変わるでしょう。

ルールの理由を伝える

クラス全員でルールのあるあそびを楽しみます。「髪を引っ張ると痛いから、しないほうがいいよね」など、ルールとその理由も伝えることで、ルールの意味を理解できるようになります。

チェックリスト ✓

- [ ] 異年齢で過ごす時間を増やし、進級を意識できる言葉をかける。
- [ ] 保育室を子どもといっしょに片づけ、整理整頓の喜びを味わえるようにする。
- [ ] 簡単なルールのあそびをクラス全員で行う。
- [ ] 子ども一人一人の成長を書類にまとめ、引き継ぐ。
- [ ] クラス全員で1年間を振り返る機会をもち、成長を実感できるようにする。

製作 3月のアイデア

[プラカップのおひなさま]

スズランテープでカラフルに

材料
プラカップ、スズランテープ、色画用紙、千代紙、牛乳パック、ビニールテープ

作り方

1 スズランテープを詰める
プラカップに丸めたスズランテープを詰め、カップの口をテープで十字にとめます。

2 紙を貼る
1 に色画用紙の顔や千代紙の帯を貼ります。

3 牛乳パックに入れる
牛乳パックの底を切り取り、ビニールテープを巻いたものに **2** を入れます。

[千代紙着物びな]

千代紙で着物らしく

材料
カラー工作用紙、千代紙、色画用紙、お花紙

作り方

1 紙を折る
千代紙の角をずらして三角に折り、裏返してから左右を折って着物にします。

2 紙を貼る
カラー工作用紙の台紙に、**1** に色画用紙の顔や扇などを貼ったものと丸めたお花紙を貼ります。

お絵かき

おうち 三角と四角のシンプルな組み合わせでかわいいおうちのできあがり。

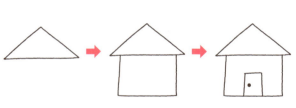

ブタ 顔の輪郭は角のない台形っぽく。鼻を大きめに描きましょう。

手足は四角く描く

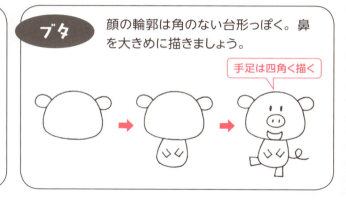

絵本

「おひなさまの いえ」
作／ねぎし れいこ　絵／吉田 朋子
世界文化社

売れ残ったおひなさまたちは、自ら住む家を探そうと出発します。ひな祭りの前に読みたい、楽しい一冊です。

「たんぽぽはたんぽぽ」
作・絵／おくはら ゆめ
大日本図書

タンポポもスズメもアリもネコもたろうくんも自分らしく生きている！　力あふれる春をのびのびと描いた絵本。

「はるのやまはザワザワ」
作・絵／村上 康成
徳間書店

鳥の声に雪解けの音、虫たちの羽音…、春の山はとってもにぎやか。生き物たちの奏でる音に耳を澄ませましょう。

「はるです はるのおおそうじ」
文／小出 淡　絵／小出 保子　福音館書店

春の大掃除をしていたネズミたちは通りかかる動物に家財道具をあげてしまい…。心までぽかぽかするお話です。

「おおきくなるって いうことは」
文／中川 ひろたか　絵／村上 康成　童心社

服が小さくなったり永久歯が生えたり…、大きくなることを具体例で教えてくれます。成長を実感する進級の季節に。

「仔牛の春」
作／五味 太郎
偕成社

めぐる季節を子ウシの背中で表現したユニークな絵本。1年経つと子ウシが成長しているところにも注目しましょう。

Part 1　クラスづくり　3月

なぞなぞ

Q 鳥の赤ちゃんが好きなお祭りってなんだろう？
　A ひな祭り

Q 茶色い袋にごはんが詰まっているおすしって、なーんだ？
　[ヒント]油揚げを使っているよ　**A** いなりずし

Q バイバイバイ…バイが9回。この乗り物、なーに？
　A バイク

うた

♪ **うれしいひなまつり**
作詞／サトウハチロー　作曲／河村光陽

♪ **世界中のこどもたちが**
作詞／新沢としひこ　作曲／中川ひろたか

♪ **さんぽ**
作詞／中川李枝子　作曲／久石 譲

♪ **春がきた**
作詞／髙野辰之　作曲／岡野貞一

手あそび・うたあそび

♪ **幸せなら手をたたこう**
作詞／木村利人　アメリカ民謡

♪ **これくらいの おべんとばこに**
わらべうた

♪ **むすんで ひらいて**
作詞／不詳　作曲／ルソー

♪ **たまごのうた**
作詞・作曲／不詳

行事のことばかけ

ひな祭り 3月3日

みんなでお祝いしよう

ポイント ひな人形をかざったり、ひなあられを食べたりし、健康や幸せを願う日であることを伝えます。

ホールにきれいなおひな様がかざってあるでしょう。もうすぐ3月3日、ひな祭りです。かざってあるピンク色の花はモモの花です。ひしもちやひなあられなど、ひな祭りに食べるものもかざってあります。ひな祭りは、本当は女の子のお祝いですが、女の子も男の子も元気に育ったということを喜んで、みんなでいっしょにお祝いしましょう。

春分の日 3月21日ごろ

もうすぐ春がやってくる日

ポイント 季節が巡ること、そして春の訪れの喜びを感じられるよう、わかりやすい言葉で話しましょう。

もうすぐ3月21日（春分の日の日付）になりますね。この日は「春分の日」といって、これからだんだん暖かくなって、昼の明るい時間が長くなりますよ、という日です。タンポポが咲いたり、チューリップも大きくなったりしているのがその証拠です。その日は園もお休みです。おうちの人と外に出て、春を探してみましょう。どんな春が見つかったのか、先生に教えてくださいね。

ちょこっと ことばかけ

散歩 ナノハナ

春になると黄色い花を咲かせるナノハナは、土手や河原、田んぼなどによく咲いているよね。春がきたことを知らせてくれる花だよ。

食育 ひなあられ

ひな祭りにお供えするひなあられはお米で作るよ。ピンク色や黄色など春らしい色ね。健康に育ちますように、という意味があるよ。

季節 渡り鳥

日本で冬を過ごすためにやってくる、ハクチョウやツグミなどのことを冬鳥というよ。日本より寒い北国から来て、春になると北国へ帰るんだ。

3月のあそび

保育者と / ルール / 体を動かす

ヒーロービーム

ねらい
* 保育者の動きに対応する敏捷性（びんしょうせい）を養い、集団あそびを楽しむ

あそび方

1 光線を出す
保育者がヒーロー役になり、子どもたちに人さし指を向け、光線を出すしぐさをします。

2 ジャンプしてかわす
保育者が「ヒーロービーム…下」と言って人さし指を下に向けたら、子どもたちは光線に当たらないようにジャンプをします。

3 しゃがんでかわす
保育者が「ヒーロービーム…上」と言って人さし指を上に向けたら、子どもたちは光線に当たらないように両手を頭に乗せてしゃがみます。

ことばかけ
「ヒーローはこの指先からヒーロービームが出るよ。当たらないようによけてね」

保育者の援助
保育者は、ビームが出ているように感じさせる、迫力のある動きをします。はじめはゆっくり動きを誘います。全員が慣れたところでスピードを上げてみましょう。

バリエーション

手をつなぎ輪になる

保育者が「スーパービーム」と言いながら、子どもたちに人さし指を向けて光線を出すと、離れていた子どもたちが手をつなぎ、輪になり回ります。

保育者と　見立て　ふれあい

クマさん起きて！

ねらい
* 力を入れて押したり引いたりする動きを楽しむ

あそび方

1 寝ているクマを起こす

保育者がクマになり、座って腕を組み、目を閉じます。子どもたちが「クマさん起きて！」と押したり引いたりします。

2 体を揺らす

クマは「ムニャムニャ」と言いながら、体を大きく左右に揺らします。

3 クマが目を覚ます

1、2を数回繰り返したら、クマは目を覚まし、「起きたよ」と言いながら、子どもを捕まえてひざにのせます。

4 左右に体を揺らす

「ゆらゆら」と言いながら、クマは左右に体を揺らします。

ことばかけ

（あくびをして）「あ〜あ、眠いなあ。ちょっと昼寝をするから、あとで起こして」

保育者の援助

子どもが押したり引いたりする動きに合わせて、揺れ方に大小の変化をつけます。4では、いっしょに「ゆらゆら」と言いながらリズミカルに動くとよいでしょう。

バリエーション

みんなで動き回る

3でクマを起こしたら、「のっしのっし」と言いながら、みんなでクマになってはいはいで動き回ります。

| 外あそび | 自然 | 表現 |

探検隊で出かけよう

ねらい
* 植物を観察してその特徴を言葉にする

準備する物
A4コピー用紙、セロハンテープ

あそび方

1 望遠鏡を作り外へ

A4のコピー用紙を丸めて、望遠鏡を作ります。それを持って公園に出かけます。

2 植物をのぞく

タンポポやツクシなどを望遠鏡でのぞきます。保育者は、植物の特徴がわかるような、言葉をかけましょう。

Part 1 クラスづくり 3月

ことばかけ

「今日はみんな探検隊です。望遠鏡でよーく見てね」

保育者の援助

望遠鏡で自由にのぞいたら、観察のポイントがわかるように「葉っぱは、どんな形?」「花びらの形は?」など、興味がもてるような言葉をかけます。

あそびのヒント

タンポポになろう

外から戻ったらみんなでタンポポになります。葉っぱ役は寝転び、花の役は真ん中に立ちます。「いろんなタンポポがあるね!」と、保育者が見て回りましょう。

色画用紙　指先　見立て

びりびりラーメン

ねらい
* 紙を破く感触を楽しむ

準備する物
ペン、どんぶり型の紙ボウル、色画用紙、丸シール、色画用紙で作ったなるとやゆで卵

あそび方

1 どんぶりを作る

どんぶり型の紙ボウルに、ペンで模様を描いたり、丸シールを貼ったりします。

2 麺を作る

黄色い色画用紙を縦に細長く破いて手でよくもみ、麺にします。1のどんぶりに麺を敷きます。

3 具を作る

黒やピンクの色画用紙を四角くちぎります。黒はのり、ピンクはチャーシュー、緑はホウレンソウなど、具に見立てます。

4 トッピングする

あらかじめ用意した、なるとやゆで卵などといっしょに、3の具をトッピングして完成です。

ことばかけ
「自分の食べたいラーメン、好きなラーメンは何かな?」

保育者の援助
手のサイズによって破きやすい大きさがあるので、破りにくそうにしている子には紙を小さくするなど、配慮しましょう。

バリエーション

ラーメン屋台ごっこ

みんなで作ったどんぶりや麺、トッピングを使って、ラーメン屋台ごっこをしましょう。

バランス感覚　支持力　高所感覚

スズメさん

ねらい
* 鉄棒に跳び上がり、体を支えることを経験する

準備する物
鉄棒

あそび方
1. 鉄棒をにぎり、ひざを曲げてつま先で跳び上がり、下腹部を鉄棒の上に乗せます。
2. 足から背中を反らして止まります。

あそびのポイント
体を反らすときは、①あごを上げる　②腕をしっかり伸ばす　③両足とつま先をきれいにそろえることを意識するとスムーズにできます。

■悪い例
下を向いたり、腕を曲げたりすると、バランスを崩してしまいます。

あごは上げます。
腕は伸ばします。
つま先までぴったりそろえます。

Part 1　クラスづくり　3月

跳躍力　空間認知力　瞬発力

グーパー跳び

ねらい
* タイミングよく跳ぶことを知る

準備する物
長なわ

あそび方
1. 2本のなわを20cmくらいあけて平行に置きます。
2. なわの内側は足を閉じてグー、なわの外側は足を開いてパーにし、繰り返し跳びながら進みます。

保育者の援助
怖がる子や、なかなかうまく跳べない子には、初めは床にテープを貼って練習します。慣れてきたらゴム、できたらなわへと、段階的に進めましょう。

グー　パー

読み取ろう！子どもの育ち

3月

成長を実感できる季節。友達と十分に関わり、表現を楽しめるあそびを取り入れ、そこでの育ちを読み取りました。

ヒーロービーム（p187）より

保育者がビームを出す動きに合わせて、ジャンプしたりしゃがんだりしてあそんだ。

Yくん

ゆっくりとしたスピードであそんだときは動きについてきていたが、みんながだんだん慣れて速いスピードにすると自分だけが違う動きだったことを恥ずかしいと感じたようで、わざと違う動きをした。ふざけていることを友達に指摘されるとすねてしまった。

関連する10の姿：健康な心と体

読み取り

【この場面での育ち】

ビームの種類によって違うかわし方をすることは理解し、ゆっくりとしたスピードでは反応することができた。しかし、速いスピードでは思うように動けなかったので、わざとふざけたのだろうと思われる。

今後の手立て

彼にはまだ、ゆっくりのスピードであそびを楽しむ必要があったのだと思う。「ゆっくりのときは上手だったね」と認め、あまり急がせないようにしたい。「次は、ビームを出す人になってね」と役割を交代することも試したいと思う。

Zちゃん

あそび方をうなずきながら聞き、目を輝かせてあそび、汗だくになった。その後も、友達とビームを出し合ってはジャンプしたりしゃがんだりしてあそんだ。Zちゃんは「ヒーロービーム、フラフラ〜」など、新しいビームをつくり、笑い合った。

関連する10の姿：豊かな感性と表現

読み取り

【この場面での育ち】

保育者が提案したあそびを理解して、十分に楽しんでいる。そして、保育者がいなくても友達といっしょにあそんでいる。さらに、新たなアイデアを加えて、自分たちのあそびへと変化させている。あそびを取り込む力があることをうれしく思う。

今後の手立て

自分たちであそびをおもしろくする力がついてきたことを感じる。これからは、さまざまな動きやあそび方を知ったうえで、自分たちであそびの場をつくっていく楽しさを味わえるようにしたい。

Part 2

指導計画はデータつき！

指導計画

- 年間計画
- 月案
- 事故防止チェックリスト

- 保育園
- 幼稚園
- 認定こども園

3歳児の年間指導計画

おさえたい3つのポイント

年間指導計画は、3歳児のクラス担任全員で話し合って作成します。一年間の集団としての育ちを見通しながら、計画を立てていきます。

1 身近なことが自分でできる喜びを

身の回りの簡単なことは、自分でできるようになります。手洗い、うがい、ファスナーなど、くり返すうちに上手になる喜びを十分に味わい、自信がもてるようにします。友達にも教えたり、手伝ったりすることで、さらに満足感や友達とのつながりを感じられるでしょう。

2 身近な動植物との関わりを

園で飼育している動物や、自分たちで捕まえたダンゴムシやバッタなどの虫たちと触れ合ったり、野菜や草花を見たり育てたりする機会をもちましょう。命あるものと関わることにより、その成長を自分とも重ねられるようになります。

3 自分の世界で存分に遊ぶ

イメージがもてるようになり、何かになったつもりで自分なりのストーリーの中で遊ぶようになります。友達と関わることを急がず、まずは自分の世界で存分に遊ぶことを大切にしましょう。見立てて使える素材を十分に用意することで、さり気なく支えます。

保育園

♣ 年間目標 ①
- 保健的で安全な環境の中、快適に生活する。
- 生活の流れに見通しをもち、基本的な生活習慣を身に付ける。
- 保育者や友達と遊ぶことを楽しみながら人との関わりを深める。

		1期（4〜6月）	2期（7〜9月）
	子どもの姿 ②	●新入園児は、初めての集団生活に戸惑い、登園時や活動の切りかえの場面などで不安になる姿が見られる。 ●自分の気持ちを言葉で伝えられず、泣いたり、他児の姿をじっと見つめたりする。	●少しずつ生活の流れが分かるようになり、身の回りのことを自分でしようとしたり、できないことを「やって」と言い援助を求めたりする。 ●暑さから、すぐに眠くなったり、食欲が落ちたりする。
	ねらい ③	●喜んで登園する中で園生活の流れが分かり、安心して快適に生活する。健康 ●健康で安全に過ごす中で気持ちを受け入れてもらい、楽しい生活をする。健康	●梅雨期の衛生、身の回りの清潔に注意し、衛生習慣を身に付ける。健康 自立 ●午睡や水分補給などで適切な休息を取り、心身の疲れをいやす。 ●思ったことやしたいことを言葉で伝えようとする。言葉
内容	養護 教育 ④	●新入園児は園の生活に慣れ、初歩的な健康や安全の習慣に徐々に慣れる。 ●食事、排泄、午睡、手洗い、衣類の着脱、調節など、保育者に見守られ、援助されながら自分でしようとする。	●梅雨期や暑い時期に応じた生活をする。 ●一日の生活の仕方やルールが分かり、食事、排泄、着脱など、できることを自分でしようとする。
	環境構成 ⑤	●園内外の安全点検を行い、安全に遊べる環境を整える。 ●前クラスで遊んでいた馴染みのある玩具を準備する。 ●保育室内は、広々と遊びを楽しめるような環境に整える。 ●持ち物の置き場所など、各自のマークを分かりやすい場所にはる。	●梅雨の湿気により床が濡れている際は、すぐにふき取れるよう、ぞうきんを準備しておく。 ●ごっこ遊びが十分に行えるように、コーナーを設置したり、ついたてを準備したりして、遊びの空間を自分たちでつくれるようにする。
	保育者の援助 ⑥	●一人一人の甘えや欲求を丁寧に受け止め、子どもの楽しい、嬉しい、悲しい気持ちに共感しながら優しく寄り添うことで、信頼関係を築いていく。 ●食事、睡眠、排泄などの生活面において、個々の状態を把握して一人一人に応じた援助や働きかけを行う。	●汗をかいたら自分で着替えられるよう、着脱の仕方を丁寧に知らせる。子どもたちが、「自分でできた！」と思えるような援助を行い、自信につながるように働きかける。 ●子どもたち一人一人の健康状態を把握し、活動とのバランスを考えながら水分補給したり、休息を十分に取らせたりする。

① 年間目標
園の方針を基に、一年間を通して、子どもの成長と発達を見通した全体的な目標を記載します。

② 子どもの姿
1〜4期に分けて、予想される子どもの発達の状況や園で表れると思われる姿を書きます。保育者が設定した環境の中での活動も予測します。

③ ねらい
「年間目標」を期ごとに具体化したもの。育みたい資質・能力を子どもの生活する姿からとらえたものです。本書は「幼児期の終わりまでに育ってほしい姿」と関連のある「ねらい」にマークを付けています。

4 内容

「ねらい」を達成するために「経験させたいこと」です。環境に関わって展開する具体的な活動を通して、総合的に指導されるものです。

5 環境構成

「ねらい」を達成するために「内容」を経験させる際に、どのような環境を設定したらよいのかを考えて記載します。

6 保育者の援助

「ねらい」を達成するために「内容」を経験させる際に、どのような援助をしたらよいのかを考えて記載します。

幼稚園　認定こども園

	3期（10〜12月）	4期（1〜3月）
	●「今日は何をする？」と活動に期待をもって登園することを喜ぶ。 ●午睡がなくなったことで、家庭での生活リズムが変化する。園では、特に変化は見られず、好きな遊びを友達と一緒に共有して遊ぶ。	●友達と一緒に目的をもち、共同で一つの物をつくる遊びができる。その中で相手の気持ちを受け入れられなかったり、自分の気持ちを抑えられなかったりして、トラブルが増える。
	●季節の変化に応じて衣類の調節を適切に行い、快適に過ごす。健康 ●保育者との信頼関係の中で、自分の気持ちや考えを安心して表現するようにする。自立 表現 ●友達と同じ遊びをする楽しさを味わう。協同	●冬の健康管理に留意し、快適に過ごす。健康 ●基本的な生活習慣や健康、安全に必要な習慣の自立に向けて行動する。健康 自立 ●冬ならではの遊びを楽しむ。自然
	●健康に留意し、風邪予防のうがい、手洗いを行う。	●自信をもって楽しく、満足感や達成感を感じながら生活する。
	●食事、排泄、手洗い、うがいなどの手順や意味を理解し、進んでしようとする。 ●午睡のない生活に慣れる。	●生活の見通しをもち、生活に必要な習慣を身に付け、自分で行動する。 ●寒さに負けず、戸外で元気に遊ぶ。
	●うがいの仕方や、手洗いの手順を分かりやすく図示し、子どもが見やすい場所にはっておく。 ●保育者も丁寧に手を洗ったり、うがいをしたりする姿を示し、子どもの意識につながるような雰囲気をつくる。 ●遊びに必要な物を友達や保育者と一緒につくることができるよう、材料を準備する。	●子どもの言葉に優しく耳を傾け、考えや思いを尊重することで、自信をもって発言できるような雰囲気をつくる。 ●防寒具をかけるコートかけを準備する。 ●氷や、つららなど、冬の自然物に目を向けられる機会を設ける。 ●自由にはったり、かいたり、切ったりできる工作コーナー
	●子ども同士のトラブルの際は、双方の思いを聞いて仲介し、相手の気持ちを考える機会を設ける。「そんなときはどうしたらよかったかな？」と一緒に考えることで、自分たちで物事を解決する力を育む。	

🍀 年間目標

●明るくのびのびと園生活を過ごし、友達と一緒に遊んだり活動したりすることを喜ぶ。

	1期（4〜6月）	2期（7〜9月）	3期（10〜12月）	4期
子どもの姿	●新しい環境に戸惑い、泣いたり保護者から離れるのを嫌がったりする子が… ●自分で好きな遊びを…保育者と遊ぶ。	●園生活の仕方が分かり、自分でしようとする。 ●使いたいものをめぐり、友達とけんかになることがある。 ●保育者との信頼関係ができ、安心して園生活を送る。	●語らいが増え、友達や保育者に話しかけながら遊ぶ。 ●友達への関心が深まり、クラス意識が出てくる。 ●自分の考えを押し通し、トラブルになることがある。	●冬の自然に親しみ、雪… ●自分たちで遊びを工… ●進級への喜びや期待…
ねらい	●保育者との関わりや遊びを通して、園生活の過ごし方を知る。健康 ●遊具や道具に興味をもち、自分から遊ぼうとする。健康 ●してほしいことや困…表情やしぐさで表現する。表現	●保育者や友達との触れ合い遊びを喜び、同じ場所で遊んだり同じように動いたりすることを楽しむ。協同 ●遊びや活動を楽しむ中で、友達との関わり方を知る。規範 ●絵本を読んでもらうことを喜ぶ。言葉	●ごっこ遊びや簡単なルールのある遊びを楽しむ。規範 ●クラスのみんなで一緒に活動することを楽しむ。協同 ●異年齢児の遊びに興味をもち、触れ合いを楽しむ。協同	●友達と一緒に、共感…協同 ●進級することに期待… ●寒さに負けず、戸外… ●友達の気持ちを、自…
内容	●保育者と触れ合いながら、安心感を抱く。 ●気に入った場所や好きな遊びを見付けて遊ぶ。 ●保育者や5歳児の力…ながら、基本的な生活習慣を身に付ける。	●好きな遊びを見付け、没頭して遊ぶ。 ●水の感触を楽しみ、水遊びに親しむ。 ●身近な素材に触れ、つくったりかいたりすることを楽しむ。 ●梅雨や夏の自然に興味をもって、見たり触れたりする。	●気の合う友達と、ごっこ遊びを楽しむ。 ●4、5歳児のしていることを見たり、まねをしたり、一緒にしてみたりする。 ●戸外で元気に遊ぶ。 ●応援したりされたりすることの心地よさを感じながら活動する。	●身近な用具などを、自…取り入れたりする。 ●困ったり泣いたりし…たりする。 ●友達と同じようなイ… ●「大きくなった」ことを…に期待する。
環境構成	●一人一人がやりたい遊びを見付けられるように、様々なコーナーを設定し、玩具の数も十分にそろえる。 ●クラスで集まり、絵本…などを全員で楽しんで、集団生活の楽しさを…かけをつくる。 ●自分の持ち物の始末が分かるように、表示を写真つきにして、目に付く場所にはる。	●水を使った解放感がある遊びを取り入れる。 ●同じドレス、同じお面など、同じ物を自分たちで選んで遊べるよう、興味を引くものを環境として用意する。 ●遊びの興味が広がる時期なので、多様な遊びを設定する。	●劇ごっこやルールのある遊びなど、みんなで共通のイメージをもてる遊びを取り入れる。 ●異年齢児の遊びに参加して、いろいろな活動に興味をもって楽しめるようにする。 ●身体表現活動を取り入れ、身近な動物や乗り物などになって表現することを楽しめるようにする。	●やりたいと思うこと…もてる時間配分にし… ●友達と関わって遊べ…意する。 ●チューリップの球根…待てるようにする。 ●みんなの前で、自分…
保育者の援助	●基本的な生活習慣に関しては、保育者がモデルとなって示す。 ●保育者が仲立ちとな…少しずつ関わりをもてるようにする。 ●感触遊びを一緒に楽しみ、解放感が得られるように配慮する。	●自分でしようとする気持ちを大切にし、自分で行ったときには認め、自信につなげる。 ●トラブルが起こったときには、両方の気持ちを聞いて受け止める。相手にも思いがあることに気付けるよう、配慮する。 ●みんなで生活をするために必要なことを伝える。	●季節の変化や、自然物のおもしろさなどに気付けるよう、声をかける。 ●できたことを十分にほめて、自信につなげる。 ●帰りの会などで、子どもたちの遊びや友達とのエピソードなどを紹介し、興味がもてるようにする。	●もうすぐ進級すること…うに配慮する。 ●子どものイメージや…声をかける。 ●自然に接する機会を…発見や驚きに共感す…

3歳児の月案

おさえたい3つのポイント

月ごとに特に力を入れて保育をする視点を書き表す月案。前月と同じ記述では意味がありません。当たり前のことにならないよう、その月独自の記述を目指しましょう。

1 やりたいことができる生活を

「自分で考えて自分で行動する」という主体的な生活ができるように、やりたいと思ったことに取り組める生活を準備します。嫌々させられているのでは、子どもは育ちません。豊かな経験をするためには、保育者が環境で誘い、やりたい気持ちに導くことも大切です。

2 言葉のやり取りを楽しむ

著しく言葉が発達する時期です。いろいろな言葉をシャワーのように楽しく聞ける環境をつくりましょう。絵本の読み聞かせもたっぷりと、また、子どもから言葉を引き出し、やり取りを楽しみます。子ども同士のやり取りの橋渡しもしていきましょう。

3 みんなで遊ぶ時間も大切に

一人で遊ぶのも楽しいけれど、クラスのみんなで遊ぶのも楽しいと思えるように、ゲームやダンスなど、みんなで活動する時間を計画の中に組み入れます。そこで出会った友達と、心が通じ合う場面もあります。みんなと一緒にいるのは心地よいと感じる経験をつくりましょう。

1 前月末の子どもの姿

前月末の園生活における子どもの育ちの姿をとらえます。興味や関心、どんな気持ちで生活しているのかなどを詳しく書きます。※4月は「今月初めの子どもの姿」となります。

保育園

	内容	環境構成
養護 生命の保持・情緒の安定	●保育者との信頼関係を感じ、ゆったりとした雰囲気の中で安心して過ごす。	●子どもの話しかけやサインに、目線を合わせて優しい笑顔で応答する。 ●保育者は自分の不安な気持ちを分かってくれている、という安心感が味わえるような優しい雰囲気をつくる。
教育 健康・人間関係・環境・言葉・表現	●保育室での生活の仕方を知る。 ●好きな遊びを見付けて遊ぶ。 ●生活や遊びの中で、ルールや決まりがあることを知る。 ●動植物を見たり触れたりし、身近な春の自然に興味や関心をもって親しむ。	●給食前、午睡前にすることを図示した手順表をつくり、はる。 ●前年度のクラスで遊んでいた玩具を準備し、安心できる環境をつくる（ブロック、パズルなど）。 ●保育者は子どもに目を向けず、常に全体を見渡せる場所にいる。 ●春の動植物がのっている絵本や、図鑑を準備する。 ●春の花（チューリップ、スイセン）を保育室に飾っておく。 ●タンポポなど、散歩で拾った草花を入れる容器を準備する。
食育	〈ねらい〉楽しい雰囲気でみんなと食事をする。 〈環境構成〉子どもの座る席を決め、安心して食べられるようにする。 〈予想される子どもの姿〉友達と会話をしながら食べる。 〈保育者の援助〉友達や保育者と一緒に、食事をすることが楽しいと感じられるよう話題を提供する。	職員との連携	●子どもの遊びの様子や、排泄の状態などを細かく伝達し合う。 ●一人一人が安心して過ごせるよう、前年度の担任から性格や好きなことなどを伝え聞き、把握する。 ●全体を見る保育者と、排泄や手洗いを見る保育者など、リーダーとサブの役割分担をするが、そのときの状態に応じて臨機応変に対応する。

2 ねらい／月のねらい

今月、子どもたちに育みたい資質・能力を、生活する姿からとらえて書きます。本書は「幼児期の終わりまでに育ってほしい姿」と関連のある「ねらい」にマークを入れています。

3 月間予定

園またはクラスで行われる行事を書き出します。

4 週のねらい（幼稚園・認定こども園）

今週、「子どもの中に育つもの・育てたいもの」です。どのように心情・意欲・態度が育つのかを踏まえて、「ねらい」を立てます。

5 内容

「ねらい」を達成するために「経験させたいこと」です。環境に関わって展開する具体的な活動を通して総合的に指導されるものです。

6 環境構成

「ねらい」を達成するために「内容」を経験させる際に、どのような環境を設定したらよいかを具体的に書きます。

月案の書き方

① 今月初めの子どもの姿
- ブロック、ままごとなど、友達と同じ遊びを共有する姿が見られるが、平行遊びが多い。友達の姿を観察し、模倣する。
- 援助を要するものの身の回りのことを自分でしようとする。

② ねらい
- 園の生活の流れが分かり、安心して快適に生活する。【健康】
- 春の自然の中で戸外遊びを楽しみ、体を動かす楽しさを味わう。【自然】
- 保育者や友達に親しみ、安定した気持ちで好きな遊びを楽しむ。【健康】

③ 月間予定
- 入園式・進級式
- 交通安全指導
- おにぎり遠足
- 身体測定
- 誕生会
- 避難訓練

⑦ 予想される子どもの姿
- 泣いて登園する。
- 急に泣きだすが、自分の思いを伝えられず泣きつづける。
- 保育者に抱っこやおんぶを求める。
- 「さみしくなった」と言葉で言う。

⑧ 保育者の援助
- 泣いて登園するのは当たり前なので、保育者は「バイバイするの悲しいよね、もっと一緒にいたかったよね」と子どもの気持ちに寄り添う。また、「バイバイしたらタッチね」と、毎朝同じパターンで別れるようにし、泣かずにバイバイできたら、みんなの前で「○ちゃんね、泣かずにバイバイできたんだよ。かっこいいね」とほめ、自信が明日へとつながるようにする。
- 全員にしっかりと目を向け、嬉しい気持ちに共感し、困っている気持ちはくみ取り、個々の思いを満たす。

⑦ 予想される子どもの姿
- 制服や帽子、カバンを床や机など様々な場所で脱ぎ、そのままにする。
- 「○○で遊びたい」と言う。
- 遊びが見付からず他児の姿を見たり、その姿をまねしたりして遊ぶ。
- 走って他児とぶつかり、転ぶ。
- 他児に注意されて怒る。
- 色鉛筆を持って保育室内を走るなど、危険な遊びをする。
- 花壇の花や、木の実を取る。
- 虫を怖がるが、見たがる。
- 見付けた動植物を「家に持ってかえりたい」と言う。

⑧ 保育者の援助
- 「○ちゃんの制服、床に置くとホコリだらけになっちゃうよ」と優しく声をかけ、一緒に持ち物の整理をする。
- 遊びが見付からない子に対し、「ブロックで一緒に遊ぼうか」など、具体的な玩具を示して一緒に遊ぶ。
- 遊ぶ意欲を損なわないようにルールを端的に伝え、危険な際は注意する。
- つんでもいい花といけない花があることを伝え、「きれいだね」など美しさを感じられるように働きかける。
- 生き物は室内で観察をした後、自然に返し、発見した喜びを十分に味わう。

⑪ 家庭との連携
- 家庭訪問の日程を調整する。
- 一人一人の園での様子を口頭や連絡帳で伝え、家庭内で園の話をしているかなど、双方で連絡を取り合い、安心して過ごせるようにする。
- 個々の排泄の状態を聞き、一人一人に応じた援助や促しができるようにする。

⑫ 評価・反省
- 一人一人の情緒の安定を大切にし、安心して過ごすことを一番に考えた。
- 戸外遊びは、子どもの気持ちをリラックスさせると分かったので、園が楽しいと感じられるよう、散歩に行くなど戸外遊びの時間を多く設け、体を動かして遊べるようにした。
- 5月は連休もあるので、再度、園に慣れるようにゆったり生活し、手洗い・うがいの方法を紙芝居などで伝えていきたい。

---

⑦ 予想される子どもの姿(保育園)
環境構成された場に子どもが入ると、どのように動き、どのように活動するのかを予想して書きます。

⑧ 保育者の援助
「ねらい」を達成するために「内容」を経験させる際に、どのような保育者の援助が必要かを具体的に書きます。

⑨ 食育
「食育」のための援助について、環境のつくり方から保育者の言葉かけまで、具体的に書きます。

⑩ 職員との連携
担任やクラスに関わる職員間で、子どもや保護者の情報を共有したり助け合ったりできるよう、心構えを記します。

⑪ 家庭との連携
保護者と園とで一緒に子どもを育てていくうえで、伝えることや尋ねること、連携を図って進めたいことについて記載します。

⑫ 評価・反省
翌月の計画に生かすため、子どもの育ちの姿を通して、「ねらい」にどこまで到達できたか、援助は適切だったかを振り返って書き留めます。

幼稚園 認定こども園

① 前月末の子どもの姿
- 4～5人の気の合う友達と共通のイメージをもって、ごっこ遊びを楽しむことで、仲間意識が少しずつ出てきた。
- 当番活動では、自分の順番がくることを楽しみにし、喜んで手伝っていた。

② 月のねらい
- 寒さに負けず、戸外で体を動かして遊ぶ。【健康】【自然】
- 発表会への意欲をもち、のびのびと自分を表現する楽しさを感じる。【健康】【表現】
- 友達と心を通じ合わせる心地よさを感じる。【人間】

③ 月間予定
- 発表会
- もちつき
- 避難訓練
- クリスマス会
- 終業式

	第1週	第2週	第3週	第4週
④ 週のねらい	●友達とお話の世界を共有しながら役になり、歌やダンスを楽しむ。 ●劇を見たり、見てもらうことを喜び、発表会を楽しみにする。	●発表会の余韻に浸りながら、発表会ごっこを楽しむ。 ●クリスマスを楽しみにしたり、もちつきに参加したりする。	●クリスマスに参加し、歌や演奏を聞いて楽しい雰囲気を感じる。 ●冬休みのことを知り、生活の場をきれいにする気持ちよさを感じる。	〈冬休み〉
⑤ 内容	●他のクラスの劇を楽しむ。 ●役になりきって劇遊びを楽しむ。 ●発表会で家族に劇を見てもらうことに喜びを感じる。	●役を交代しながら劇遊びを楽しむ。 ●いろいろな素材を使って、クリスマス製作を楽しむ。 ●材料に使う素材の違いに興味をもつ。	●クリスマスに参加し、高校生の合唱や吹奏楽を楽しむ。 ●戸外で体を動かして元気に遊ぶ。 ●片付けや大掃除をみんなで行う。	●遊具や玩具の点検や、保育室などの掃除をする。 ●2学期の子どもの様子を、記録にまとめる。 ●2学期の反省会を園全体と学年ごとで行う。 ●子どもへ手づくりの年賀状を用意する。
⑥ 環境構成	●劇遊びが見せ合えるようなスペースを用意し、自由遊びにも使用できるようにする。 ●劇に必要な小道具を子どもとつくれるよう、材料や道具を用意する。 ●鉄棒、なわとび、フープなど、戸外遊びが楽しめるような用具を、遊びの中に取り入れる。	●友達と一緒にやりたいという要望にこたえられるよう、曲や舞台のスペースなどを用意する。 ●クリスマス飾りをつくる材料を十分に用意し、工夫してつくる楽しさを感じられるようにする。 ●もちつきでは、5歳児と大人が真剣につく様子を見る場を設ける。	●クリスマスの曲をかけたり、歌ったりしながら、クリスマスの雰囲気を楽しめるようにする。 ●大掃除をしやすいように、バケツや人数分の小さめのサイズのぞうきんを用意する。	
⑧ 保育者の援助	●一人一人の表現や行動を認め、劇遊びがより楽しくなるようにする。 ●自己表現をセーブする子もいるので、保育者自身がなりきって表現し、一緒に引き込まれる雰囲気をつくる。 ●歌ったり役になりきりする楽しさを共有し、仲間意識が深まるようにする。	●上着の着脱では、脱いだ際に袖の裏返しを直すこと、ボタンを留めることなどを丁寧に伝え、自分でできるように援助する。 ●外から帰ってきたら、手洗い、うがいをするように声をかける。また、自らできた子をほめる。	●体を動かすと温かくなることを伝え、保育者も鬼ごっこなどの遊びを一緒に楽しむ。 ●ぞうきんの絞り方や扱い方を保育者がやって見せ、自分でできるように援助する。	
⑨ 食育	●もち米からもちになる過程を実際に見て、食材の変化に気付けるような言葉をかける。			
⑩ 職員との連携		●各クラスの発表会の様子を職員同士で鑑賞し合いながら、子どもの様子を共有しアドバイスし合う。 ●行事があると気にしくなるので、活動にメリハリを付け、時間に余裕をもって取り組めるよう、職員同士で工夫する。		
⑪ 家庭との連携			●引き続き、体調管理をしてもらうよう、お願いする。 ●発表会に向けての準備を進めながら、子どもたちの成長について、おたよりで知らせる。 ●発表会のために用意してもらう物の、協力をお願いする。	
⑫ 評価・反省				●初めての発表会では、いつもと違う雰囲気に緊張する子や張り切る子など、ふだんとは違う姿が見られた。最後まで取り組んだことを受け止めるようにした。発表会が終わっても劇遊びを楽しむ姿が見られ、楽しかったことが分かった。 ●集団で遊ぶことが多くなったが、その中で、思いのぶつかり合いも多く見られた。

年間指導計画

保育園

keikaku → P198-199

♣ 年間目標
- 保健的で安全な環境の中、快適に生活する。
- 生活の流れに見通しをもち、基本的な生活習慣を身に付ける。
- 保育者や友達と遊ぶことを楽しみながら人との関わりを深める。

		1期（4〜6月）	2期（7〜9月）
子どもの姿		●新入園児は、初めての集団生活に戸惑い、登園時や活動の切りかえの場面に、不安になる姿が見られる。 ●自分の気持ちを言葉で伝えられず、泣いたり、他児の姿をじっと見つめたりする。	●少しずつ生活の流れが分かるようになり、身の回りのことを自分でしようとしたり、できないことを「やって」と言い援助を求めたりする。 ●暑さから、すぐに眠くなったり、食欲が落ちたりする。
◆ねらい		●喜んで登園する中で園生活の流れが分かり、安心して快適に生活する。[健康] ●健康で安全に過ごせる環境の中で気持ちを受け入れてもらい、楽しい生活を送る。[健康]	●梅雨期の衛生、身の回りの清潔に注意し、衛生習慣を身に付ける。[健康][自立] ●午睡や水分補給などで適切な休息を取り、心身の疲れをいやす。[健康] ●思ったことやしたいことを言葉で伝えようとする。[言葉]
★内容	養護	●新入園児は園の生活に慣れ、初歩的な健康や安全の習慣に徐々に慣れる。	●梅雨期や暑い時期に応じた生活をする。
	教育	●食事、排泄、午睡、手洗い、衣類の着脱、調節など、保育者に見守られ、援助されながら自分でしようとする。	●一日の生活の仕方やルールが分かり、食事、排泄、着脱など、できることを自分でしようとする。
環境構成		●園内外の安全点検を行い、安全に遊べる環境を整える。 ●前クラスで遊んでいた、なじみのある玩具を準備する。 ●保育室内は、広々と安全に遊びを楽しめるような環境に整える。 ●持ち物の置き場所など、各自のマークを分かりやすい場所にはる。	●梅雨の湿気により床が濡れている際は、すぐにふき取れるよう、ぞうきんを準備しておく。 ●ごっこ遊びが十分に行えるように、コーナーを設置したり、ついたてを準備したりして、遊びの空間を自分たちでつくれるようにする。
保育者の援助		●一人一人の甘えや欲求を丁寧に受け止め、子どもの楽しい、嬉しい、悲しい気持ちに共感しながら優しく寄り添うことで、信頼関係を築いていく。 ●食事、睡眠、排泄などの生活面において、個々の状態を把握して一人一人に応じた援助や働きかけを行う。	●汗をかいたら自分で着替えられるよう、着脱の仕方を丁寧に知らせる。子どもたちが、「自分でできた！」と思えるような援助を行い、自信につながるように働きかける。 ●子どもたち一人一人の健康状態を把握し、活動とのバランスを考えながら水分補給したり、休息を十分に取らせたりする。

「幼児期の終わりまでに育ってほしい姿」の [健康]：健康な心と体　[自立]：自立心　[協同]：協同性　[規範]：道徳性・規範意識の芽生え　[社会]：社会生活との関わり　[思考]：思考力の芽生え

	3期（10〜12月）	4期（1〜3月）
	●「今日は何をする?」と活動に期待をもって登園することを喜ぶ。 ●午睡がなくなったことで、家庭での生活リズムが変化する。園では、特に変化は見られず、好きな遊びを友達と一緒に共有して遊ぶ。	●友達と一緒に目的をもち、共同で一つの物をつくる遊びができる。その中で相手の気持ちを受け入れられなかったり、自分の気持ちを抑えられなかったりして、トラブルが増える。
	●季節の変化に応じて衣類の調節を適切に行い、快適に過ごす。 健康 ●保育者との信頼関係の中で、自分の気持ちや考えを安心して表現する。 自立 表現 ●友達と同じ遊びをする楽しさを味わう。 協同	●冬の健康管理に留意し、快適に過ごす。 健康 ●基本的な生活習慣や健康、安全に必要な習慣の自立に向けて行動する。 健康 自立 ●冬ならではの遊びを楽しむ。 自然
	●健康に留意し、風邪予防のうがい、手洗いを行う。	●自信をもって楽しく、満足感や達成感を感じながら生活する。
	●食事、排泄、手洗い、うがいなどの手順や意味を理解し、進んでしようとする。 ●午睡のない生活に慣れる。	●生活の見通しをもち、生活に必要な習慣を身に付け、自分で行動する。 ●寒さに負けず、戸外で元気に遊ぶ。
	●うがいの仕方や、手洗いの手順を分かりやすく図示し、子どもが見やすい場所にはっておく。 ●保育者も丁寧に手を洗ったり、うがいをしたりする姿を示し、子どもの意識につながるような雰囲気をつくる。 ●遊びに必要な物を友達や保育者と一緒につくることができるよう、材料を準備する。	●子どもの言葉に優しく耳を傾け、考えや思いを尊重することで、自信をもって発言できるような雰囲気をつくる。 ●防寒具をかけるコートかけを準備する。 ●氷や、つららなど、冬の自然物に目を向けられる機会を設ける。 ●自由にはったり、かいたり、切ったりできる工作コーナーを準備する。
	●子ども同士のトラブルの際は、双方の思いを聞いて仲介し、相手の気持ちを考える機会を設ける。「そんなときはどうしたらよかったかな?」と一緒に考えることで、自分たちで物事を解決する力を育む。	●遊びの中で、譲り合ったり我慢できたりしたら、その姿をほめる。また「○ちゃんが〜してくれて優しかったね。我慢してくれて、ありがとうだね」と、友達の優しさに気付けるような言葉をかける。 ●個々の生活習慣を見直し、個々に応じた援助や関わりや働きかけを行う。

自然 ：自然との関わり・生命尊重　　数字 ：数量や図形、標識や文字などへの関心・感覚　　言葉 ：言葉による伝え合い　　表現 ：豊かな感性と表現　　を表しています。

4月 月案

保育園

keikaku → P200-201

保育者との信頼関係を大切に

2歳児クラスには保育者が複数いて、何かがあるとかけつけてくれましたが、3歳児クラスになると保育者の割合が減ります。そのことで不安になる子どももいるでしょう。保育者を必要としている子を優先しながらも、一人一人との信頼関係を築くことを大切にしましょう。あまり近寄ってこない子にも、「見ているよ」というメッセージを伝えます。安心して自分のしたい遊びができるように見守りましょう。

	★ 内容	環境構成
養護 生命の保持・情緒の安定	●保育者との信頼関係を感じ、ゆったりとした雰囲気の中で安心して過ごす。 	●子どもの話しかけやサインに、目線を合わせて優しい笑顔で応答する。 ●保育者は自分の不安な気持ちを分かってくれている、という安心感が味わえるような優しい雰囲気をつくる。
教育 健康・人間関係・環境・言葉・表現	●保育室での生活の仕方を知る。 ●好きな遊びを見付けて遊ぶ。 ●生活や遊びの中で、ルールや決まりがあることを知る。 ●動植物を見たり触れたりし、身近な春の自然に興味や関心をもって親しむ。	●給食前、午睡前にすることを図示した手順表をつくり、はる。 ●前年度のクラスで遊んでいた玩具を準備し、安心できる環境をつくる(ブロック、パズルなど)。 ●保育者は子どもに背を向けず、常に全体を見渡せる場所にいる。 ●春の動植物がのっている絵本や、図鑑を準備する。 ●春の花(チューリップ、スイセン)を保育室に飾っておく。 ●タンポポなど、散歩で拾った草花を入れる容器を準備する。

食育

〈ねらい〉楽しい雰囲気でみんなと食事をする。
〈環境構成〉子どもの座る席を決め、安心して食べられるようにする。
〈予想される子どもの姿〉友達と会話をしながら食べる。
〈保育者の援助〉友達や保育者と一緒に、食事をすることが楽しいと感じられるよう話題を提供する。

職員との連携

●子どもの遊びの様子、排泄の状態などを細かく伝達し合う。
●一人一人が安心して過ごせるよう、前年度の担任から性格や好きなことなどを伝え聞き、把握する。
●全体を見る保育者と、排泄や手洗いを見る保育者など、リーダーとサブの役割分担をするが、そのときの状態に応じて臨機応変に対応する。

今月初めの子どもの姿

- ブロック、ままごとなど、友達と同じ遊びを共有する姿が見られるが、平行遊びが多い。友達の姿を観察し、模倣する。
- 援助を要するものの身の回りのことを自分でしようとする。

◆ねらい

- 園の生活の流れが分かり、安心して快適に生活する。[健康]
- 春の自然の中で戸外遊びを楽しみ、体を動かす楽しさを味わう。[自然]
- 保育者や友達に親しみ、安定した気持ちで好きな遊びを楽しむ。[健康]

月間予定

- 入園式・進級式
- 交通安全指導
- おにぎり遠足
- 身体測定
- 誕生会
- 避難訓練

予想される子どもの姿	保育者の援助
●泣いて登園する。 ●急に泣きだすが、自分の思いを伝えられず泣きつづける。 ●保育者に抱っこやおんぶを求める。 ●「さみしくなった」と言葉で言う。	●泣いて登園するのは当たり前なので、保育者は「バイバイするの悲しいよね、もっと一緒にいたかったよね」と子どもの気持ちに寄り添う。また、「バイバイしたらタッチね」と、毎朝同じパターンで別れるようにし、泣かずにバイバイできたら、みんなの前で「○ちゃんね、泣かずにバイバイできたんだよ。かっこいいね！」とほめ、自信が明日へとつながるようにする。 ●全員にしっかりと目を向け、嬉しい気持ちに共感し、困っている気持ちはくみ取り、個々の思いを満たす。
●制服や帽子、カバンを床や机など様々な場所で脱ぎ、そのままにする。 ●「○○で遊びたい」と言う。 ●遊びが見付からず他児の姿を見たり、その姿をまねしたりして遊ぶ。 ●走って他児とぶつかり、転ぶ。 ●他児に注意されて怒る。 ●色鉛筆を持って保育室内を走るなど、危険な遊びをする。 ●花壇の花や、木の実を取る。 ●虫を怖がるが、見たがる。 ●見付けた動植物を「家に持ってかえりたい」と言う。	●「○ちゃんの制服、床に置くとホコリだらけになっちゃうよ」と優しく声をかけ、一緒に持ち物の整理をする。 ●遊びが見付からない子に対し、「ブロックで一緒に遊ぼうか」など、具体的な玩具を示して一緒に遊ぶ。 ●遊ぶ意欲を損なわないようにルールを端的に伝え、危険な際は注意する。 ●つんでもいい花といけない花があることを伝え、「きれいだね」などと美しさを感じられるように働きかける。 ●生き物は室内で観察をした後、自然に返し、発見した喜びを十分に味わう。

家庭との連携

- 家庭訪問の日程を、調整する。
- 一人一人の園での様子を口頭や連絡帳で伝え、家庭内で園の話をしているかなど、双方で連絡を取り合い、安心して過ごせるようにする。
- 個々の排泄の状態を聞き、一人一人に応じた援助や促しができるようにする。

評価・反省

- 一人一人の情緒の安定を大切にし、安心して過ごすことを一番に考えた。
- 戸外遊びは、子どもの気持ちをリラックスさせると分かったので、園が楽しいと感じられるよう、散歩に行くなど戸外遊びの時間を多く設け、体を動かして遊べるようにした。
- 5月は連休もあるので、再度、園に慣れるようにゆったり生活し、手洗い・うがいの方法を紙芝居などで伝えていきたい。

[自然]：自然との関わり・生命尊重　[数字]：数量や図形、標識や文字などへの関心・感覚　[言葉]：言葉による伝え合い　[表現]：豊かな感性と表現　を表しています。

5月 月案 保育園

keikaku → P202-203

行動範囲の広がりを意識して

さわやかな風に誘われ、子どもは好奇心を働かせながら、外へ出たり他のクラスをのぞいたりすることでしょう。そんな子どもの興味や関心をキャッチして、友達と関われる遊びを用意したり、他のクラスの遊びに入れてもらったりと、成長に必要な経験を重ねられるように配慮しましょう。他のクラスの保育者との連携も大切です。けがに注意しながら、好奇心を満たせるような生活を保証していきましょう。

	★内容	環境構成
養護 生命の保持・情緒の安定	●初歩的な健康や安全の習慣に、徐々に慣れる。 ●食事、排泄、午睡などの欲求が十分に満たされ、快適な生活や遊びをする。	●保育者もコップを準備してうがいをする姿、指先を洗うことを意識しながら手を洗う姿、園でのルールを守る姿を示す。 ・登園した際は、のどのばい菌をやっつけるためにうがいをすること ・保育室内は歩くこと ・戸外に出る際は帽子をかぶり、熱中症対策をすること　など
教育 健康・人間関係・環境・言葉・表現	●戸外遊びや排泄後、保育者に促されながら、手を洗ったり、がらがらうがいをしたりする。 ●「入れて」「貸して」など、遊びに必要な言葉を使う。 ●季節の行事に興味をもち、集会に参加したり製作をしたりして遊ぶ。 ●土、砂、粘土、水など変化する素材に触れ、形を変えたり何かに見立てたりしてつくることを楽しむ。	●手洗い手順表を準備する。子どもが意識しやすいように大きさや配色、はる位置に配慮する。 ●指の間、手の甲など、保育者も意識して手を洗う姿を示す。 ●「貸して」「いいよ」「ありがとう」の言葉を、保育者も笑顔で使い合う。 ●製作の材料を準備し、子どもが取り出しやすいように並べる。 ●行事に応じた紙芝居を準備する。 ●様々な素材に触れて、保育者も遊ぶ。 ●土や砂、水で遊ぶ際は、たらいに水を張り、タオルを準備する。

食育

〈ねらい〉正しい姿勢で食事をする。
〈環境構成〉子どもの足が床に届いているように、高さを調整する。
〈予想される子どもの姿〉スプーンやフォークを持って、姿勢よく食事をする。
〈保育者の援助〉食具を持っていない手で、茶碗を持つことができるように、保育者が見本を見せる。

職員との連携

●製作や遊びの場面では、担当する机や遊びを決め、子どもの発達や様子、友達同士の関わりを伝達し合う。
●ルールの確認を行い、自己主張に対しての対応を一貫して行えるよう、十分に話し合う。
●子どもは常に大人のやり取りを見ていることを意識し、保育者間でも丁寧な言葉づかいを意識する。

「幼児期の終わりまでに育ってほしい姿」の　健康：健康な心と体　自立：自立心　協同：協同性　規範：道徳性・規範意識の芽生え　社会：社会生活との関わり　思考：思考力の芽生え

前月末の子どもの姿

- 友達との関わりを自らもとうとする。保育者との信頼関係を深めつつ、不快な気持ちは表情やしぐさで伝えようとする。
- 「貸して」「入れて」などの言葉で、友達と関わろうとする。

◆ねらい

- 生活の流れを知り、保育者に手助けされながら自分のことをする。 健康
- 好きな遊びを見付け、保育者や友達と一緒に遊ぶ。 協同

月間予定

- こどもの日の集い
- 親子遠足
- 身体測定
- 交通安全指導
- 避難訓練
- 誕生会

予想される子どもの姿

- うがいをするが、衣服が濡れる。
- 保育者のまねをする。
- 棚を移動させて、その後ろへ入り込んだり、机の上にのぼってジャンプしたりするなど危険な遊びをする。
- 「おなかすいた」と言い、給食を食べたがる。
- 自分の思いを言葉で伝えられず、表情やしぐさで保育者に伝える。
- おもらしを伝えられず、遊び続ける。

- 手順表を見ながら手を洗ったり、水で手を濡らしただけだったりする。
- 何度もせっけんを出して水遊びをする。
- 「『いいよ』と言ってくれない」と保育者に泣いて訴える。
- 保育者に「先生、○○ほしい」と他児が遊んでいる玩具を使いたいことを伝える。
- 室内のこいのぼりに触りたがる。
- 手が汚れる感触を嫌がり「○ちゃん、しない」と言う。
- 動物などに見立てて粘土でつくったり、友達のつくった形をまねたりする。

保育者の援助

- 水を吐き出す方法を伝える。うがいの必要性を子どもに分かる言葉で伝えて習慣化していく。
- 危険な遊びを再現し、それがどのように危険かを保育者がやってみせる。実際に自分の目で見ることで、約束を守る意識につなげる。
- 排泄で失敗した子には「びっくりしたね。大丈夫だよ。きれいにしようね」と優しく声をかけ、不快感を取り除くようにする。

- 「○ちゃん、手順表を見て手洗いしているね」など意識的に声をかけ、その姿が他児にも伝わるようにする。
- せっけんは1回、とルールを決める。
- 「○ちゃん、入れてって言ったら、△ちゃんがいいよって言ってくれたね。嬉しかったね」と、好ましい行動を言葉にして伝える。
- 保育者が活動を提案するが、子どもの「つくってみたい」という気持ちから活動に入れるよう、その気持ちが芽生えるような保育室内の環境や、保育者の働きかけを工夫する。

家庭との連携

- 親子遠足の日程や内容を伝え、親子で楽しめるようにする。
- 動きやすく、衣服の調節をしやすい格好で登園してもらうように伝える。
- 3歳児の特徴として、様々なことが知りたくなる知識欲の高まりについて知らせ、子どもとのやり取りを楽しんでもらうように伝える。

評価・反省

- 新入園児は少しずつ園での生活に慣れ、継続児は進級した不安から様々なことに対する意欲が低下し、甘えや自己主張が多くなった。その中で、視覚に訴える手洗い手順表を利用し、やってみようと思えるような環境を工夫して、できたらほめ、自信や次への意欲につながるように働きかけた。
- 友達との関わりも多くなったがトラブルも増えたので、丁寧に仲介していきたい。

自然：自然との関わり・生命尊重　数・字：数量や図形、標識や文字などへの関心・感覚　言葉：言葉による伝え合い　表現：豊かな感性と表現　を表しています。

6月 月案 保育園

エネルギーを発散できる場に

ジメジメとした季節です。子どもも特に原因はないのに機嫌が悪くなったり、友達とトラブルになったりしがちです。雨で外に出られないため、保育室の人口密度が高くなり、よけいにうっぷんがたまってしまうこともあります。そんなとき、雰囲気を楽しいものに変えるのは保育者の明るい笑顔と声です。また、室内にも体を動かして遊べるコーナーをつくり、子どもが発散できる場を提供するとよいでしょう。

keikaku → P204-205

	★ 内 容	環境構成
養護 生命の保持・情緒の安定	●雨の降る日が続くので、衛生面に留意して健康に過ごす。 ●保育者との信頼関係のもとで、自分の思いを安心して表現する。 	●湿気により、床が滑りやすくなったり、壁が濡れたりするので、ぞうきんをすぐに取り出せるように準備する。 ●風通しをよくしたり、気温や湿度に応じて冷房や除湿を使ったりして、衛生に留意した環境をつくる。 ●子どもの言葉に優しく耳を傾けたり、背中をさすったりしながら話を聞き、安心して話せるような雰囲気をつくる。
教育 健康・人間関係・環境・言葉・表現	●尿意を感じたら、トイレへ行き排泄する。 ●用具の貸し借りをしたり、順番を待って交代したりして遊ぶ。 ●雨、小動物や虫に興味をもち、探したり触れたり、飼育したりする。 ●自分の要求や思いを、保育者や気の合う友達に、言葉や態度で伝える。	●トイレは常に清潔な状態に保ち、必要に応じて換気をしたり電気を付けたりし、安心して排泄できるような環境に整える。 ●トイレのスリッパや上履き置き場に足形のマークを付ける。 ●保育者同士、物の貸し借りの言葉を丁寧に言う姿を示す。 ●レインコートや長靴で登園させる。 ●散歩で見付けたオタマジャクシやカタツムリなどを飼育ケースに入れて、子どもの目線で見ることができるように置く。そばに絵本や図鑑を用意する。

食育

〈ねらい〉食材の味が分かるよう、よくかんで食べる。
〈環境構成〉食事の前に、献立に出てくる野菜の絵本などを読む。
〈予想される子どもの姿〉ゆっくりかんで食べる。
〈保育者の援助〉食べ物に興味を示すよう「シャリシャリするね」など、食感を意識できる言葉をかける。

**職員との連携**

●準備物が必要な遊びでは、子どもを見る保育者、準備をする保育者に分かれ、スムーズに活動できるようにする。
●子どもによって取り組む時間、終わる時刻が違うので、保育者間で連携を取り、最初に終わった子、援助が必要な子、時間がかかる子を瞬時に判断し、終わった後の流れを考えながら、個別に対応するようにする。

「幼児期の終わりまでに育ってほしい姿」の 健康：健康な心と体　自立：自立心　協同：協同性　規範：道徳性・規範意識の芽生え　社会：社会生活との関わり　思考：思考力の芽生え

前月末の子どもの姿

- 気に入った遊具や遊びを見付け、くり返し遊ぶ。
- 生活の流れが分かり、「次は?」と聞いたり、「できたよ」と伝えたりしながら身の回りのことを行う。
- 遊びや片付けで友達とトラブルになると、衝動的に手が出る。

◆ねらい

- 梅雨期の衛生、身の回りの清潔に注意し、衛生習慣を身に付ける。 健康
- 保育者に見守られながら身の回りのことを自分でしようとする。 自立
- 梅雨期の身近な自然に興味をもち、動植物への興味を深める。 自然
- 友達と一緒に、ルールのある遊びや自分のしたい遊びを楽しむ。 協同 規範

月間予定

- 交通安全指導
- 保育参観
- 歯科・内科検診
- 身体測定
- 誕生会
- 避難訓練

予想される子どもの姿

- あせもができ、かゆがる。
- 体調不良から、機嫌が悪かったり、ささいなことで泣いたりする。
- 泣いて思いを伝える。
- 保育者の顔を見つめて、思いを伝えようとする。
- 「〜したい! 〜が嫌!」と、自分の気持ちを言葉で伝える。

保育者の援助

- こまめに衣服の着脱をしたり、必要に応じてシャワーを浴びたりする。保育者は子どもの様子をよく観察し、異常がある場合は、すぐに対応する。
- 子どものサインに気付き、優しく言葉をかけて思いを聞く。保育者と子どもとで思いが違うときは、「〜したかったんだよね。伝えてくれてありがとう。でも、○だったら△になるから××してほしいんだよ」と思いを受け止めてから保育者の考えを伝える。

- トイレを我慢しすぎて「おしっこしたい」と保育者に言いにくる。
- 「一緒に来て」と保育者にトイレについてきてもらうことを求める。
- 個室に入る前に、ズボンを下ろす。
- 自分の思いが通らず相手をたたく。
- 散歩や戸外遊びで見付けた生き物を保育室に持ってくる。
- 虫かごの生き物を観察し、気付きを保育者に伝えたり、絵本と見比べ同じところや違うところに気付いたりする。
- 自分の思いを言い合うが、口げんかになったり、悪気はないのに相手が不快に感じることを言ったりする。

- トイレを我慢しやすい子には、その子の様子を見ながら声をかけたり、活動の前にトイレに誘ったりする。
- トラブルが起きたときは、すぐに保育者が仲介せず様子を見守り、子どもたちの関わりを大切にする。
- 小動物を見たり触れたり飼育する中で、子どもの驚きや発見に共感し、生き物を大切にする気持ちを伝える。
- 相手に物事を伝える際は、優しい言い方や不愉快な言い方があることを伝え、自分はどのような言い方をされたいかを考えられるようにする。

家庭との連携

- 外遊びが活発になり、汚れたり汗ばんだりするので、着替えを多めに用意してもらう。また、体調を崩しやすい時期なので、健康管理に気を付け、手洗いや十分な睡眠を取ることを伝える。
- 水分補給のための水筒を準備してもらう。子どもが自分で扱えるような水筒の準備をお願いする。

評価・反省

- 自分で衣服の前後や裏表に気を付ける姿が見られた。次月は泥遊びや水遊びなど着脱も増えるため、自分でしようとする姿を見守っていきたい。
- 雨上がりの散歩や生き物の飼育により「梅雨」を感じられるように働きかけた。
- 友達とのトラブルでは自分の気持ちを相手に伝えられるように見守り、保育者がお互いの気持ちを代弁し、丁寧に対応した。

自然:自然との関わり・生命尊重　数・字:数量や図形、標識や文字などへの関心・感覚　言葉:言葉による伝え合い　表現:豊かな感性と表現　を表しています。

7月 月案 保育園

keikaku → P206-207

水遊びを中心に、自分で着替えを

　子どもの大好きな水遊びの季節の到来です。水に触れる心地よさを十分に味わえるようにしましょう。水の苦手な子も、バケツや水鉄砲などで安心できる環境をつくり、楽しめるように配慮します。
　水着に着替えたり汚れた衣服を取り替えたりする際は、これまで保育者に頼ることの多かった子も、自分で取り組む機会です。裏返しの服を直したり、たたむことも、自分でできた喜びにつながるでしょう。

	★ 内 容	環境構成
養護 生命の保持・情緒の安定	●汗をかいたら衣服の着脱をしたり、水分補給を行ったりして、心地よく過ごす。 ●夏期の生活の仕方が分かり、健康に過ごす。	●自分で始末できるように、かご、着替え袋などを分かりやすい場所に置く。 ●水筒を置く棚に、名前と個別マークを付け、自分の水筒をすぐに見付けられるようにする。 ●気温に応じて冷房し、快適な環境をつくる。外気温との差が大きくならないよう、高めに温度を設定したり、窓を開けて外の風を取り込む。
教育 健康・人間関係・環境・言葉・表現	●尿意を感じたら、遊びの途中でも自分でトイレに行く。 ●生活や遊び、製作の中で、物の色、数などに興味をもつ。 ●音楽に合わせてリズミカルに動いたり、簡単な身体表現をしたりする。 ●水、砂、泥など自然の素材に触れて、感触を味わいながら遊ぶ。	●園外に出かける際には、トイレの場所や便座の種類などを事前に確認する。 ●製作の準備をする際は、色や数を自由に選ぶことができるように、色画用紙や和紙などの材料を用意する。 ●思いきり体を動かして遊べるような場所を確保する。 ●一緒に体を動かす保育者や、子どもたちを見守る保育者の姿を示す。 ●遊びに必要な物を用意する（プリンカップ、色水液、シャボン玉液）。 ●汚れを気にせず楽しめるように、保育者も裸足で遊ぶ姿を見せる。

 食育
〈ねらい〉夏ならではの食材をおいしく食べる。
〈環境構成〉保育室の温度に配慮し、気温に応じてエアコンで冷房する。
〈予想される子どもの姿〉暑さのため、食欲が落ちる子どもがいる。
〈保育者の援助〉食欲が減ることを考慮して、少なめに盛ることで完食できるようにする。

 職員との連携
●一人一人の発達で、お互いに気付いていることや提案を伝え合い、共有することでよりよい関わりにつながるよう、話し合いの時間を設ける。
●水遊び、プール遊び、製作などでは、注意や配慮が必要と思われる子を予測し、活動したくない子の思いを受け入れ、様子を見て誘いかけるなど、対応を話し合っておく。

「幼児期の終わりまでに育ってほしい姿」の　健康：健康な心と体　自立：自立心　協同：協同性　規範：道徳性・規範意識の芽生え　社会：社会生活との関わり　思考：思考力の芽生え

前月末の子どもの姿
- 園生活にも慣れ、活発になり、抑えていた自我や、わがままが出る子が増えた。トラブルも増えたが、保育者に仲介してもらい仲直りすることで、友達とのよい関係ができる。
- 衣服の前後や裏表を意識して着脱しようとする子が増えた。

◆ねらい
- 夏期の保健衛生に留意し、楽しい生活を送る。 健康
- 水や砂の感触や心地よさを味わい、全身遊びを楽しむ。 自然
- 様々な活動を通して、友達との関わりを深める。 協同
- 友達と一緒にリズムに合わせて体を動かすことを楽しむ。 協同 表現

月間予定
- おにぎり遠足
- 七夕の集い
- 身体測定
- 誕生会
- プール開き
- 避難訓練

予想される子どもの姿	保育者の援助
●衣服は汚れていないが、着替えをしたがる。 ●保育者に声をかけられて着替えをしたり、嫌がったりする。 ●脱いだ服をそのままにする。 ●活動の途中に、お茶を飲みたがる。 ●体操の後の、外での水分補給を楽しみにする。	●「どうしてお着替えしたくなったの?」と子どもの気持ちを尋ね、その子なりの理由を探る。不快を感じているなら着脱を促し、なぜ着替えが必要なのかを分かりやすく伝える。 ●着替えをし、きれいになった際は清潔にする心地よさを感じられるよう働きかけ、今後につながるようにする。 ●活動量に応じて水分補給の時間を確保し、活動の途中で勝手にお茶を飲みにいかない約束を話しておく。一人一人が水分補給しているかを確認する。
●水遊びの途中で尿がもれる。 ●水分をとりすぎて、排尿間隔が短くなる。 ●排尿の際、トイレットペーパーでふかない女児がいる。 ●「○色がいい!」と、準備されていない色を言う。 ●体を思いきり自由に動かしたり、自分で踊りを考えたりする。 ●水や土の中に足を入れ、「冷たい」「気持ちいい」「くすぐったい」などの感触を口々に言う。 ●色水遊びで、お店屋さんごっこをする。	●水に触れて体が冷えると排尿間隔が短くなることを予測し、水遊びの前には必ず排泄を促す。 ●トイレットペーパーでふかない場合を見逃さず、「ふかなかったら、ばい菌が付いておなかが痛くなるよ」など言葉をかけ、正しい排泄の方法が身に付くようにする。 ●親しんでいる歌や、リズムにのりやすい曲を選び、友達と一緒に楽しめるようにする。 ●手だけでなく、体全体で水の心地よさや泥の感触を感じられるように、裸足になって遊ぶ機会を取り入れる。

家庭との連携
- 水筒の中身は冷たすぎないようにお願いする。
- 泥んこ遊び用に、汚れてもよい衣服を準備してもらうなど、夏の遊びの持ち物や注意事項を伝える。
- 毎朝、子どもの体調を連絡帳や口頭で伝えてもらい、水遊びやプール遊びをしてもよいか、確認をする。

評価・反省
- 泥んこ遊びの衣服に着替え、砂、泥などに触れて思いきり遊ぶことを楽しんだ。手足が汚れることを嫌がる子には、無理強いせずにその子なりの楽しみ方を見守った。
- 遊びによって着脱の手順が変わり混乱する子もいたが、毎日のくり返しで衣服をたたんで片付けることや、正しく衣服を着ようという意識が高まり、身に付いてきていることを実感した。

自然 :自然との関わり・生命尊重　数字 :数量や図形、標識や文字などへの関心・感覚　言葉 :言葉による伝え合い　表現 :豊かな感性と表現　を表しています。

8月 月案

保育園

暑さで体調を崩さないように

　暑い日が続きます。子どもたちは水遊びをして元気そうに見えていても、その後、体調を崩すこともあります。一日の生活の中で、午睡や休息はもちろんのこと、静かでゆったりとした遊びも取り入れながら、子どもの体調をしっかりと見守りましょう。
　お盆の時期には人数が少なくなったり、長期に休んだ子が久々に登園したりと、通常の保育とは異なる場面もありますが、ゆったり関わりたいものです。

	★ 内容	環境構成
養護 生命の保持・情緒の安定	●十分な水分補給、適度な休息や午睡を取る。 ●様々な活動に喜んで取り組む。 	●室温や換気に気を付け、風通しをよくして午睡時に心地よい保育室の環境をつくる。 ●必要に応じて、水分補給や休息が取れるようにする。 ●子どもの目線に合わせて、笑顔で優しく接する保育者の姿を示す。 ●新しい活動でも、興味をもって楽しみながら取り組む保育者の姿を見せる。不安な気持ちに寄り添い、安心できるような雰囲気をつくる。
教育 健康・人間関係・環境・言葉・表現	●夏の生活の仕方が分かり、汗の始末や、水着の着脱、後始末などを自分でする。 ●友達とのトラブルがあるが、保育者の仲立ちにより友達の気持ちを知る。 ●自分の経験したことや、楽しかった思い出を保育者や友達に話したり、友達の話を聞いたりする。 ●プール遊びなどで水の心地よさを感じながら、解放感を味わう。	●着替えが必要だと予測できる場合は、必要な物を準備し、子どもが自分で着替えやすい環境をつくる。 ●トラブルの際は、子どもが落ち着いて話せるように、体をさすったり、手をつないだりして安心できる雰囲気をつくる。 ●「お話マイク」を準備する。 ●自分の楽しい経験を話したいと思えるような雰囲気をつくる。 ●保育者も一緒に思いきり楽しむ姿を示し、楽しそうだな、やってみたいなと思えるような雰囲気をつくる。

食育

〈ねらい〉夏野菜を収穫することで、食べることへの興味をもつ。
〈環境構成〉自分たちで収穫した野菜を洗う場を設ける。
〈予想される子どもの姿〉野菜洗いを楽しんで行う。
〈保育者の援助〉手触りやにおいなどに関心がもてるような言葉をかける。

職員との連携

●プールでは子どもたちに背を向けない位置で、水遊びが苦手な子を見る保育者、活発な子を見る保育者、滑り台の近くにいる保育者の役割分担をする。
●プール遊びは危険を伴うので、言葉をかけ合いながら個々の姿や活動に注意する。途中でトイレに行きたくなった子には必ず保育者が付き、その間のプール内の安全に、いっそう注意する。

前月末の子どもの姿

- プール遊びへの期待から、身支度を自分でしようとする姿が見られた。水着を着る際は、保育者に前と後ろを確認するなど、正しく着脱しようとする。

◆ねらい

- 安心して気持ちを出す。 言葉 表現
- 適度に休息を取り、水分補給をして健康に過ごす。 健康
- 一日の流れが分かり、身の回りのことを自分でしようとする。 自立
- 夏ならではの解放的な遊びを経験し、体を動かすことを楽しむ。 健康 自然

月間予定

- 交通安全指導
- 誕生会
- 避難訓練

予想される子どもの姿

- 午睡から目覚める際、まだ眠くて泣いて起きる。
- 暑さでお茶を飲みすぎ、食欲が減る。
- 食事の途中で「眠たい」と寝たがる。
- 暑さのため、元気がなく機嫌が悪い。
- 期待をもって意欲的に活動に参加する。
- 暑さもあり、戸外での活動を嫌がり、したくないことを態度で示す。
- 友達の姿を見ることで、やってみようとする。

- 新しい衣服と汚れた衣服がまざり、どれを着るのか分からなくなる。
- 一人で着脱を行い、手助けを嫌がる。
- 自分の気持ちをお互いに言い合い、口げんかになる。
- 友達とのトラブルの際、自分の思いを伝え、友達の気持ちも聞こうとする。
- 友達が話しているが、割り込んで自分も話そうとする。
- プールサイドを走ったり、プール内で友達とふざけたりする。
- 友達と手をつないでプール内を歩くなど、プール遊びを楽しむ。

保育者の援助

- その日の活動量、温度や湿度、プールの際は疲れが増すことを考慮し、午睡時間を調節する。
- 調理員と連携し、食事量を調節する。食事量が減っている子には、少なめに盛り、完食できた喜びが食べる意欲へつながるようにする。
- したくない子の気持ちを考え、その子がどうしたらやりたくなるのか、意欲のもたせ方を工夫する。
- 「先生と一緒ならできたね!」と一緒にできる喜びや満足感を感じ、安心して取り組めるようにする。

- 自分でできるところは励まして見守り、自分でしようとする気持ちを大切に、じっくり待つようにする。
- トラブルが起きた際はすぐに仲介せず様子を見守り、子ども同士の関わりを大切にする。
- 水に慣れ、活動が活発になるので、危険のないように気を付け、約束を確認する。安全に遊ぶことばかりにとらわれず、水の感触を味わい、楽しい気持ちで遊べるように、ゲームなどを取り入れ、更にプールを楽しめるようにする。

Part 2 8月 指導計画 月案 保育園

家庭との連携

- 熱中症や、エアコンによる冷えすぎに注意してもらう。戸外に出る際は帽子をかぶる、水分補給をする、室内と外気温との差に気を付けてもらうなど、健康に過ごせるようにお願いする。
- プールでの様子や、できるようになったこと、挑戦中のことなど、子どもの発達をとらえて伝え、成長を喜び合う。

評価・反省

- 暑さが増し、体調を崩す子が多くいた。保育者は、午睡や水分補給に気を配り、体調管理を行った。自分で体調不良を伝えられる子は少ないので、言葉での表現の仕方を伝えていく必要がある。
- 活動の中心がプール遊びとなる日が多く、プール遊びを楽しみに登園していた。毎日のくり返しの中で、衣服の着脱や交換、水着の着脱もできるようになった。

自然 :自然との関わり・生命尊重　数字 :数量や図形、標識や文字などへの関心・感覚　言葉 :言葉による伝え合い　表現 :豊かな感性と表現　を表しています。

9月 月案 保育園

運動遊びに興味をもって

4、5歳児が園庭でリレーやなわとびを始めると、興味深そうに見ていることでしょう。自分たちもその場でまねしたり、一緒にやらせてもらったり、同じことをしている気分を味わっています。

させられる運動ではなく、やりたくなって自ら取り組むことが子どもの成長には重要です。ルールを知らせるだけでなく、楽しいストーリーをつくって、意味ある行動として運動できるとよいでしょう。

	★ 内容	環境構成
養護 生命の保持・情緒の安定	●夏の疲れによる体調不良に留意し、健康に過ごす。 ●安定した気持ちで、いろいろな活動に取り組む。	●室温や換気に気を付け、風通しをよくするなど気持ちよく過ごせる環境をつくる。 ●必要に応じて、水分補給をしたり休息を取れたりするようにする。 ●子どもの言葉や思いに、優しく耳を傾ける保育者の姿を示す。
教育 健康・人間関係・環境・言葉・表現	●汗の始末や汚れた衣服の後始末、手洗い、うがいなどを、自分でしようとする。 ●安全な遊び方のルールを守り、様々な運動用具を使って思いきり体を動かして遊ぶ。 ●友達や異年齢児と関わって活動し、4、5歳児の姿をまねしたり、簡単な決まりを守ったりする。 ●散歩に出かけ、秋の草花や虫などに触れて心を動かす。 ●クレヨンや絵の具を使い、自分のイメージを絵で表現することを楽しむ。	●活動の前に、着替えが必要だと予測できる場合は、新しい着替えを取り出しやすい位置に準備する。 ●走る、跳ぶ、登る、くぐるなどの運動遊びができるように、マットや巧技台、なわとびなどを用意する。 ●4、5歳児の姿に拍手をして「かっこいいね」と言うなど、あこがれの気持ちを抱けるような雰囲気をつくる。 ●散歩コースを点検し、危険な箇所、秋の植物がある場所を確認しておく。 ●観察画の場合は、全員が見える位置に観察物を用意する。

食育
〈ねらい〉食事をつくっている人へ感謝の気持ちをもつ。
〈環境構成〉給食室で食事づくりの見学をする。
〈予想される子どもの姿〉調理員が野菜を切る、炒めるなどしている姿を見て興味をもつ。
〈保育者の援助〉「いただきます」を感謝の気持ちで言えるように伝える。

職員との連携
●運動用具を使って遊ぶ際は、全体を見る保育者、用具のそばで見る保育者に分かれ、子どもたちに背を向けない位置にいるように配慮する。
●散歩に行く際に気になる子は、保育者と手をつなぎ、安全に散歩に出かけられるようにする。
●活動に参加しない子に配慮し、準備物がある場合は段取りをする。

前月末の子どもの姿

- 夏の疲れから体調を崩す子もいるが、「今日は何する?」など、活動に期待をもって登園する。
- 夏の遊びや経験がその子なりの自信となり、興味をもったことに意欲的に取り組む。

◆ねらい

- 生活リズムを整えながら、安定した生活を送る。 健康
- 保育者や友達と一緒に、ルールを守りながら、かけっこや運動遊びなど全身を使って遊ぶことを楽しむ。 協同 規範
- 経験したことや感じたことを、様々な方法で表現することを楽しむ。 表現

月間予定

- 交通安全指導
- ブドウ狩り
- 避難訓練
- 運動会
- 誕生会

予想される子どもの姿	保育者の援助
●体で感じる暑さや、痛さ、気持ち悪さなどを言葉で言えず、表情やしぐさで伝える。 ●帽子をかぶらずに戸外に出る。また、戸外に出るとすぐに帽子をとる。 ●お茶を飲まない。 ●暑さから眠れず、眠る時間がずれる。 ●保育者のことを呼ぶが、言葉で思いを伝えられず、下を向き気付いてもらおうとする。 ●「○したい!」「○してもいい?」と、自分の要求をはっきりと伝える。	●個々の日ごろの様子をよく把握し、体調の変化に気付けるようにする。「おなかが痛い」「気持ち悪い」など言葉で体調を伝えられるようにする。 ●なぜ帽子をかぶるのか、どうして水分をとるのかを分かりやすく伝え、自分で健康を守る方法を伝える。 ●必要に応じて冷房をし、眠る時間がずれた際は遅めに起こすなど、その子のリズムを大切にする。 ●子どもが自分のしたいことに自信をもって取り組み、伝えることができるように、その表現を認める。
●汗をかき、保育者に「着替えてもいい?」と言葉で伝え、自分の判断で着替える。 ●巧技台からジャンプすることを怖がる。 ●「もう一回」と何度もしたがる。 ●ケンケンをする姿、ジャンプをする姿、できるようになった姿を保育者に「見て」と言う。 ●虫や植物を見付け、保育者や友達に見付けたことを知らせる。 ●隠しながら絵をかいたり、友達の絵をまねしたりする。	●自分でしようとする気持ちを受け止め「一人でできる」という自信につながるように、ゆとりをもって見守る。 ●「やったー、できるようになったね!」と頭をなでたり、抱き合ったり、スキンシップを図って喜びを表現し、子どもの嬉しい気持ちに共感する。 ●散歩の際は、「秋を探しに行こう」と期待をもてるような言葉をかける。 ●「かけない」と言ったときには無理にかかせず、輪郭や形をかいて見せるなど、保育者がじっくりと関わり表現する楽しさを味わえるようにする。

家庭との連携

- 活動や気温の変化に合わせて、着替えができるよう、調節しやすい衣服を準備してもらう。
- 運動会への取り組みの中で、できるようになったことや、努力して取り組んでいることなどを伝え、成長を喜び合う。
- 運動量も増えて疲れやすいことを伝え、体調をこまめに連絡し合う。

評価・反省

- 残暑が続いたが、「のどが渇いたからお茶飲みたい」など、夏の経験を通し、自分の体調に関する要求を保育者に伝えられる子が増えた。
- 運動会では、友達と一緒に取り組む楽しさが分かり、期待をもって登園する姿が見られた。努力した姿を、保育者や保護者にほめてもらい、認めてもらうことで自信につながった。

自然:自然との関わり・生命尊重　数・字:数量や図形、標識や文字などへの関心・感覚　言葉:言葉による伝え合い　表現:豊かな感性と表現　を表しています。

10月月案 保育園

keikaku → P212-213

ごっこ遊びの充実を

子どもは何かになったつもりで遊ぶのが大好き。お店屋さんになって、「いらっしゃいませ」「何がほしいですか?」「ありがとうございました」と言いながら、お客さんと関わるのが楽しいのです。

ごっこ遊びの充実には、グッズの工夫が欠かせません。品物をそれらしくつくると、見ているだけでも楽しい気分に。グッズは保育者が準備するのではなく、自分たちでつくれるようにしたいものです。

★内容	環境構成
養護（生命の保持・情緒の安定） ●気温の変化に応じて衣服を調節し、気持ちよく生活する。 ●健康に留意し、風邪予防の手洗い、うがいの習慣を身に付ける。	●気温に合わせて自分で衣服の調節ができるよう、取り出しやすいところに衣服を準備する。 ●保育者もうがいをしたり、指の間まで丁寧に手洗いをしたりする姿を示す。 ●せっけんの補充を確認する。 ●自分で意識して手洗い、うがいができた子どもの姿を認めて、他児のやろうという意識につなげる。
教育（健康・人間関係・環境・言葉・表現） ●手洗い、うがいの大切さを知り、進んでしようとする。 ●友達と一緒に、身近な大人の行動や自分が体験したことを取り入れて、ごっこ遊びを楽しむ。 ●自然の変化に気付いたり、秋の自然に親しんで心を動かす。 ●絵本や紙芝居をみんなで楽しみ、友達とイメージを共有して遊ぶ。	●手洗い、うがいの手順ややり方を写真や図で示し、子どもの目の高さにはる。 ●子どものイメージが広がるような道具を準備し、ままごとコーナーの環境を整える（レストランのメニュー、エプロン、お医者さんセットなど）。 ●秋の自然を感じられるような散歩コースを下見する。 ●秋の自然物がのっている図鑑や絵本を準備する。 ●子どもが楽しむ様子を見守る保育者の姿を示し、子どもがイメージを表現しやすい雰囲気をつくる。

食育
〈ねらい〉イモ掘りを楽しむ。
〈環境構成〉スコップ、軍手などを人数分用意する。
〈予想される子どもの姿〉つるを引いて出てきたイモを見て、歓声をあげる。
〈保育者の援助〉イモが掘れた喜びに共感した後、イモのつるや葉にも気付けるようにする。

職員との連携
●子ども同士の関わり方や人間関係の変化など、新たに発見したことや成長が見られた際には、そのつど報告し合い、把握する。
●活動が早く終わる子、時間がかかる子、興味がない子など、すべての子に十分に目を向けることができるよう、活動ごとに個々の特徴や予想される姿を話し合う。

「幼児期の終わりまでに育ってほしい姿」の　健康：健康な心と体　自立：自立心　協同：協同性　規範：道徳性・規範意識の芽生え　社会：社会生活との関わり　思考：思考力の芽生え

前月末の子どもの姿

- 運動会を通して、ケンケンパができるようになり、全身のバランスを取る能力など、運動機能が伸びてきている。
- 身近な大人の行動や、日常生活で経験したことをごっこ遊びに取り入れるなど、観察力が発揮されている。

◆ねらい

- 季節の変化に応じて衣服を調節し、快適に過ごす。 健康
- 様々なイメージを、体や言葉で表現する楽しさを味わう。 言葉 表現
- 散歩に出かけて秋の自然を感じ、興味や関心を広げて遊びに取り入れることを楽しむ。 自然

月間予定

- 交通安全指導
- イモ掘り遠足
- 人形劇鑑賞会
- 避難訓練
- 誕生会
- 保育参観

予想される子どもの姿	保育者の援助
●保育者に着脱を促されるが嫌がる（「寒い」と言って脱ぎたがらない、「暑い」と言って気温に合わない格好をする）。 ●水洗いだけで、手洗いを終える。 ●ハンカチで手をふかず、濡れたままで消毒をする。 ●自分から進んで、うがいをする。	●天候に合わせてどのように衣服の調節をしたらよいのか、紙芝居や絵本などを使って伝える。薄着で過ごすことの大切さ、気温に合わない格好は風邪につながることも伝え、衣服の調節をする習慣が身に付くようにする。 ●水洗いだけでは、ばい菌をやっつけられないことが視覚的に分かるような紙芝居を準備し、「ばい菌さん、いなくなったね」と、清潔にすることの心地よさが分かるように言葉をかける。
●手順表を見て、手を洗う。 ●自分が意識して行っていることを「見て」と保育者に伝える。 ●子ども同士で役割を決め、役になりきって遊ぶ。 ●「いらっしゃいませ」と、見たことのある人物のものまねをしたり、動作で役になりきったりする。 ●クリ、落ち葉、ドングリ、マツボックリなどの自然物を見付けて集める。 ●興味をもって図鑑に目を向け、見付けた自然物と比べる。 ●絵本の中のせりふをまねて言う。	●指の間、手の甲などもきちんと洗えている子には、「指の間まで気を付けてできたね」と具体的に認める。 ●「○ちゃん、○○屋さんみたい！」となりきる姿をかわいいなという視線で見つめ、満足感が得られるようにし、そのイメージが更に広がるような言葉をかけ、ごっこ遊びの楽しさを十分に味わえるようにする。 ●「触るとどんな感じがした？」「どんなにおいがした？」と、子どもの発見や気付きを引き出すような言葉をかける。

家庭との連携

- 季節の変化に伴い、調節しやすい衣服の準備をお願いする。
- 保育参観で伝えたいこと、見てもらいたいところなど、事前に保護者用の日案を配布し、視点を絞って子どもの成長を感じてもらえるようにする。
- 気温に応じて、午睡用の布団やパジャマの調節をお願いする。

評価・反省

- 朝と夕の気温差があった。気温の変化を感じて言葉で表す子もいるが、気温に合わせた衣服の調節をするのは難しかった。くり返し伝えていこうと思う。
- イモ掘りや散歩を通して、秋の自然に触れた。食べたり遊んだりしながら秋の自然への関心が高まった。
- 子どもたちのごっこ遊びが広がるような材料や道具をそろえ、保育者も一緒に楽しみ、遊びが広がるよう促した。

自然：自然との関わり・生命尊重　数字：数量や図形、標識や文字などへの関心・感覚　言葉：言葉による伝え合い　表現：豊かな感性と表現　を表しています。

11月 月案 保育園

劇遊びで、自分たちの表現を楽しもう

ごっこ遊びでいろいろな役割を楽しんだら、次は好きなお話の役になって演じるおもしろさを、劇遊びで満喫できるようにします。お面を付けて子ブタなどになったつもりで自由にしゃべり、保育者も役になった存在として話しかけましょう。

毎日の劇遊びで、おもしろかった部分をつなぎ、子どもたちとやりたいことを相談しながら、発表会での表現を形づくっていけるとよいでしょう。

CD ROM　keikaku → P214-215

	★ 内容	環境構成
養護 生命の保持・情緒の安定	●優しく受容され、自信をもって楽しく遊ぶ。 ●気温の変化に留意し、快適に過ごす。	●子ども同士の関わりを温かい眼差しで見つめ、目線を合わせて子どもが安心して話しかけられるような雰囲気をつくる。 ●気温や湿度に気を配り、快適な室温にする。
教育 健康・人間関係・環境・言葉・表現	●室内外、体調、活動に合わせて衣服を調節し、正しい着方で着る。 ●落ち葉や木の実を集めて、いろいろな物をつくったり、ごっこ遊びに取り入れたりして遊ぶ。 ●生活や遊びの中で、物の数や、量、形に興味をもつ。 ●絵本を見たり、話を聞いたりしてイメージを膨らませ、言葉や体でのびのびと表現して楽しむ。 ●音の鳴る楽器に触れ、簡単なリズムに合わせて音を鳴らす。	●自分で衣服を取り出しやすいように、引き出しの中を整理する。 ●種類ごとに木の実を入れる容器を準備する。また、どれくらい集まったのかが見えるように、透明な容器を準備する。 ●子どもの興味や関心に応じた紙芝居や絵本を準備する。 ●3拍子でリズム打ちをする保育者の姿を示す。 ●カスタネット、タンバリン、鈴などを人数分準備する。

食育

〈ねらい〉クッキングで食材の特性を知る。
〈環境構成〉子ども用の包丁を用意し、机の高さを確認する。
〈予想される子どもの姿〉包丁を持ちたがる子どもがいる。
〈保育者の援助〉野菜を切るコーナーには保育者が付き、順番に切れるよう安全に配慮する。

職員との連携

●楽器の使い方や衣服の調節の度合いなど、保育者間で細かく確認し、一貫した対応を取る。
●全体を進める保育者と、じっとしていられない子、やりたい気持ちがふざけになってしまうなど配慮が必要な子どもに付く保育者に分かれる。その際、保育者はさり気なく付き、楽しい気持ちを大切にして正しい態度を伝える。

「幼児期の終わりまでに育ってほしい姿」の　健康：健康な心と体　自立：自立心　協同：協同性　規範：道徳性・規範意識の芽生え　社会：社会生活との関わり　思考：思考力の芽生え

前月末の子どもの姿

- 身近な環境に興味をもち、戸外遊びでは落ち葉、ドングリ拾いを楽しみ、自然物に積極的に関わる姿が見られる。
- 想像力が豊かになり、目的をもってつくったりかいたり、自分のイメージを劇遊びで表現したりする。

◆ねらい

- 保育者との信頼関係のもと、自分の気持ちを安心して表現する。 言葉 表現
- 友達と一緒に一つの遊びをする楽しさや、やり遂げる満足感を味わう。 協同 自立
- 生活に見通しをもち、身の回りのことをその意味を理解して自ら行う。 健康 自立

月間予定

- 身体測定
- おにぎり遠足
- 生活発表会
- 誕生会
- 避難訓練

予想される子どもの姿	保育者の援助
●保育者の耳に口もとを当て、小さな声で自分の気持ちを伝えようとする。 ●自分の思いを伝えられず、視線やしぐさで訴える。 ●保育者を呼ぶが、保育者が来ると言葉に詰まる。 ●「寒い」「暖かい」など、気温を感じて言葉で伝える。	●余裕をもって「なあに？」と耳を傾け、自発的に保育者に思いを伝えようとする姿を受け止める。言葉で言えない場合は、その子の前後の行動の様子や状態、表情から何を伝えたいのかを予測し、気持ちに寄り添うように言葉をかけ、言葉を引き出すようにする。 ●自信をもって物事を行えるように働きかけ、その中でよいこと、悪いことを考えられるように伝える。 ●寒い、暖かい、涼しいなど肌で感じた感覚を言葉で伝えることができるように知らせる。
●少しの汚れだが、着替える。 ●室内でも、厚手の衣服を着たがる。 ●落ち葉のにおいをかぎ、自分の感じたにおいを言葉で伝える。 ●絵本の言葉をまねして、一緒に言う。 ●友達と手をつなぎ、関わりがあることで踊ることができる。 ●保育者のリズムに合わせて、3拍子をたたく。 ●リズムに合わせてたたけないため、みんなの前ですることを嫌がる。 ●カスタネットで物をはさんだり、乱暴な使い方をしたりする。	●どんなに小さな汚れでも、自分で判断して着替えることができた姿を成長として見守る。 ●製作に使う物は一緒に準備し、落ち葉や木の実に触れたり拾ったりしながら、においや色、形の気付きに共感し、秋の自然に関心がもてるようにする。 ●絵本を読むときは、子どもたちに目を向けながら、間をおいたり声のトーン、読むテンポを変えたりして読む。 ●手をたたき、3拍子のリズムを伝える。3文字の言葉や名前を使い、一人ずつリズム打ちをする機会を設ける。

家庭との連携

- 季節の変わり目で体調を崩しやすいので、家庭でも手洗いとうがいの大切さを伝え、習慣づけてもらう。
- 発表会を迎えるまでの取り組みをクラスだよりで伝え、成長を喜び合う。その話題を家庭でも取り上げ、子どもの自信となるようにお願いする。

評価・反省

- 薄着になることで、体調を崩す子も少なく健康に過ごすことができた。
- 発表会に向け、子どもたちの意見を取り入れ劇遊びを楽しんだ。友達と一緒に表現することが楽しく感じられるようになり、みんなでステージに立てたことで、仲間意識や達成感を得ていた。その自信が身の回りのことを自分でしようとする姿につながるように働きかけたい。

自然 :自然との関わり・生命尊重　数字 :数量や図形、標識や文字などへの関心・感覚　言葉 :言葉による伝え合い　表現 :豊かな感性と表現　を表しています。

12月月案

保育園

CD ROM keikaku → P216-217

年末の雰囲気を楽しんで

　寒くなり、コートが欠かせない季節です。コートの着脱や始末も自分でできるように見守りましょう。また、風邪も流行し始めます。咳をする際のエチケットや鼻のかみ方も、丁寧に知らせましょう。
　更に、年の瀬の雰囲気になり、園でも、もちつきなどの行事があることでしょう。事前の活動も含めて行事を楽しみながら、新しい年を迎える準備を知り、世界を広げていけるようにしたいものです。

✱ 内容	環境構成
養護　生命の保持・情緒の安定 ●冬期に応じた生活を、健康で安全、快適に過ごす。 ●体の異常に気付き、自ら訴えることができる。 	●外気温との差に気を付け、暖房する。適度に換気を行い、乾燥を防ぐため、濡れたタオルを室内にかける。 ●取り出しやすい場所に体温計を置く。
教育　健康・人間関係・環境・言葉・表現 ●冬の生活の仕方を知り、鼻かみ、うがい、手洗い、衣服の調節など、健康を意識して生活する。 ●寒い中でも、戸外に出たり様々な用具を使ったりして、健康的に体を動かして遊ぶ。 ●異年齢児と関わり、思いやりの気持ちや、あこがれの気持ちをもつ。 ●季節の行事に興味をもち、期待感をもって楽しんで参加する。 ●人の言葉や話をよく聞き、自分の経験したことや考えたことを聞いてもらうのを喜ぶ。	●風邪やインフルエンザの状況を把握し、感染を予防する環境をつくる。 ●全身を使って遊べるよう、平均台や巧技台、マットを用意する。 ●0、1、2歳児に優しく接する友達の姿を示したり、4、5歳児に優しく接してもらったりしたことに喜びの気持ちを感じられるような雰囲気をつくる。 ●クリスマスツリーを飾ったり、壁面を子どもと一緒につくったりし、楽しい雰囲気をつくる。 ●子どもの話に優しく耳を傾け、話したくなるような雰囲気をつくる。
食育 〈ねらい〉箸を正しく使う。 〈環境構成〉持ちやすい長さの箸をそろえる。 〈予想される子どもの姿〉箸がうまく使えないとイライラする子どもがいる。 〈保育者の援助〉正しい箸の持ち方を教えるとともに、無理強いしないようにする。食べる意欲がなくならないように気を付ける。	**職員との連携** ●平均台やマットなど、個々の苦手な運動遊びを把握し、その子が挑戦する際は、他児にせかされたり、危険な動作になったりしないように必ず保育者が付く。 ●体調不良により戸外に出られない子がいた場合、保育者が一人は保育室に残る。 ●行事では、全体の子どもを見る保育者と、集団に入るのが苦手な子どもに付く保育者に分かれることを話し合う。

「幼児期の終わりまでに育ってほしい姿」の　健康：健康な心と体　自立：自立心　協同：協同性　規範：道徳性・規範意識の芽生え　社会：社会生活との関わり　思考：思考力の芽生え

前月末の子どもの姿

- トラブルも増えるが、自分の気持ちを抑えたり、我慢したりできるようになった子もいる。
- 生活発表会までの過程の中で、体で表現する楽しさ、人に見てもらう喜びを感じ、仲間意識が見られる。

◆ねらい

- 冬期の健康や安全に気を付け、快適に生活する。 健康
- 自分の気持ちや考えを安心して表す。 言葉 表現
- 行事に参加する中で、様々な人や異年齢児との触れ合いを楽しむ。 協同 社会

月間予定

- 身体測定
- 誕生会
- クリスマス会
- 避難訓練
- もちつき会

予想される子どもの姿	保育者の援助
● 元気がなく、ぐったりしている。 ● 機嫌が悪く、ささいなことで泣いたり怒ったりする。 ● 室内でも厚手のコートを着たがる。 ● 換気の際に「寒い」と言う。 ●「頭痛い」「おなか痛い」など不快な状態を言葉で伝える。 ● ささいなことですねて、頭を伏せて眠りだす。 ●「お熱、測って」と言う。 ● 涙目になったり、保育者の顔をじっと見つめたりする。	● 一人一人のふだんの様子をよく観察し、体の異常による機嫌の悪さ、情緒の不安定に対応する。 ●「かわいいコート、嬉しいね。でも、部屋で着ると暑くて汗をかくよ。外に行くときに着ようね」とコートは外で着る衣服だということを伝える。 ● なぜ窓を開けて空気の入れかえをするのか、分かりやすく伝える。 ●「どんなふうに頭が痛い?」など具体的に言えるように優しく問いかける。 ● 熱がないと分かっていても子どもの要求に優しくこたえ、情緒の安定を図る。
● 鼻水が出ていることを友達に指摘され、怒る。 ● 早くやりたい気持ちから、押したり、順番を抜かしたりする。 ● 他児の姿をよく見ている。 ● ゆっくりと慎重に平均台を渡る。 ● 1、2歳児の手をつなぎ、一緒に遊ぼうとする。 ● 行事を楽しみに登園する。 ● 感じたこと、発見したこと、楽しい気持ちを友達と共有する。 ● 自分の経験したことを、保育者だけでなく友達にも話す。	● 片方の鼻を押さえながら鼻水を出すという、鼻の正しいかみ方を伝える。 ● 感染症に関連づけて手洗い、うがいの大切さを再度、伝える。 ● 戸外遊びや遊戯室でのサーキット遊びなど、思いきり全身を使って遊ぶ時間を設ける。 ● 1、2歳児とも触れ合う機会をもち、お兄さん、お姉さんの意識で優しく接することができるようにする。 ● クリスマスやお正月などの飾り付けを一緒に行い、子どもたちと楽しみに待つ。

家庭との連携

- 防寒具の着脱において、家庭でも着方を知らせてもらい、自分でしようとする意識をもてるように働きかけてもらう。また、自分で着脱しやすい防寒具やコートを準備してもらう。
- 様々な活動、異年齢児との活動を通しての姿を伝え、成長を喜び合う。

評価・反省

- 気温に応じた環境を設定し、子どもたちの体調管理に気を配った。この時期ならではの行事を楽しみに登園する子もおり、その期待感に結び付けて、健康で過ごすことの嬉しさや大切さを伝えた。
- 以前は異年齢児との活動に緊張する子どももいたが、朝の体操や日ごろの遊びの中で積極的に関わる機会を設けたことで、様々な人との関わりを楽しめるようになった。

自然 :自然との関わり・生命尊重　数・量 :数量や図形、標識や文字などへの関心・感覚　言葉 :言葉による伝え合い　表現 :豊かな感性と表現　を表しています。

1月 月案 保育園

keikaku → P218-219

友達とつながる嬉しさを

気の合う友達と一緒に遊ぶ姿も、見られるようになります。会話も増えてきたことでしょう。かるたやこま回しでも、「○○ちゃんと△△ちゃんは2枚ずつ取ったね」「○○くんは回すのが上手だから、教えてもらうといいよ」と、友達とつながれるような援助を心がけましょう。顔を見てニコッとほほえみ合えたら、心がつながったしるし。会話がつながるような橋渡しもできるとよいでしょう。

	★ 内 容	環境構成
養護 生命の保持・情緒の安定	●冬の健康的な生活を進んで行う。 ●安心できる環境で、友達と一緒に遊ぶ。	●温度計は、子どもから常に見える場所に設置する。 ●室温に応じた衣服で快適に過ごすことができるように、衣服の準備をする。 ●子どもの気持ちを優しい眼差しで受け止める保育者の姿を示し、自分の気持ちを安心して伝えられるような雰囲気をつくる。
教育 健康・人間関係・環境・言葉・表現	●防寒具などの着脱の仕方が分かり、自分で着ようとする。 ●寒さに負けず、戸外で元気に遊ぶ。 ●トラブルを通して相手の気持ちに気付き、自分の思いや要求を主張しながらも、我慢する大切さを知る。 ●文字や数字に興味をもち、友達や保育者と伝統的な正月遊びをする。 ●保育者や友達の姿に目を向け、手伝うことで、親切にすること、されることの喜びを知る。	●自分でハンガーに衣服をかけられるよう、ロッカーの整理整頓をする。 ●スコップやバケツなどを準備する。 ●子どもたちに背を向けない位置に立ち、一緒に雪の中を走ったり寝転んだりして楽しい雰囲気をつくる。 ●相手の気持ちを考えて行動した姿をみんなに伝え、優しい気持ちが広がるよう、つなげていく。 ●かるた、こま、羽根つきなど様々な正月遊びを用意する。 ●保育者間でも手伝いを頼み、笑顔で感謝の気持ちを表す姿を示す。

食育
〈ねらい〉手洗い、うがいの大切さを知る。
〈環境構成〉手洗い場やコップが清潔になっているかを確認する。
〈予想される子どもの姿〉手洗いをしない子、うがいがうまくできない子がいる。
〈保育者の援助〉手洗い、うがいが風邪予防になることを話す。

職員との連携
●戸外に出る際は、全体を見る保育者、戸外が苦手な子に付く保育者に分かれ、安全に戸外遊びを楽しめるように配慮する。
●個々の子どもの文字の理解力や、正月遊びの経験などを伝え合い、苦手とする子、いつも負けて悔しい思いをする子なども楽しく遊べるように、個々に応じた援助を話し合う。

「幼児期の終わりまでに育ってほしい姿」の 健:健康な心と体 自:自立心 協:協同性 規:道徳性・規範意識の芽生え 社:社会生活との関わり 思:思考力の芽生え

前月末の子どもの姿

- ブロックで遊ぶ際、友達と共通のイメージをもち、目的をもってつくる。平行遊びから集団遊びになり、友達と一緒につくることが楽しいようだ。一方、相手の思いを受け止められず、トラブルも増える。

◆ねらい

- 冬の健康管理に留意し、快適に過ごす。 健康
- 自分から身の回りのことや保育者の手伝いをしようとする。 健康 規範
- 冬の自然に親しみ、元気に体を動かして遊ぶ。 自然
- 正月遊びや伝承遊びを楽しみ、文字や数字への関心を深める。 社会 数・字

月間予定

- 新年お楽しみ会
- 交通安全指導
- 誕生会
- 避難訓練

予想される子どもの姿	保育者の援助
●換気の際、窓を開けると「寒いから閉めて」と言う。 ●「どうして窓を開けるの?」と不思議がる。 ●保育者を呼び、保育者の耳もとで小さな声で要求を伝える。 ●目線やしぐさで、保育者にアピールして気付いてもらおうとする。 ●友達の体調の変化に気付き、保育者に伝える。 ●製作時に色や柄など自分の好きな用紙を選ぶ際、友達の用紙までも決めようとする。	●外気との気温差に気を配り、エアコンで暖房する。「部屋の中にいるばい菌が、外に逃げていくように、窓を開けて空気の入れかえをするのよ」と、健康で過ごすための習慣を分かりやすく伝える。 ●子どもの目線に合わせて、子どもの言葉に優しく耳を傾ける。 ●友達の様子に気付けるようになった姿を成長と受け止めるとともに、その内容を今度はその子が自分で伝えられるように待ち、自己表現の大切さを伝える。
●自分で着替えられず、友達の姿を見たり、保育者の援助を待ったりする。 ●ハンガーに衣服をかけようとする。 ●雪の中を歩くことができず、立ち止まったり保育者を呼んだりする。 ●雪を食べてみようとする。 ●玩具の取り合いになり、口げんかやたたき合いになる。 ●「○ちゃんが〜すればいいんじゃない?」と解決策を考える。 ●かるたが取れなかったり、友達に負けたりすると泣く。 ●保育者の手伝いをしたがる。	●「上着を着て雪遊びしよう」など、自分で着られるように援助する。 ●楽しく安心して雪遊びができるような援助を心がけ、不安な子には保育者が手をつないだり、そばに付いたりして、工夫する。 ●その瞬間の様子だけではなく、前後のやり取りにも目を向け、泣いている泣いていないに関係なく、冷静な立場で仲介をする。 ●保育者と同じことをしてみたいという子どもの気持ちを受け止め、子どもにできる手伝いを頼む。

家庭との連携

- 冬に流行しやすい感染症の予防のために手洗い、うがいをし、生活のリズムを整える大切さを伝える。
- 雪遊びが楽しめるよう、自分で着脱しやすい防寒具を用意してもらう。
- 正月遊びや伝承遊びを家庭でも楽しんでもらい、園と家庭で共通の経験ができるようにする。

評価・反省

- 寒さから、手洗い、うがいをしない姿が見られた。紙芝居や絵本などを使って、手洗い、うがいの大切さを伝えた。
- 雪遊びの着脱の際、自分で着られるようにと急ぐ保育者の思いから、子どもたちの「自分でしよう」という気持ちを損なわせてしまった。保育者がゆとりをもって援助をしていくべきだった。また、かるたやすごろくで友達との遊びを楽しんだ。

自然 :自然との関わり・生命尊重　数・字 :数量や図形、標識や文字などへの関心・感覚　言葉 :言葉による伝え合い　表現 :豊かな感性と表現　を表しています。

2月 月案 保育園

CD-ROM keikaku → P220-221

みんなで協力する楽しさを

　一人ではできないことも、みんなで力を合わせるとできる、ということを感じ取ってほしいものです。節分の鬼も、みんなの力で退散させられたはず。絵や立体作品も、みんなで力を合わせると、すてきな芸術作品になったはずです。「○○ちゃんと△△ちゃんが力を合わせたんだね」「○○組さんが力を合わせたら、こんなにすばらしい作品ができて嬉しいね」と、言葉に出して知らせていきましょう。

★内容	🪑環境構成
養護（生命の保持・情緒の安定） ●感染症の予防に努める。 ●様々な欲求を受け止めてもらうことで、自信をもって自分の気持ちを伝え、安心して過ごす。	●感染症予防のために、大切なことやインフルエンザにかかるとどのような症状になるのかを分かりやすく図示し、自分で健康を意識できるような雰囲気をつくる。 ●子どもたちの言葉に笑顔で返答し、言葉に詰まったときは背中をさするなど、安心して自分の気持ちを伝えられるような雰囲気をつくる。
教育（健康・人間関係・環境・言葉・表現） ●つらら、雪、氷など、冬の自然を見たり触れたりして、驚きや関心をもって遊ぶ。 ●危険な行動が分かり、安全に遊ぼうとする。 ●共用の物を友達と一緒に使ったり、少しずつ譲り合ったりして使おうとする。 ●身近な素材を使って、切ったりはったりしてつくり、それを使って飾ったり遊んだりすることを喜ぶ。 ●友達と一緒に季節の歌を歌ったり、リズムに合わせて簡単な楽器を鳴らしたりして遊ぶ。	●寒い日には、前もって様々な容器に色水を入れたり花びらや毛糸などを入れて水を張ったりし、戸外に置いておく。 ●人数分の玩具がないことを、子どもの前で並べたり数えたりして見せる。 ●はさみを使う際は、子どもに背を向けず、安全を確認できる位置に立つ。 ●子どもに親しみのある冬の歌を用意する（おにのパンツ、豆まき、ゆきのぺんきやさんなど）。 ●保育者も楽しそうに歌う姿を示し、歌いたくなるような雰囲気をつくる。

食育
〈ねらい〉節分に関心をもつ。
〈環境構成〉節分に関する絵本を読む。
〈予想される子どもの姿〉鬼に豆をぶつけることを楽しむ。
〈保育者の援助〉豆が大豆であることや、年の数だけ食べることを伝える。

職員との連携
●製作を行う際は、配慮が必要な子をどの保育者が援助するかを話し合っておく。
●個別懇談会の前に、個々の成長や課題などを職員間で話し合い、共通理解を図る。
●保育者同士が物の貸し借りをする際は「貸してください」「ありがとう」などを笑顔で言い合い、モデルとなるようにする。

「幼児期の終わりまでに育ってほしい姿」の　健康：健康な心と体　自立：自立心　協同：協同性　規範：道徳性・規範意識の芽生え　社会：社会生活との関わり　思考：思考力の芽生え

前月末の子どもの姿

- 手洗い、うがい、排泄など基本的な生活習慣が身に付きつつあるが、まだ促しが必要である。正月遊びを通して、文字への関心を深め、友達と関わって遊ぶ楽しさを感じている。

◆ねらい

- 様々な欲求を丁寧に受け止められ、安心して生活する。[健康]
- 友達と関わり、一緒に遊ぶことを楽しむ。[協同]
- 雪や氷などに興味をもち、冬ならではの遊びを楽しみながら冷たさや溶けることについて考える。[自然][思考]
- 自分のイメージを、言葉、行動、造形遊びなどで自由に表現する。[言葉][表現]

月間予定

- 交通安全指導
- 豆まき
- 英語教室
- 避難訓練
- 誕生会
- 作品展
- 個別懇談会

予想される子どもの姿	保育者の援助
●熱を測ると、38度以上の高熱が出ている。 ●「頭が痛い」「おなかが痛い」と体調の不良を訴える。 ●戸外から戻った後、手洗い、うがいをする。 ●保育者の質問に対して自分の考えを答えるが、他児に否定されて涙ぐむ。 ●保育者にほめられ、自信をもつ。	●子どものふだんの様子を把握し、すぐに異変に気付けるようにする。また、38度以上の熱があるような場合は病後児室へ移動し、他児への感染を防ぐ。 ●勇気を出して考えたことを発表した姿を認め、「○ちゃん、よく考えたね!」「先生も思いつかなかったよ!」と、伝えてよかったと思えるように、個々に認める言葉をかける。
●氷づくり用の容器の中に、様々な物を入れたがる。 ●氷ができ上がっていることを楽しみに登園する。 ●水たまりが凍っていたり、つららがあったりしたことを知らせる。 ●保育室内を走らないこと、安全なはさみの使い方など、ルールを守って行動する。 ●物の取り合いをする。 ●はさみの連続切りができず、1回で紙を切る。 ●体を揺らし、リズムに合わせて楽しく歌う。 ●リズムに関係なく、楽器をたたく。	●氷ができている、できていないを目にすることで、「今朝はとても寒かったからだね」などと言葉をかけ、冬の自然事象や気温に興味がもてるようにする。 ●危険かどうか判断できない子には、なぜその行動が危険なのかを分かりやすく伝える。危ない行動は注意し、けがをして痛い思いをさせたくないという、保育者の思いを伝える。 ●歌詞を実際の情景や様子と照らし合わせながら伝え、イメージして歌うことを楽しめるようにする。

家庭との連携

- 感染症を予防するために、家庭でも手洗い、うがいを徹底してもらう。
- 作品展に向けて製作を楽しむ中で、子どもたちが努力したところや工夫したところなど、保護者が作品を見るときに成長を感じてもらえるよう、連絡帳や口頭で子どもたちの様子を伝える。

評価・反省

- 作品展では、一人一人の子どもらしさを表現し、個性を発揮することができるよう働きかけた。製作する中で、認めたり工夫していることを具体的に言葉で伝えたりすることが、意欲を更に高めて次につながることを実感した。
- 個別懇談会を通して、ふだんはあまり話ができない保護者と共に成長を喜び合い、今後の課題を話すことができた。

[自然]:自然との関わり・生命尊重　[数・字]:数量や図形、標識や文字などへの関心・感覚　[言葉]:言葉による伝え合い　[表現]:豊かな感性と表現　を表しています。

3月 月案 保育園

keikaku → P222-223

一年の成長に気付けるように

日に日に寒さがゆるみ、春の訪れを感じるころです。散歩の際に、木の芽が膨らんでいたり、モモやウメが咲いたりしていたら、観察してみましょう。
　ひな祭りも春の祭りです。4月からいろいろな経験をしながら、たくましく成長してきた子どもたちの姿を語り、自分の成長に気付けるようにしましょう。そして、更にこれからの健やかな成長を祈って、ひな人形をつくったり飾ったりしたいものです。

	★内容	環境構成
養護 生命の保持・情緒の安定	●衣服の調節に留意しながら、健康に生活する。 ●満足感や達成感を味わいながら、自信をもって楽しく生活する。	●着脱しやすい衣服を用意してもらい、子どもが自分で取り出しやすいようにする。 ●コートかけは、廊下に置いておく。 ●子どもの成長や努力をクラス全体の前で伝え、満足感や達成感を味わえるような雰囲気をつくる。 ●修了証を、一人分ずつ準備する。
教育 健康・人間関係・環境・言葉・表現	●生活の見通しをもち、生活に必要な習慣を身に付け、自分で行動する。 ●ルールのある遊びをする中で、約束を守りながら、友達を意識して遊ぶ。 ●友達と一緒に遊びの場をつくったり探したりし、それぞれのイメージを出し合って遊ぶ。 ●戸外に出かけ、様々な春の動植物に親しみ、発見を友達に伝える。 ●5歳児を送る意味が分かり、プレゼントをつくったり歌を歌ったりして卒園を祝い、進級に期待をもつ。	●身の回りのことがしやすいように整理かごや用具を設置し、汚れ物入れ袋などを補充し、子どもが自分でできるような環境をつくる。 ●遊びのルールを図示し、並ぶ線をテープではっておく。 ●子どものイメージが膨らむような玩具やコーナーを準備する。 ●遊びの場を設定できるように、ござや、ついたてを準備しておく。 ●春の自然物が見られる散歩コースを下見する。

食育
〈ねらい〉完食できた喜びを味わう。
〈環境構成〉器の大きさが適切かどうか確認する。
〈予想される子どもの姿〉「○○が苦手だから」などと保育者に言いにくい。
〈保育者の援助〉苦手な物は少なく盛るなどして、完食できた経験をつくるようにする。

職員との連携
●集団行動では、遅れがちな子を把握し、個別に次の行動をくり返し伝えて、援助しながら集団で行動できるようにする。
●クラス活動や遊びでは、全体を見る保育者、配慮が必要な子を見る保育者に分かれ、子どもたちが満足して活動できるようにする。

「幼児期の終わりまでに育ってほしい姿」の　健康：健康な心と体　自立：自立心　協同：協同性　規範：道徳性・規範意識の芽生え　社会：社会生活との関わり　思考：思考力の芽生え

前月末の子どもの姿

- 保育者に共感してもらったり励ましてもらった経験により、子ども同士で問題を解決しようとする姿が見られる。
- 注意力や観察力が身に付き、身の回りの人の行動を遊びの中に取り入れ、想像力を発揮しながらごっこ遊びを楽しむ。

◆ねらい

- 成長を認められ、満足感や達成感を得ながら生活する。 自立
- 基本的な生活習慣や健康、安全に必要な習慣の自立に向けて行動し、進級に対する期待をもって生活する。 健康 自立
- 戸外遊びや散歩を通して自然に親しみ、植物などの変化や春の訪れを感じる。 自然

月間予定

- ひな祭り会
- 誕生会
- 避難訓練
- 保育参観
- お別れ会
- 卒園式

予想される子どもの姿

- 「今日は晴れだから暖かいね」と、天気に応じた気温を感じている。
- 戸外に出て、体を動かして遊ぶ。
- 微熱で登園し、食欲や元気がない。
- 友達の前で返事ができなかった子が、大きな声で返事をする。
- 友達同士で認め合ったり、ほめ合ったりする。
- 「次は何をすればいいの?」と保育者に問う。

- 「自分でするから見ててね」と、保育者に見てもらうことで安心して身の回りのことをする。
- 鬼にタッチされると泣いて、鬼になることを嫌がる。
- 「やりたくない」と言い、ゲームに参加しない。
- 戸外へ出ると「暖かいね」と、冬との気温の違いを感じて言う。
- 「お花咲いてた!」と、友達や保育者に嬉しそうに知らせる。
- 5歳児にプレゼントを渡す際に、黙って手渡す。

保育者の援助

- 「本当だね、おひさまが出ているもんね」と子どもの気付きに共感し、季節の移り変わりを感じることができるようにする。
- 体調が悪いまま登園する子には、水分を多めにとったり、戸外遊びを控えたりするなどの対応を取る。
- できるようになった姿を認めつつ、そこに注目されることで恥ずかしくならないように注意して言葉をかける。

- 進級に期待をもちながらも不安もあることを理解し、時には、できるけどやってもらいたい、という甘えを受け入れ、子どもが愛されていると感じられるような態度で接する。
- やりたくない子の表情やしぐさに変化が見られたら「一緒にしてみる?」と、楽しさが感じられるようにする。
- 風の暖かさや、草木の芽生えなど、子どもと気付きや発見を共有する。
- お別れ会や卒園式では、卒園児に対して「ありがとう」という気持ちをもてるようにする。

家庭との連携

- 保育参観の全体懇談会では、保護者同士が話をできるような時間を設けて、一年の成長を伝え、保護者同士や保育者と成長を喜び合う。
- 進級に対して不安な気持ちがある子もいるので、自信をもたせながら内面に寄り添うことを大切にしてもらう。

評価・反省

- 異年齢児と関わる中で進級への期待が出てきている。また2歳児クラスとの交流では、優しく手を引いたり、教えてあげたりする姿に、日ごろ年上の子どもたちから優しく接してもらっていることを感じた。
- お別れ会では、4歳児クラスの手伝いをするような形で、子どもたちが主体となって、プレゼントづくり、飾り付けの活動を行うことができた。

自然:自然との関わり・生命尊重　数字:数量や図形、標識や文字などへの関心・感覚　言葉:言葉による伝え合い　表現:豊かな感性と表現　を表しています。

年間指導計画

幼稚園 認定こども園

keikaku P224-225

♣ 年間目標
- 明るくのびのびと園生活を過ごし、友達と一緒に遊んだり活動したりすることを喜ぶ。

	1期（4〜6月）	2期（7〜9月）
子どもの姿	●新しい環境に戸惑い、泣いたり保護者から離れるのを嫌がったりする子がいる。 ●自分で好きな遊びを見付けて、保育者と遊ぶ。	●園生活の仕方が分かり、自分でしようとする。 ●使いたいものをめぐり、友達とけんかになることがある。 ●保育者との信頼関係ができ、安心して園生活を送る。
◆ねらい	●保育者との関わりや遊びを通して、園生活の過ごし方を知る。 健康 ●遊具や道具に興味をもち、自分から遊ぼうとする。 健康 ●してほしいことや困ったことを表情やしぐさで表現する。 表現	●保育者や友達との触れ合い遊びを喜び、同じ場所で遊んだり同じように動いたりすることを楽しむ。 協同 ●遊びや活動を楽しむ中で、友達との関わり方を知る。 規範 ●絵本を読んでもらうことを喜ぶ。 言葉
★内容	●保育者と触れ合いながら、安心感を抱く。 ●気に入った場所や好きな遊びを見付けて遊ぶ。 ●保育者や5歳児の力を借りながら、基本的な生活習慣を身に付ける。	●好きな遊びを見付け、没頭して遊ぶ。 ●水の感触を楽しみ、水遊びに親しむ。 ●身近な素材に触れ、つくったりかいたりすることを楽しむ。 ●梅雨や夏の自然に興味をもって、見たり触れたりする。
環境構成	●一人一人がやりたい遊びを見付けられるように、様々なコーナーを設定し、玩具の数も十分にそろえる。 ●クラスで集まり、絵本や手遊びなどを全員で楽しんで、集団生活の楽しさを知るきっかけをつくる。 ●自分の持ち物の始末が分かるように、表示を写真つきにして、目に付く場所にはる。	●水を使った解放感がある遊びを取り入れる。 ●同じドレス、同じお面など、同じ物を自分たちで選んで遊べるよう、興味を引くものを環境として用意する。 ●遊びの興味が広がる時期なので、多様な遊びを設定する。
保育者の援助	●基本的な生活習慣に関しては、保育者がモデルとなって示す。 ●保育者が仲立ちとなり、友達と少しずつ関わりをもてるようにする。 ●感触遊びを一緒に楽しみ、解放感が得られるように配慮する。	●自分でしようとする気持ちを大切にし、自分で行ったときには認め、自信につなげる。 ●トラブルが起こったときには、両方の気持ちを聞いて受け止める。相手にも思いがあることに気付けるよう、配慮する。 ●みんなで生活をするために必要なことを伝える。

「幼児期の終わりまでに育ってほしい姿」の 健康：健康な心と体 自立：自立心 協同：協同性 規範：道徳性・規範意識の芽生え 社会：社会生活との関わり 思考：思考力の芽生え

3期（10〜12月）	4期（1〜3月）
●語らいが増え、友達や保育者に話しかけながら遊ぶ。 ●友達への関心が深まり、クラス意識が出てくる。 ●自分の考えを押し通し、トラブルになることがある。	●冬の自然に親しみ、雪や寒さの中でも元気に遊ぶ。 ●自分たちで遊びを工夫し、充実感を得る。 ●進級への喜びや期待を抱き、自信をもって生活する。
●ごっこ遊びや簡単なルールのある遊びを楽しむ。 規範 ●クラスのみんなで一緒に活動することを楽しむ。 協同 ●異年齢児の遊びに興味をもち、触れ合いを楽しむ。 協同	●友達と一緒に、共感し合いながら遊ぶことを楽しむ。 協同 ●進級することに期待や喜びを感じる。 自立 ●寒さに負けず、戸外で元気に遊ぶ。 健康 ●友達の気持ちを、自分なりに考えながら遊ぶ。 規範
●気の合う友達と、ごっこ遊びを楽しむ。 ●4、5歳児のしていることを見たり、まねをしたり、一緒にしてみたりする。 ●戸外で元気に遊ぶ。 ●応援したりされたりすることの心地よさを感じながら活動する。	●身近な用具などを、自分なりに工夫して使ったり、遊びに取り入れたりする。 ●困ったり泣いたりしている友達を、手助けしたりなぐさめたりする。 ●友達と同じようなイメージの中で、一緒に遊ぶ。 ●「大きくなった」ことを感じ、自信をもって、進級することに期待する。
●劇ごっこやルールのある遊びなど、みんなで共通のイメージをもてる遊びを取り入れる。 ●異年齢児の遊びに参加して、いろいろな活動に興味をもって楽しめるようにする。 ●身体表現の遊びを取り入れ、身近な動物や乗り物などになって表現することを楽しめるようにする。	●やりたいと思うことが十分できるように、時間的な余裕をもてる時間配分にする。 ●友達と関わって遊べるような伝承遊びやゲーム遊びを用意する。 ●チューリップの球根を植え、春に芽が出ることを楽しみに待てるようにする。 ●みんなの前で、自分の力を発揮し認めてもらえる場をつくる。
●季節の変化や、自然物のおもしろさなどに気付けるよう、声をかける。 ●できたことを十分にほめて、自信につなげる。 ●帰りの会などで、子どもたちの遊びや友達とのエピソードなどを紹介し、興味がもてるようにする。	●もうすぐ進級することを伝え、期待と喜びが感じられるように配慮する。 ●子どものイメージや工夫に驚いたり、共感したりしながら声をかける。 ●自然に接する機会を逃さず、見たり触れたりし、子どもの発見や驚きに共感する。

自然：自然との関わり・生命尊重　数字：数量や図形、標識や文字などへの関心・感覚　言葉：言葉による伝え合い　表現：豊かな感性と表現　を表しています。

4月 月案

幼稚園 認定こども園

keikaku P226-227

保護者とも、信頼関係を

子どもはもちろん、保護者も新しい生活にドキドキしています。園は安心できるところだと認識できるよう、保育者は明るい笑顔で一人一人に優しく声をかけましょう。そして、「困ったことがあったら、この先生が助けてくれる」と安心できるよう、信頼関係を築いていきます。保護者も保育者から個別に話しかけられると嬉しいものです。保護者を安心させることが、子どもの安定にもつながります。

	第1週	第2週
◆週のねらい	●導入保育や入園式に参加し、園生活を楽しみにする。 ●自分のマークや生活の場、クラス、保育者を知る。	●保育者と触れ合い、親しみを感じる。 ●好きな遊びを見付けて楽しむ。
★内容	●親子で導入保育、入園式に参加する。 ●保育者と一緒に、手遊びや歌を楽しむ。 ●保育者やクラスの名前を知る。 ●自分のマークやロッカーの場所を知る。	●保育者と持ち物の始末をする。 ●保育者と触れ合い、一緒に遊ぶ。 ●自分の興味のある遊びを探す。 ●保育者と共に排泄や手洗いを行う。
環境構成	●ロッカーや靴箱、持ち物にマークを付けたり記名したりする。 ●保育室が楽しい雰囲気になるよう、壁面装飾をする。 ●保育室、園庭の清掃と安全点検をする。	●気持ちが安定するよう、感触遊びの素材や、ふだん家庭で経験している玩具を十分に用意する。 ●生き物や植物に関心が向くよう、身近な場所に置く。 ●思わず遊びたくなるように、玩具を配置する。
保育者の援助	●子どもが安心できるよう、笑顔で迎える。 ●パペットや人形を使い、楽しく分かりやすい雰囲気の中で話をする。 ●園内を子どもと一緒に歩き、トイレや手洗い場などの場所を伝える。	●一人一人の名前を呼び、スキンシップを心がけ、安心できるようにする。 ●保護者と離れられない子は、無理に離さず、保育室まで保護者に付き添ってもらうなど、個々に対応する。 ●排泄や手洗い、身の回りの始末などは、一人一人の様子に応じて手伝ったり見守ったりする。
食育	●お弁当では、みんなで食べる楽しい雰囲気を感じられるよう、配慮する。 ●食べられたことに喜びを感じられるような言葉をかける。 ●保護者と連携し、食べられたことに達成感を得られるよう、初めは好きな物を入れてもらうように話す。	
職員との連携		●子どもの不安な気持ちを十分に受け止められるよう、担任以外の職員間でも連携を図る。 ●大きい子を頼って、5歳児クラスに行く子には、保育者間で連絡を取り合い、状況を受け入れる。 ●懇談会や個人面談での情報を共有し、保育に生かす。

「幼児期の終わりまでに育ってほしい姿」の 健康：健康な心と体 自立：自立心 協同：協同性 規範：道徳性・規範意識の芽生え 社会：社会生活との関わり 思考：思考力の芽生え

今月初めの子どもの姿
- 初めての園生活を楽しみにしている反面、新しい環境に不安や緊張感を抱いている。
- 身の回りの始末の仕方に、個人差がある。

◆月のねらい
- 保育者に親しみをもち、好きな遊びをして、安心して過ごす。 [健康]
- 保育者と一緒に生活の場や流れを知り、自分で持ち物の始末を行う。 [自立][規範]
- 園生活の流れを知る。 [健康]

月間予定
- 導入保育
- 入園式
- 懇談会
- 身体測定
- 個人面談
- 避難訓練

	第3週	第4週
	●身の回りのことを自分で行う。 ●園生活の流れを感じながら、生活の仕方を知る。	●みんなでお弁当を食べる楽しさを知る。 ●保育者や友達と戸外の気持ちよさを感じ、自然や生き物に親しむ。
	●リズムにのって体を動かすことを楽しむ。 ●歌や絵本、クラスの集まりなどを、友達と一緒に楽しむ。	●5歳児に生活の歌を歌ってもらったり、お弁当の支度を手伝ってもらったりして交流する。 ●ダンゴムシやタンポポを見付ける。
	●小麦粉粘土や絵の具のスタンピング、リズム遊びなど、感覚や感触を楽しめる遊びを用意する。 ●絵本や手遊びなどは、くり返しがある分かりやすいものを選び、みんなで楽しめるようにする。	●こいのぼりに興味をもち、つくって遊べるよう、コーナーに紙やクレヨンを用意する。 ●お弁当の支度は、絵や写真を使って分かりやすいように表示する。 ●虫を入れるケースや、草花を持ってかえるための袋を用意する。
	●リズム遊びは保育者自身が豊かな表現をして、楽しい雰囲気をつくる。 ●一人一人の気持ちを受け止めながら、安定して没頭できる遊びに誘う。 ●排泄は個人差が大きいので、時間を見て全体に促したり、個別に声をかけたりして一緒に行う。	●一人一人の呼びかけに応じるとともに、クラスの集まりで名前を呼んで紹介したり、遊びを通して友達と関わりがもてるように配慮する。 ●お弁当では、楽しい雰囲気を心がけ、食べられたことを認める。 ●避難訓練では、怖がらないで行えるよう、配慮する。

家庭との連携
- 懇談会や個人面談を通して、家での様子や性格、好きな遊びや家庭での気になることを聞いておく。
- 母子分離ができない子や、不安が大きい子どもの保護者に、園での様子や状況を知らせる。

評価・反省
- 不安な子の気持ちを受け止めてスキンシップを図り、興味をもてるようなものを遊びに取り入れたことで、不安がやわらいだ。
- 園生活の仕方は、個別に声をかけながらくり返し知らせていく必要がある。
- 遊びの幅が少しずつ広がってきたので、物の取り合いなどが増えた。友達との関わり方を知る大切な経験ととらえ、丁寧に関わっていきたい。

[自然]：自然との関わり・生命尊重　[数・字]：数量や図形、標識や文字などへの関心・感覚　[言葉]：言葉による伝え合い　[表現]：豊かな感性と表現　を表しています。

5月 月案

幼稚園 認定こども園

CD ROM keikaku → P228-229

連休明けは新たな気持ちで

ようやく園に慣れてきてホッとしていたのに、5月の連休明けには逆戻りで、がっかりしてしまうかもしれません。これも自然な姿です。肯定的にとらえながら、一人一人と丁寧に関わりましょう。園生活の流れは理解しているので、「あら、もうちゃんと分かっているのね」とびっくりした顔をすると、得意げにしゃべりだすこともあります。自信をもたせながら、楽しい遊びに誘っていきたいものです。

	第1週	第2週
週のねらい	●興味のある遊びを見付け、友達と楽しむ。 ●こどもの日に関心をもつ。 ●こいのぼりに興味をもつ。	●砂や泥の感触を楽しむ。 ●クレヨンの扱い方を知り、自由にかくことを楽しむ。 ●母の日があることを知る。
内容	●好きな遊具を見付けて遊ぶ。 ●こどもの日の集いに参加する。 ●こいのぼりを見たり、触ったりしながら、親しみを抱く。	●クレヨンでかくことを楽しむ。 ●保護者へプレゼントすることを楽しむ。 ●砂、泥の感触を楽しみながら遊ぶ。 ●草花のにおいをかいだり触ったりして、五感で感じる。
環境構成	●園庭にこいのぼりを飾り、風に泳ぐダイナミックさを感じられるようにする。 ●好きな遊びを十分に楽しめるよう、コーナーごとに置く（ままごと、粘土、乗り物など）。 ●砂場で裸足になって遊ぶ際は、足を洗うたらいや足ふきマットを用意しておく。靴は保育者と一緒に靴箱にしまう。	●連休明けは不安になりやすいので、4月から親しんだり楽しんだりしていた遊びを用意する。 ●リズム遊びは、タイミングを見て外でもすぐ楽しめるよう、曲を用意して、保育者が楽しそうに踊る。 ●園庭では、春に咲く草花などを栽培する。
保育者の援助	●全体で行う集会が楽しいと感じられるように、内容や時間を3歳児中心に考え、配慮する。 ●遊びの中では、保育者が遊びの仲介者になり、個々が満足すると同時に、周りにいる友達の存在に少しずつ気付けるようにする。	●連休明けで不安になったり、新たに泣きだしたりする子には、気持ちを受け止めてスキンシップを図りながら関わり、個々の状態に合わせて好きな遊びを見付け、安心して過ごせるようにする。

食育
●園でお弁当を食べられたことを認める言葉をかけ、達成感を得られるようにする。
●立ち歩かずに食べることを伝え、みんなで食べる楽しさを感じさせる。
●食べる前には手洗いや身の回りの整頓をし、気持ちよさを感じられるような言葉をかける。

職員との連携
●遠足では、事前に下見に行き、行動範囲や時間配分などの見通しを立てる。
●危機管理についても事前に計画する。
●異年齢児との交流では、子どもたちの様子で感じたことなどを情報交換しておく。
●泣いている子の様子などを職員間で共有し、子どもの気持ちを読み取り、対応を話し合う。

「幼児期の終わりまでに育ってほしい姿」の　健康：健康な心と体　自立：自立心　協同：協同性　規範：道徳性・規範意識の芽生え　社会：社会生活との関わり　思考：思考力の芽生え

前月末の子どもの姿
- 自分の気持ちを言葉で伝えられず、トラブルになる。
- 緊張と疲れから、体調を崩す子もいる。
- 園生活の流れが少しずつ分かり、持ち物の始末を自分でしようとする。まだ言葉かけや援助が必要な子もいる。

◆月のねらい
- 園生活の過ごし方に慣れ、安心して過ごす。 [健康]
- 興味のある遊びを見付け、没頭して楽しむ。 [健康]
- 保育者や友達と一緒に、いろいろな活動に参加する。 [協同]

月間予定
- 歓迎会
- こどもの日の集い
- 親子遠足
- 誕生会
- 内科検診

	第3週	第4週
	●自然と触れて楽しく遊ぶ。 ●はさみの安全な使い方を知り、1回切ることを楽しむ。 ●誕生会に楽しんで参加する。	●内科検診に参加し、自分の体に興味をもつ。 ●色水遊びを楽しみ、水の感触や色の変化に興味をもつ。
	●保護者と一緒に遠足へ行き、自然の中で体を動かして遊ぶ。 ●はさみやのりを使って製作する。 ●誕生会に参加して、友達を祝う。	●5歳児に手伝ってもらいながら、衣服の着脱をし、内科検診を受ける。 ●持ち物の始末、排泄、手洗いなどを自分でしようとする。
	●遠足の際に踊った曲やゲームが遠足後もできるよう、用意する。 ●虫や草花が入れられるようにカップやビニール袋を用意する。 ●はさみを使って1回切ることで遊べるよう、画用紙を1センチ幅の帯状に切る。 ●誕生会の会場の壁面を、楽しく飾る。	●一人一人が満足して遊べるよう、ペットボトルは十分に用意する。 ●自分たちで色水を洗えるよう、たらいに水をためる。 ●着替えの衣服がたたみやすいよう、机を出す。 ●水遊び用のスモックは、子どもの手の届くところに用意する。
	●物の取り合いからトラブルが起きたら、保育者がそれぞれの思いを代弁して伝える。 ●遊んだ後の片付けを保育者と行い、できたことを認める。 ●はさみの使用には十分に注意する。	●子どもの緊張をやわらげるため、前日に内科検診の内容を伝える。 ●自分でできたことを認めながら、他児への刺激となるようにする。 ●子どもの発見に共感しながら、色水遊びに興味がわくよう声をかける。

家庭との連携
- 連休明けで不安になるなど、家での様子を聞いたり園での様子を知らせたりしながら、保護者と一緒に対応を考える。
- 疲れが出るころなので、一人一人の状態に合わせて休息を取るよう、クラスだよりなどで発信する。

評価・反省
- 連休明けで、急に泣きだした子がいた。4月から親しんでいる遊びに没頭する子もいた。遊びに夢中になると、情緒が安定するようだ。
- 友達と同じ場所を使い、同じ遊びをすることが楽しいようだ。十分に満足して遊べる環境をつくりたい。
- 活動の切りかえが難しく、なかなか保育室へ入れない子もいるので配慮する。

[自然]:自然との関わり・生命尊重　[数・字]:数量や図形、標識や文字などへの関心・感覚　[言葉]:言葉による伝え合い　[表現]:豊かな感性と表現　を表しています。

6月 月案

幼稚園 認定こども園

keikaku → P230-231

視覚的教材を利用して楽しく

子どもをみんな集めて話をしたつもりでも、耳を素通りして心に残っていないことも多いものです。ペープサートやパペットなどを利用して、子どもの興味を引き、楽しい思いと同時に伝えたい内容を届けるようにしましょう。また、一方的な話ではなく、子どもに問いかけたり、言ったことをくり返してコールしたり、手拍子やポーズをしたりと、子どもが体を通して参加できるようにするとよいでしょう。

	第1週	第2週
週のねらい	●興味のある遊びを自分で見付けて、十分に楽しむ。 ●怖がらずに歯科検診を受ける。 ●親子で触れ合い、親子プレイデーを楽しむ。	●父の日があることを知り、プレゼントづくりを楽しむ。 ●水の感触を知り、プール遊びを楽しむ。
内容	●5歳児と手をつなぎ、エスコートされて歯科検診を受ける。 ●解放感のある遊びを楽しむ。 ●保護者と一緒に園で遊ぶ。	●お父さんへのプレゼントを楽しんでつくる（ひも通し）。 ●保育者や友達と一緒にプール遊びを楽しむ。
環境構成	●砂や水で遊ぶためのバケツやじょうろを用意する。 ●保護者と一緒に遊べるようなコーナーを用意する。 ●触れ合い遊びやリズム遊びの曲を用意する。 ●新しいことに見通しがもてるよう、実物や絵を用いる。	●父の日のプレゼントづくりで行った活動は、自由遊びの際にもつくって遊べるように用意する。 ●水で遊ぶことへの興味がもてるよう、プールで遊ぶ玩具を用意する。 ●水への抵抗を感じる子には、小さめのビニールプールや玩具を用意し、落ち着いて遊べるようにする。
保育者の援助	●前日に歯科検診があることを伝え、パペットなどを用いて分かりやすく説明する。 ●友達にも思いがあることに少しずつ気付けるよう、声をかける。 ●保育者も率先して裸足になり、心を解放して共に遊び、楽しむ。	●手伝ったりコツを教えたりしながら、安心して着替えられるようにする。 ●お父さんをイメージしながらプレゼントをつくることに喜びが感じられるよう、お父さんの話を引き出す。 ●プールで遊ぶときの約束事を、分かりやすく伝える。

 食育
●自分で掘ったジャガイモを使ってクッキングをし、つくった物をみんなで食べることで食への関心がもてるようにする。
●苦手な物が食べられた際には、みんなの前で認めるなどして、自信がもてるようにする。

 **職員との連携**
●縦割りの活動では、事前に子どもの様子や行程などを細かく情報交換する。また、当日の様子や感じたことを伝え合う。
●水遊びの着替えなど、保育者の人数が必要なときは、事前に募る。

前月末の子どもの姿
- 園に来ることが楽しみになり、気に入った遊びをくり返している。
- 身支度や片付けを、自分でしようとしている。

◆月のねらい
- 梅雨の自然に興味をもち、身近な動植物に触れて楽しむ。 自然
- 水や土の感触を味わい、のびのびと遊びを楽しむ。 自然
- 家族の愛情に気付く。 社会

月間予定
- 歯科検診
- 親子プレイデー
- プール開き
- ジャガイモ掘り
- 自由参観

	第3週	第4週
	●身近な生き物に興味をもち、飼育を楽しむ。 ●絵の具の感触を味わいながら、フィンガースタンプを楽しむ。	●絵の具を使い、色水遊びを楽しむ。 ●土の感触を味わいながら、ジャガイモの収穫を喜ぶ。
	●保育者とカイコの世話をする。 ●フィンガースタンプを楽しむ。 ●雨をイメージし、スタンプを用いた製作を楽しむ。	●水に触れたり、色の変化に気付いたりする。 ●異年齢児と一緒にジャガイモを掘る。 ●ジャガイモを調理して食べる。
	●カイコが食べるクワの葉は、子どもが取れるように踏み台を置く。 ●雨の日は、新聞紙遊びやサーキット遊びなど、体を動かし、気持ちを解放して遊べるようにする。 ●アジサイやカタツムリなどを一緒に見て、製作が楽しめるように材料を用意する。	●庭にテーブル、バケツ、たらい、ペットボトルを用意し、水で遊べるように設定する。 ●色水に使うペットボトルは、各家庭で記名して用意してもらい、全員が使えるようにする。 ●ジャガイモが出てくる絵本を読み、興味がもてるようにする。
	●カイコの成長に気付けるよう、脱皮した皮やフンなどを記録する。 ●遊びに入りたいときは「入れて」「いいよ」というやり取りがあることを伝え、実際に一緒に言う。 ●衣服の着脱は、できたところやろうとした意欲をほめ、自信につなげる。	●暑い日、肌寒い日などがあり、体調を崩しやすいので、健康観察をしっかり行う。 ●水遊びなどで衣服が汚れている子は、片付けの際に他児より早めに声をかけ、余裕をもって着替えができるようにする。

家庭との連携
- 家でも衣服の着脱などに自分で取り組む機会をつくってもらうよう、おたよりなどで伝える。
- 自由参観では、保育のねらいや活動の流れなどを週案などを通して知らせる。
- 体調を崩しやすい時期なので、家庭での十分な休息を呼びかける。

評価・反省
- 雨の日はエネルギーを持て余しがちなので、気持ちを発散させたり没頭できる遊びを用意したりしたことで、室内でもゆったりと楽しむことができた。
- 自由参観を通して、園生活の流れや子どもの様子を保護者に知ってもらえた。
- 同じ遊びがきっかけになり、友達と関わって遊ぶ姿が見られた。更に関係が深められるような援助をしたい。

自然 :自然との関わり・生命尊重　数字 :数量や図形、標識や文字などへの関心・感覚　言葉 :言葉による伝え合い　表現 :豊かな感性と表現　を表しています。

7月 月案

幼稚園 認定こども園

keikaku → P232-233

七夕の情緒を十分に味わって

園生活のよさの一つは、伝統行事に触れる機会があることでしょう。生活の場に、大きな笹飾りがあることは驚きです。自分の願いを書いてもらった短冊やつくった飾りをつるしたり、星に関するお話を聞いたりして、七夕の雰囲気を味わいましょう。

また、存分に水遊びができる心地よさを味わい、園に来ることが楽しみになるようにします。そこで人との関わりも経験できるように導きましょう。

	第1週	第2週
週のねらい	●異年齢児と関わりながら、コーナー遊びを選んで楽しむ。 ●七夕に興味をもち、七夕集会に参加する。 ●友達や保育者と好きな遊びを楽しむ。	●水遊びや盆踊りなど、夏ならではの遊びを楽しむ。 ●夏祭りがあることを知り、夏飾りやうちわをつくって楽しむ。
内容	●コーナー遊びを異年齢児と楽しむ。 ●七夕の話を聞いたり、折り紙で飾りをつくったりする。 ●園庭で、気の合う友達と遊びを楽しむ。	●6、7月生まれの誕生児を祝い、誕生会を楽しむ。 ●マーカーがにじむ様子を味わいながら、にじみ絵で魚づくりをする。
環境構成	●園の玄関に笹の葉を用意し、その近くにいつでも飾り付けができるよう、折り紙やのりなどのコーナーを設置する。 ●一人一人の個性が出るよう、飾りづくりではいろいろな形や色の材料を用意し、選べるようにする。 ●クラス解体の活動を設定し、異年齢児との交流を図る。	●いろいろな水遊びを用意し、気持ちを解放して遊べるように工夫する。 ●暑さ対策のため、テントなどで日陰をつくる。 ●うちわづくりができるコーナーを設置し、盆踊りの曲を流しながら、夏祭りの雰囲気を感じられるようにする。
保育者の援助	●七夕に興味がもてるよう、ペープサートや絵本を使って話をする。 ●異年齢児から刺激を受け、遊びの幅を広げられるようにする。 ●子ども同士でやり取りをしている際は、必要以上に仲介せず、見守る。	●水遊びの際は、脱いだ服を自分でたたむコツを手を添えて知らせ、自分でできるように援助する。 ●夏ならではの遊びを紹介しながら、一緒に夏祭りごっこを楽しめるようにする。

食育
●食べられたことを「背が大きくなるね」「元気になるね」などと具体的にほめ、意欲につなげる。
●暑さのため、食欲がない子には無理強いせず、体調を見ていく。

職員との連携
●暑さで体調を崩しやすいので、職員全体で安全に過ごせるように配慮する。
●異年齢児が関わる縦割りの活動では、事前にクラスの様子や興味があることを話し合い、内容を決める。終わった後は、様子や関わり方などを伝え合う。

「幼児期の終わりまでに育ってほしい姿」の 健康:健康な心と体 自立:自立心 協同:協同性 規範:道徳性・規範意識の芽生え 社会:社会生活との関わり 思考:思考力の芽生え

前月末の子どもの姿

- 友達と同じ場所にいたり、同じことをしたりすることを喜ぶ姿が見られた。反面、自分の気持ちをうまく伝えられず、ぶつかり合うこともあった。
- いろいろな素材や遊具に興味を示すが、持続はしない。

◆月のねらい

- 行事や遊びを通して、夏ならではの楽しみを味わう。 自然
- 異年齢児と関わり、刺激を受けたり安心して遊んだりする楽しさを感じる。 協同 規範

月間予定

- 七夕集会
- みんなで遊ぼう（縦割りの活動）
- 懇談会
- 終業式
- 誕生会
- 大掃除

第3週	第4週
●夏休みがあることを知り、身の回りをきれいにし、気持ちよさを知る。 ●盆踊りやごっこ遊びなどを通して、夏祭りを楽しみにする。	〈夏休み〉
●ロッカーや靴箱を掃除する。 ●1学期が終わることを知り、終業式に参加する。 ●盆踊りや夏祭りごっこを楽しむ。	
●空き容器や牛乳パックなど、子どもが扱いやすい物を用意して、テープでつなぐなどの製作を楽しめるようにする。 ●終業式では落ち着いて話が聞けるよう、椅子を用意する。 ●大掃除ではぞうきん（布きれ）を用意し、大切に扱えるようにする。	●遊具の点検や掃除をする。 ●1学期の子どもの様子などを記録にまとめる。 ●子どもに手づくりの暑中見舞いのはがきを出す。 ●1学期の反省会を園全体と学年ごとで行う。 ●2学期に向けて保育室の環境設定を行う。
●夏休みが終わったら会えることを楽しみにしていると、子どもに伝える。 ●1学期に使った身の回りの物の掃除の仕方を、分かりやすく伝える。 ●熱中症にならないよう、水分補給や休息を取るように声をかける。	

家庭との連携

- 懇談会では1学期の子どもの成長や様子を伝えるとともに、家庭で感じたことなどを保護者から聞く。
- 夏休みの過ごし方について、おたよりで知らせる。
- 十分に休息を取るように伝え、体調管理に留意してもらう。

評価・反省

- 年上の友達を頼ったり、遊びをまねしたりしながら安心して遊びを楽しんでいた。
- 夏休みのイメージがわかないようだったが、保育室の片付けをしたり、個人の物を持ちかえったりしたことで、学期末を感じ取っていたようだ。

自然：自然との関わり・生命尊重　数字：数量や図形、標識や文字などへの関心・感覚　言葉：言葉による伝え合い　表現：豊かな感性と表現　を表しています。

8月 月案

幼稚園・認定こども園

keikaku → P234-235

夏休みの経験が生かされるように

幼稚園では夏休みに入りますが、プール開放などで子どもが園にやってくる期間や、夏祭りなどの行事を夜まで浴衣で楽しむイベントが計画されているかもしれません。久しぶりに登園する園は、子どもにとっても新鮮です。「待っていたよ、会えて嬉しいな」という雰囲気をかもしだして、豊かな経験ができるような環境を準備しましょう。子どもの休み中の話を、たっぷりと聞く時間も取りたいものです。

	第1週	第2週
◆週のねらい	●夏期保育で友達と会い、楽しく遊ぶ。 ●安全にプールで遊ぶ。	〈夏休み〉
★内容	●夏休み中に家族で経験したことを話す。 ●約束を守りながら順番にプール遊びをする。 ●水の感触を楽しみ、心地よさを感じる。	
環境構成	●水に入る前に約束事を話し、プールサイドには必ず保育者がいるようにする。 ●水分補給やタオルなど、子どもが戸惑わないように準備する。 ●怖がらずに水に入れるよう、浮く玩具などを浮かべる。 ●水に入ることができない子どもには、室内で色水遊びができるように準備する。	
保育者の援助	●水着への着替えは、自分でできるように余裕のある時間配分をして見守る。 ●プール遊びでは、個々のペースに合わせて楽しめるようにする。 ●水が苦手な子どもも周りの子を見ることで、興味がもてるようにする。	
食育	●スイカを持った重さ、割った際のにおい、食べた際の味など、五感を通して感じられるようにする。 ●他学年が育てているトマトやキュウリなどの収穫を見て、興味をもてるようにする。	
職員との連携		●夏祭りの内容を事前に細かく話し合う。 ●登園を嫌がる子など、気になる子の様子を伝え合い、援助の仕方を話し合っておく。

「幼児期の終わりまでに育ってほしい姿」の 健康:健康な心と体 自立:自立心 協同:協同性 規範:道徳性・規範意識の芽生え 社会:社会生活との関わり 思考:思考力の芽生え

前月末の子どもの姿
- 友達への関心が高まり、自ら遊びに加わる。
- 身近な素材でヒーローごっこの道具や動物をつくり、見立てて遊ぶ。

◆月のねらい
- 夏の自然物や遊びに興味をもつ。 [自然]
- 園生活の流れを思い出しながら、好きな遊びを楽しむ。 [健康]

月間予定
- 夏期保育(スイカ割り、プール遊び)
- 夏祭り

	第3週	第4週
	●夏ならではの遊びを楽しむ。 ●夏祭りに参加し、保護者や友達と一緒に楽しむ。	〈夏休み〉
	●スイカ割りをし、みんなでスイカを食べる。 ●盆踊りや夏祭りのお店を、保護者や友達と楽しむ。	
	●1学期に親しんだ遊具や素材で遊べるよう用意する。 ●夏休み中に経験したことを伝えられるように、一対一で話しかける機会をもつ。 ●スイカ割りの棒は、子どもの身長に合った長さのものを用意する。目隠しは、希望者だけにする。	
	●事前に5歳児や保育者がスイカ割りをする場面を見る機会を設け、興味がもてるようにする。 ●久しぶりの登園で緊張している子には寄り添い、一緒に遊ぶなどのコミュニケーションを図る。 ●夏休み中に経験したことを聞き、成長したことを伝え、喜び合う。	

家庭との連携
- 夏祭りで、ふだんと違う様子に戸惑う子には、保護者に付き添ってもらうなどして、楽しく過ごせるように伝える。
- 夏休み明けに泣くこともあるが、1学期の経験があるので、しだいに安定することを伝え、見通しをもってもらう。

評価・反省
- 1学期に楽しんだ遊びを用意しておくと、安心して遊びはじめた。
- 園生活のリズムを取り戻すには、身支度などに十分な時間と言葉をかけることが必要だった。
- スイカ割りでは、目隠しをすると緊張して怖がる子もいた。安心して楽しむことに重点を置くことが大切だと感じた。

[自然]:自然との関わり・生命尊重 [数・字]:数量や図形、標識や文字などへの関心・感覚 [言葉]:言葉による伝え合い [表現]:豊かな感性と表現 を表しています。

9月 月案

幼稚園・認定こども園

CD-ROM keikaku → P236-237

運動遊びをたっぷり楽しんで

　体操やリズムダンスなど、体を動かして遊ぶと気持ちがよいことをたっぷり味わわせたいものです。運動会の経験のない子どもたちは、運動会の話を聞いてもイメージすることができません。まして、何度も同じ練習をさせられたり、長時間、待たされたりすることは苦痛です。楽しく運動遊びをしながら、子どもの興味を読み取り、それが当日につながるように計画したいものです。

	第1週	第2週
◆週のねらい	●1学期を思い起こし、園生活のリズムを取り戻す。 ●好きな遊びを見付けて、友達や保育者と遊ぶ楽しさを感じる。	●保育者や友達と、戸外で体を動かして楽しく遊ぶ。 ●いつも優しくしてもらっている祖父母を思い、プレゼントを製作する。
★内容	●1学期に慣れ親しんだ遊びを楽しみながら、安心感をもつ。 ●夏休み中に経験したことを、保育者や友達に自分なりの言葉で話す。	●リズム遊びや、かけっこを楽しむ。 ●敬老の日があることを知り、祖父母とのエピソードを生かしてプレゼントをつくる。
環境構成	●1学期に慣れ親しんだ玩具を用意し、みんなで行った遊びを再現して、安心できるようにする。 ●水遊びやプールなど、解放感のある遊びが十分にできるよう、整えておく。 ●園生活のリズムが取り戻せるように、ゆったりとしたペースで活動を考える。	●体を動かしたり、リズムにのったりして遊ぶ楽しさを感じられるよう、子どもの好きな曲を用意して、タイミングよく踊る機会を設ける。 ●かけっこの際は、一緒にラインを引くなどの準備をして、興味がもてるようにする。
保育者の援助	●夏休み中に経験した楽しかったことを、保育者や友達に話したいという気持ちを十分に受け止めて、ゆったりと関わる。 ●スキンシップを図ったり、笑顔で迎えたりして安心できるようにする。 ●夏休み中にできるようになったことが増えているので、受容すると同時に一人一人が自己を発揮できる場を考える。	●できるようになったことなど、心と体の育ちを具体的に認め、自信につなげる。 ●体を動かして遊ぶことに興味がもてるよう、保育者自身も楽しんでいる姿を見せる。

食育
●子どもに十五夜の行事を伝え、興味をもって白玉団子づくりができるようにする。
●4、5歳児が収穫した野菜を分けてもらい、植物の生長に気付けるような言葉をかける。

職員との連携
●自由遊びの中で、玉入れや綱引きなどの運動遊びができるよう、約束事などを確認し合う。
●登園をしぶる子など、気になる子の様子を伝え、話し合って、全員で気にかける。
●他学年から刺激を受け、行動範囲が広がる時期なので、異年齢児と遊ぶ様子から目を離さないで情報交換する。

「幼児期の終わりまでに育ってほしい姿」の 健康：健康な心と体　自立：自立心　協同：協同性　規範：道徳性・規範意識の芽生え　社会：社会生活との関わり　思考：思考力の芽生え

前月末の子どもの姿
- 暑さのため、食欲が落ちたり、体調を崩したりする子どもがいる。
- 友達との関わりが増えてくるが、トラブルも多くなった。

◆月のねらい
- 園生活のリズムを取り戻し、自分から好きな遊びを見付けて楽しむ。[健康]
- 遊びや生活の中で、自分の思いを言葉で表現する。[言葉]
- 体を動かして遊ぶ楽しさを味わう。[健康]

月間予定
- 始業式
- 身体測定
- 避難訓練
- 敬老の日
- 十五夜
- 誕生会

	第3週	第4週
	●十五夜があることを知り、お団子づくりを楽しんで、友達と味わう。 ●運動遊びに興味をもち、友達や保育者と取り組む。	●自分の思いを、様々な方法で表現する。 ●運動会があることを知り、楽しみにする。
	●粉の変化を見ながら、白玉団子づくりを手伝う。 ●玉入れや綱引きなどに興味をもって楽しむ。	●友達とヒーローごっこや、ままごとなど、ごっこ遊びを楽しむ。 ●かけっこやダンス、玉入れなどに参加する。
	●自由遊びの中で、異年齢児と一緒に玉入れや綱引きが楽しめるよう、用意しておく。 ●子どもから要望があったら、すぐにこたえられるよう、ダンスの音楽をセットしておく。	●表現遊びは、子どもたちがイメージしやすい動物や乗り物を取り入れ、静と動、緩急がはっきりした動きを楽しめるようにする。 ●運動会が楽しくイメージできる旗やプログラムなどを一緒につくり、準備する。
	●友達と一緒に遊ぶ中で、自分の思いが通らなかったり、気持ちが伝わらなかったりしてトラブルになったら、保育者が介入して気持ちを代弁する。 ●自由遊びの中で、運動遊びに誘い、一人一人を認めて自信につながるよう援助する。	●「見て見て!」と言う子どもの主張を受け止め、認めることで、満足感や自信につなげる。 ●異年齢児の活動を見て、やりたがることには手を貸しながら、一緒に実現できるようにする。

家庭との連携
- 久しぶりの登園で、不安がっている子の家庭と連携し、少しずつペースを取り戻せるようにする。
- 日ごろの運動遊びの様子などを伝えるおたよりを配布する。
- 運動遊びをやりたがらない子の保護者には、成長している姿などを具体的に丁寧に伝える。

評価・反省
- 異年齢児が競い合ってゲームをする様子を見て、自然と玉入れやかけっこに興味をもつことができた。
- 1学期に親しんでいた遊びを用意し、子どもたちの意見を取り入れながら遊んだことで、徐々に生活のリズムが戻った。

[自然]:自然との関わり・生命尊重　[数字]:数量や図形、標識や文字などへの関心・感覚　[言葉]:言葉による伝え合い　[表現]:豊かな感性と表現　を表しています。

10月月案

幼稚園 認定こども園

keikaku → P238-239

さわやかな秋を満喫して

遠足やサツマイモ掘りを楽しみにできるようなお話や活動も、上手に取り入れていきましょう。

秋の虫を見たり、鳴き声をまねしたりするのも、おもしろい活動です。ホッとできる時間や空間をつくりながら、子どもが自己を発揮できるように支えていきたいものです。

また、異年齢児との関わりも増えるので、刺激を受けて子どもたちの生活が豊かになるよう導きましょう。

	第1週	第2週
◆週のねらい	●簡単なルールのある遊びを、みんなで一緒に楽しむ。 ●運動会を楽しみにしながら、喜んで活動に参加する。	●運動会で、見てもらうことの喜びを感じる。 ●体をのびのびと動かして友達と遊ぶ。
★内容	●万国旗や未就園児用の旗をつくる。 ●ダンスや玉入れ、かけっこなどを楽しむ。 ●他学年を応援したり、自分たちの種目を見てもらったりすることを喜ぶ。	●見てもらう喜びを感じながら、運動会に参加する。 ●他学年の競技を応援し、刺激を受ける。 ●友達と一緒に、体を動かして遊ぶ。
環境構成	●子どもの要望にすぐに応じられるよう、玉入れの用具や音楽などを用意する。 ●応援やダンスに使えるよう、旗やポンポンなどをつくるコーナーを設置する。 ●自然物やままごと道具を豊富にそろえ、思い思いに工夫して遊べるようにする。	●運動会のダンスで付けるリストバンドをつくり、運動会に期待できるようにする。 ●運動会では、自分たちの出番が分かるように表をつくる。
保育者の援助	●保育者も一緒になって遊びながら、体を使って遊ぶ楽しさを共に感じる。 ●異年齢児が楽しく競技に取り組む様子を見て、自分たちも楽しい気持ちになれるよう、配慮する。	●運動会当日は、おおぜいの人たちに圧倒され、落ち着かない様子になることを配慮し、一人一人をよく見ながら安心して楽しく参加できるようにする。 ●できるようになったことをクラスの中で認めながら、一緒に体を使って遊びを楽しむ。

 食育
●戸外に出てみんなで一緒にお弁当を味わい、その楽しさを共有できるようにする。
●クッキングを通して、食材の特徴を発見できるようにする。

 **職員との連携**
●運動会の実施要領を打ち合わせ、他学年の行動の流れや職員の動きなどを把握しておく。
●他学年に刺激を受けて遊ぶ機会が増えることを職員間で理解し、遊びに取り入れたり、子どもの様子を情報交換したりする。

「幼児期の終わりまでに育ってほしい姿」の 健康：健康な心と体　自立：自立心　協同：協同性　規範：道徳性・規範意識の芽生え　社会：社会生活との関わり　思考：思考力の芽生え

前月末の子どもの姿
- 他学年の遊びに興味をもち、まねしようとする。
- 生活習慣がしっかりと身に付いてくる。
- 気に入った友達と関わろうとする姿が見られる。

◆月のねらい
- 秋の自然に親しんで遊ぶ。 [自然]
- 簡単なルールのあるゲームや遊びを、みんなで楽しむ。 [協同] [規範]
- 友達と一緒に、体を十分に動かして遊ぶ喜びを感じる。 [協同]

月間予定
- 運動会
- 遠足
- 誕生会
- サツマイモ掘り

第3週	第4週
●運動会で体験したことを思い出し、友達と一緒に楽しく遊ぶ。 ●秋の自然を感じながら、友達と一緒に遠足を楽しむ。	●土の感触を味わいながら、サツマイモの収穫を喜ぶ。 ●秋の自然に興味をもち、草花や実を集めて遊ぶ。
●運動会ごっこを楽しむ。 ●遠足に行き、いろいろな秋の自然に触れて、友達と一緒に過ごす。	●異年齢児と一緒に、サツマイモ掘りを楽しむ。 ●秋の自然に親しんで、遊びに取り入れる。 ●ドングリなどがある公園で遊ぶ。
●運動会の余韻が楽しめるように、玉入れやバトン、曲などを子どもの要求に応じていつでも使えるように用意する。 ●秋の自然物を使って遊べるよう、容器や袋などを用意する。	●サツマイモの絵本や図鑑などを子どもがすぐに見られるように用意する。 ●落ち葉や実を拾って集められるよう、袋や空き箱を用意する。 ●落ち葉や実で製作遊びができるよう、廃材や道具などをそろえる。
●ルールのある遊びでは、単純なルールを設け、分かりやすく伝える。 ●ルールを守って遊ぶことを、全員が楽しいと感じられるようにする。 ●他のクラスや異年齢児との交流が図れるような活動を考えて取り入れる。	●遊びの中で他児への関心が高まっているので、子ども同士がつながれるよう、保育者が声をかけたり、よいアイデアを取り上げたりして、橋渡しをする。 ●子どもが秋の自然に触れ、発見したり驚いたりすることに共感し、みんなで共有できるようにする。

家庭との連携
- 運動会に不安を抱いている子どもの家庭には、当日までの過程を伝え、何に不安を感じているのかを共に考え、当日に向けて対応を共有する。
- クッキングをする際は、使う食材を知らせ、爪を切ることを伝える。

評価・反省
- 運動会ごっこを通して、異年齢児と関わり、競技を応援することで刺激を受け、運動会を楽しむことができた。
- 運動会を経験し、おおぜいでの楽しい雰囲気を十分に感じた。クラスの友達とのつながりも深まっているようだ。
- 秋の自然に興味が出てきたので、引き続き遊びに取り入れていきたい。

[自然]:自然との関わり・生命尊重　[数字]:数量や図形、標識や文字などへの関心・感覚　[言葉]:言葉による伝え合い　[表現]:豊かな感性と表現　を表しています。

11月 月案

幼稚園 認定こども園

keikaku → P240-241

自然物を遊びに取り入れて

秋ならではの木の実や葉っぱなどで、園は森の中のような香りに包まれていることでしょう。美しい自然の恵みを味わい、遊びに取り入れていきたいものです。ドングリごまやマラカスづくりなど、どうすればできるのか、具体的に子どもに示しましょう。つくるだけでなく、つくった物で更に遊べるような環境づくりも大切です。友達を見て、まねをしながら自分の世界を広げていけるように支えましょう。

	第1週	第2週
◆週のねらい	●収穫したサツマイモを使ってクッキングを楽しむ。 ●みんなで掘ったサツマイモの形に興味をもち、スタンプ遊びを楽しむ。	●七五三があることを知り、大きくなったことを喜ぶ。 ●秋の自然物を使って、楽器づくりを楽しむ。
内容	●サツマイモを調理し、みんなで食べる。 ●サツマイモでスタンプ遊びを楽しむ。 ●うがいの仕方を確認して、自分でやろうとする。	●七五三の千歳飴の袋づくりを楽しむ。 ●給食の準備や片付けの仕方を知る。 ●楽器づくりや演奏ごっこを、友達と一緒に楽しむ。
環境構成	●自らうがいができるよう、自分のコップを出すスペースを用意する。 ●拾ってきた自然物を分類できるように、入れ物を用意しておく。 ●ごっこ遊びで、仲間意識が感じられるよう、同じ衣装が自由に使えるようにそろえておく。	●子どもがリズムに合わせて演奏ごっこが楽しめるようなスペースをつくり、楽器遊びを更に発展できる環境を整える。 ●楽器の音を聞き分けて、音に興味がもてるように、いろいろな素材を用意する。
保育者の援助	●うがいの大切さを伝え、一緒に練習したり、様子を見守ったりしながら冬に備え、よい健康習慣が身に付くように配慮する。 ●それぞれが楽しんでいる遊びを保育者が紹介し、友達の遊びに興味がもてるようにする。	●音から感じる子どもの表現を大切にし、共感する。 ●苦手な食べ物は無理強いせず、食事の楽しさを優先する。 ●子どもの楽器に合わせてピアノを弾くなどして、共に音を楽しむことで遊びが充実するようにする。

食育
●給食を楽しみにする気持ちや友達と同じ物を食べる喜びを食欲につなげる。
●みんなで同じ物を「おいしいね」と共感し合いながら食べる楽しさが感じられるようにする。
●つくってくれた人に感謝し、「いただきます」「ごちそうさまでした」とあいさつすることの大切さを伝える。

職員との連携
●運動会後、自信が付いた子どもたちは遊びの幅や活動範囲が広がり、他学年の保育室とも行き来するので、その様子などを互いに知らせるようにする。
●遊びに夢中になり、片付けなどが全体的におろそかになりやすいので、職員全員で声をかけることを心がける。

「幼児期の終わりまでに育ってほしい姿」の 健康:健康な心と体 自立:自立心 協同:協同性 規範:道徳性・規範意識の芽生え 社会:社会生活との関わり 思考:思考力の芽生え

前月末の子どもの姿
- 秋の自然物を拾ったり集めたりして遊ぶ。友達がマラカスづくりをしているのをまねてつくり、音楽をかけると数名が楽しそうに一緒に踊っていた。
- 共通のイメージをもって、友達との遊びを楽しむ。

◆月のねらい
- 秋の自然に親しみ、季節の移り変わりを感じる。 自然
- 経験したことを自分なりに表現して遊ぶ。 表現
- 自分の思いを出しながら、気の合う友達と遊ぶことを楽しむ。 協同 表現

月間予定
- 給食開始
- 勤労感謝の集い
- 七五三
- 自由参観

	第3週	第4週
	●当番活動を楽しみにし、みんなの役に立って認められる喜びを感じる。 ●みんなでお話の世界を楽しむ。	●友達と同じお話の世界を楽しみ、共有する。 ●友達とお話の世界を共有しながら、役になりきり、歌や踊りを楽しむ。
	●自分の順番を楽しみに、当番活動を行う。 ●勤労感謝の集いを通して、身近で働いている人の存在や仕事を知る。	●大好きな話を友達と劇遊びで再現することを楽しむ。 ●好きな役になりきって、友達と一緒に劇遊びをする。
	●親しみやすい話や、リズム感のある話など、子どもがイメージを広げやすい絵本や昔話を用意する。 ●当番が昼食前に机をふけるよう、子どもでも扱いやすい、小さめのサイズのふきんを用意しておく。	●絵本はくり返し楽しめるものやストーリーが分かりやすいものを選び、いろいろな役になって劇遊びが楽しめるようにする。 ●お面やペープサートをつくることで、互いの役を認識し、更に劇遊びが楽しめるようにする。
	●子どもの「もう1回」にこたえて、絵本をくり返し読み聞かせる。 ●話し合いでは思いを言葉にし、認めてもらう喜びを味わえるようにする。 ●話し合いの中で、順番に当番を行う必要性を子どもが感じられる環境になっているかを検証する。	●簡単なせりふや表現を子どもが自発的にできる場面をつくりながら、読み聞かせをする。 ●友達との遊びが楽しくなり、朝の支度がおろそかになりやすいので、言葉をかけて促す。

家庭との連携
- 給食の様子を知らせたり、献立表を各家庭に配布したりして、親子で給食を楽しみにできるように声をかけてもらう。
- 季節の変化に伴って体調を崩しやすいので、手洗い、うがいをすることや、休息を取ることをお願いする。

評価・反省
- 他児を意識し「順番」が分かるようになってきたので、当番活動を取り入れた。喜んで、意欲的に行う姿が見られた。
- 劇遊びが単調になって飽きないように、お面やペープサートをつくったり、音楽を取り入れたりするなど、毎回工夫することが必要だと感じた。

自然 : 自然との関わり・生命尊重　数字 : 数量や図形、標識や文字などへの関心・感覚　言葉 : 言葉による伝え合い　表現 : 豊かな感性と表現　を表しています。

12月 月案

keikaku → P242-243

発表する経験を自信にして

　日ごろみんなで楽しんできた劇遊びやダンスを、たくさんのお客さんが見ているステージで発表するというのは、子どもにとって未知の活動です。いつもと違う雰囲気に戸惑ったり、当日に気分がのらなくなるのも自然なこと。過度にプレッシャーを与えず、いつも楽しんでいる活動をありのままに見せる姿勢で臨みましょう。人前で発表し、ほめられた経験は、必ずその子の自信となるはずです。

	第1週	第2週
◆週のねらい	●友達とお話の世界を共有しながら役になり、歌やダンスを楽しむ。 ●劇を見たり、見てもらったりすることを喜び、発表会を楽しみにする。	●発表会の余韻に浸りながら、発表会ごっこを楽しむ。 ●クリスマスを楽しみにしたり、もちつきに参加したりする。
✦内容	●他のクラスの劇を楽しむ。 ●役になりきって劇遊びを楽しむ。 ●発表会で家族に劇を見てもらうことに喜びを感じる。	●役を交代しながら劇遊びを楽しむ。 ●いろいろな素材を使って、クリスマス製作を楽しむ。 ●材料に使う素材の違いに興味をもつ。
環境構成	●劇遊びが見せ合えるようなスペースを用意し、自由遊びでも使用できるようにする。 ●劇に必要な小道具をみんなでつくれるよう、材料や道具を用意する。 ●鉄棒、なわとび、フープなど、戸外遊びが楽しめるような用具を、遊びの中に取り入れる。	●友達と一緒にやりたいという要望にこたえられるよう、曲や舞台のスペースなどを用意する。 ●クリスマス飾りをつくる材料を十分に用意し、工夫してつくる楽しさを感じられるようにする。 ●もちつきでは、5歳児や大人が真剣につく様子を見る場を設ける。
保育者の援助	●一人一人の表現や行動を認め、劇遊びがより楽しくなるようにする。 ●自己表現をセーブする子もいるので、保育者自身がなりきって表現し、お話の世界に引き込まれる雰囲気をつくる。 ●歌ったり役になりきったりする楽しさを共有し、仲間意識が深まるようにする。	●上着の着脱では、脱いだ際に袖の裏返しを直すこと、ボタンを留めることなどを丁寧に伝え、自分でできるように援助する。 ●外から帰ってきたら、手洗い、うがいをするように声をかける。また、自らできた子をほめる。
食育	●もち米からもちになる様子を実際に見て、食材の変化に気付けるような言葉をかける。	
職員との連携		●各クラスの発表会の劇を職員同士で鑑賞し合いながら、子どもの様子を共有しアドバイスなどを伝え合う。 ●行事があると気忙しくなるので、活動にメリハリを付け、時間に余裕をもって取り組めるよう、職員同士で工夫する。

「幼児期の終わりまでに育ってほしい姿」の　健康:健康な心と体　自立:自立心　協同:協同性　規範:道徳性・規範意識の芽生え　社会:社会生活との関わり　思考:思考力の芽生え

👧 前月末の子どもの姿

- 4～5人の気の合う友達と共通のイメージをもって、ごっこ遊びを楽しむことで、仲間意識が少しずつ出てきた。
- 当番活動では、自分の順番がくることを楽しみにし、喜んで手伝っていた。

◆月のねらい

- 寒さに負けず、戸外で体を動かして遊ぶ。 [健康][自然]
- 発表会への意欲をもち、のびのびと自分を表現する楽しさを感じる。 [健康][表現]
- 友達と心を通じ合わせる心地よさを感じる。 [協同]

📋 月間予定

- 発表会
- もちつき
- 避難訓練
- クリスマス会
- 終業式

	第3週	第4週
	●クリスマス会に参加し、歌や演奏を聞いて楽しい雰囲気を感じる。 ●冬休みのことを知り、生活の場をきれいにする気持ちよさを感じる。	〈冬休み〉
	●クリスマス会に参加し、高校生の合唱や吹奏楽を楽しむ。 ●戸外で体を動かして元気に遊ぶ。 ●片付けや大掃除をみんなで行う。	
	●クリスマスの曲をかけたり、歌ったりしながら、クリスマスの雰囲気を楽しめるようにする。 ●大掃除をしやすいように、バケツや人数分の小さめのサイズのぞうきんを用意する。	●遊具や玩具の点検や、保育室などの掃除をする。 ●2学期の子どもの様子を、記録にまとめる。 ●2学期の反省会を園全体と学年ごとで行う。 ●子どもへ手づくりの年賀状を用意する。
	●体を動かすと温かくなることを伝え、保育者も鬼ごっこなどの遊びを一緒に楽しむ。 ●ぞうきんの絞り方や扱い方を保育者がやって見せ、自分でできるように援助する。	

家庭との連携

- 引き続き、体調管理をしてもらうよう、お願いする。
- 発表会に向けての準備を進めながら、子どもたちの成長について、おたよりで知らせる。
- 発表会のために用意してもらう物の、協力をお願いする。

評価・反省

- 初めての発表会では、いつもと違う雰囲気に緊張する子や張り切る子など、ふだんとは違う姿が見られた。最後までやり遂げたことを受け止めるようにした。発表会が終わっても劇遊びを楽しむ姿が見られ、楽しかったことが感じとれた。
- 集団で遊ぶことが多くなったが、その中で、思いのぶつかり合いも多く見られた。

[自然]：自然との関わり・生命尊重　[数字]：数量や図形、標識や文字などへの関心・感覚　[言葉]：言葉による伝え合い　[表現]：豊かな感性と表現　を表しています。

1月 月案

幼稚園・認定こども園

keikaku → P244-245

お正月の遊びを充実させて

　新しい年がやってきました。子どもたちは家庭でお正月を経験し、たくさん話をしてくれることでしょう。園でもお正月らしい飾りで雰囲気をかもしだし、凧あげ、こま回し、すごろくなど、お正月ならではの遊びをたっぷり準備しましょう。
　かるたでは友達と読み手の声に耳を傾け、勝ったり負けたりする経験を重ねていきます。ルールを守りながら友達と遊ぶ楽しさを味わえるでしょう。

	第1週	第2週
◆週のねらい	●正月遊びに興味をもち、友達と一緒に楽しむ。 ●友達との再会を喜び、冬休みの出来事を話したり、好きな遊びを楽しんだりする。	●簡単なルールのある遊びを友達と一緒に、自分なりに工夫して楽しむ。 ●みんなであそぼう会では父親たちとダイナミックに遊ぶことを楽しむ。
✱内容	●かるた、こま回し、羽根つき、凧あげなどの正月遊びを楽しむ。 ●冬休みの出来事を話したり、始業式に参加したりする。	●鬼ごっこや椅子取りゲームなど、ルールのある遊びを友達と楽しむ。 ●父親たちと一緒に、好きな遊びを楽しむ。
環境構成	●自由遊びの中で正月遊びに親しめるように、子どもの手の届くところに正月遊びを用意しておく。 ●冬休み前に親しんでいた遊びを用意するとともに、休み中に遊んだと思われる正月遊びを用意する。 ●冬休みの出来事を聞いたり、みんなの前で話したりする場を設ける。	●毛糸など、季節に合った素材で製作遊びができるよう、コーナーに用意しておく。 ●みんなであそぼう会で、父親たちと触れ合える遊びを用意し、大人の力を借りてダイナミックに遊べるようにする。
保育者の援助	●羽根つき、こま回しなど感覚を刺激する正月遊びを楽しめるように工夫する。 ●園生活のリズムを無理なく取り戻せるように、時間にゆとりのある活動を考える。 ●子どもが冬休みの出来事を伝える際は、友達にも分かるように言葉を補う。また、話したいという意欲を十分に認め、内容に共感して満足感へとつなげる。	●今まであまり遊んでいなかった友達との関わりで、言葉で伝え合う楽しさや喜びなどに共感する。 ●かるた遊びでは、文字への興味に個人差があるので、文字のない簡単な絵かるたも用意し、みんなで楽しめるように工夫する。
食育	●父親参加のみんなであそぼう会では、季節の野菜を使った豚汁をお父さんと一緒につくりながら、親子の会話が楽しめるように心がける。 ●豚汁で今まで食べられなかった野菜が食べられた子には、一緒に喜びを感じ、自信がもてるようにする。	
職員との連携		●ふだん子どもたちがどんな遊びに興味をもっているかを話し合いながら、コーナー遊びや交流を考える。 ●他のクラスの友達や保育者と、自ら関わろうとする姿が増えてきたので、その内容や様子などを伝え合う。

「幼児期の終わりまでに育ってほしい姿」の 健康:健康な心と体　自立:自立心　協同:協同性　規範:道徳性・規範意識の芽生え　社会:社会生活との関わり　思考:思考力の芽生え

前月末の子どもの姿
- 友達が困っていたら助けようとしたり、トラブルになったときは自分たちで解決しようとしたりする。
- ごっこ遊びや見立て遊びなど、会話を楽しみながらなりきって遊ぶ。

◆月のねらい
- 正月遊びや生活に必要な決まりや、約束を守ろうとする。 [規範][社会]
- 友達と一緒に遊びを工夫し、イメージを膨らませながら遊ぶ。 [協同][思考]
- 寒さに負けず、戸外で元気に遊ぶ。 [健康][自然]

月間予定
- 始業式
- 避難訓練
- 誕生会
- みんなであそぼう会
- 小学校交流

	第3週	第4週
	●楽器に興味をもち、触ったり鳴らしたりすることを楽しむ。 ●小学生との交流を楽しむ。	●自分で考えたり工夫したりして、製作を楽しむ。 ●雪や氷など冬の自然事象に触れ、興味をもつ。
	●いろいろな楽器を、曲に合わせて鳴らしてみる。 ●小学生とゲームを行ったり、歌を歌ったりして、交流を楽しむ。	●廃材を利用して、自分のつくりたい物をつくる。 ●戸外で体を使って遊び、冬の自然事象に気付く。
	●楽器の扱い方を確認し、自由遊びでも自分たちで丁寧に楽器を使い、楽しめるようにする。 ●舞台を出したり、スペースを設けたりして、音楽隊になった気分を味わえるようにする。 ●小学生と触れ合って楽しめる遊びを用意する。	●いろいろなごっこ遊びを楽しむ中で、子どもがイメージした物を形にできるよう、廃材などの材料を用意しておく。 ●寒い日に氷が張るようになったら、水を入れて氷づくりができるように、空き容器や場所を用意する。
	●楽器をどのように使ったらいいか、保育者が見本を示す。 ●楽器によって音色の違いがあることに気付けるようにする。 ●子ども全員が小学生と関われるように配慮する。	●思いどおりにできたことを喜べるよう、道具を工夫して援助する。 ●子どものつくりたい気持ちを受け入れながらも、保育者がすぐ思いどおりの物を準備するのではなく、自分で考える姿を見守る。 ●霜柱や氷に一緒に触れて、興味をもてるようにする。

家庭との連携
- 廃材遊びが充実してきたので、月に2回程度の廃材回収をお願いする。
- 再び始まった園生活の様子や友達を意識し、考える姿勢が育ってきたことを丁寧に伝え、安心してもらえるようにする。

評価・反省
- 廃材を使っての製作で、手先が器用になってきた。また、自分のイメージを形にしようとする姿も見られる。子ども自身で考えたり工夫したりできるようになってきたと思う。
- 冬休みの出来事をみんなの前で話す喜びは感じられたが、待っている間に飽きてしまう子もいた。時間配分や質問の仕方にも工夫が必要だった。

[自然]:自然との関わり・生命尊重　[数字]:数量や図形、標識や文字などへの関心・感覚　[言葉]:言葉による伝え合い　[表現]:豊かな感性と表現　を表しています。

2月 月案

幼稚園 認定こども園

keikaku → P246-247

年中行事では導入を大切に

子どもが節分などの行事の当日をどのような気持ちで迎え、楽しむかは導入にかかっています。「こんな行事があるから、鬼のお面をつくりましょう」というのでは、子どもの主体的な活動とは言えません。昔話をたくさん読んで、つくりたくなる気持ちを自らもてるようにしたいものです。また、つくるだけでなく、自らがなりきって演じたり、昔の言葉を楽しんだりして、その世界を満喫しましょう。

	第1週	第2週
◆週のねらい	●自分で考えたり工夫したりしながら、製作を楽しむ。 ●節分に興味をもち、豆まきをする。	●お店屋さんごっこの雰囲気を楽しみながら、売り手や買い手を体験する。 ●体験したことや楽しかったことを、遊びに取り入れる。
★内容	●5歳児のお店屋さんごっこに参加し、買い物へ行き、やり取りを楽しむ。 ●お店屋さんに必要な物を考えてつくる。 ●自分で升をつくり、豆まきを体験する。	●売ったり買ったりして、お店屋さんごっこを楽しむ。 ●保護者と一緒に作品展を訪れ、自分や友達の作品を鑑賞する。
環境構成	●つくりたい物のイメージを膨らませ、自ら素材を選んで実現できるよう、コーナーごとに様々な素材を用意する。 ●升づくりでは、一人一人が思いえがいたイメージの飾り付けができるよう、材料をそろえる。	●子どもたちと、お店屋さんごっこに必要な物を話し合い、3歳児でも実現できるように段ボールや廃材を用意し、必要に応じて加工する。 ●作品展では、作品を親子で見られるよう配置を工夫し、実際につくって遊べるコーナーを設置する。
保育者の援助	●5歳児のお店屋さんごっこに参加する経験を通して、お店屋さんに興味をもてるようにする。その後、自分たちでイメージを実現できるような素材を用意する。 ●節分の由来や豆を食べることを分かりやすく伝える。鬼が怖いという感情も豊かな情緒の一つとしてとらえ、保育者や友達がいるから鬼が来ても大丈夫、という絆づくりをする。	●お店屋さんでは、「いらっしゃいませ」など大きな声で一緒に声をかけ、お店屋さんごっこを盛り上げる。 ●自分たちで考えて行動する場面を大切にし、保育者が仕切りすぎないように配慮する。

食育
●学年を解体して異年齢児と昼食を食べる機会を設け、いつもと違う顔ぶれでの食事を楽しめるようにする。

職員との連携
●作品展では配置などをよく話し合い、共通理解しておく。
●お店屋さんごっこでは、慣れない活動で見通しが立たず不安そうな子に、職員が連携して援助できるよう、事前の打ち合わせを密にする。

「幼児期の終わりまでに育ってほしい姿」の [健康]:健康な心と体 [自立]:自立心 [協同]:協同性 [規範]:道徳性・規範意識の芽生え [社会]:社会生活との関わり [思考]:思考力の芽生え

前月末の子どもの姿
- 個々のイメージを伝え合って遊ぶ姿が見られる。
- 自信の高まりとともに、自分でしようとする姿が増えた。
- 遊びの中で思いを伝え合うようになり、遊びが持続する。

◆月のねらい
- 友達とイメージを伝え合い、共感しながら遊ぶことを楽しむ。 [協同]
- 自分のイメージしたことが実現する喜びを感じる。 [思考][表現]
- 冬ならではの自然に触れながら、戸外で元気に遊ぶ。 [自然]
- お店屋さんごっこを通して、数に親しむ。 [数・字]

月間予定
- 豆まき
- 作品展
- お店屋さんごっこ

第3週	第4週
●リズムに合わせて楽器を鳴らすことを楽しむ。 ●友達と一緒に、好きな遊びをくり返し楽しむ。	●ひな祭りに興味をもち、ひな人形づくりを楽しむ。 ●歌やリズムに合わせて、楽器を鳴らす楽しさを味わう。
●好きな楽器を選んで、音に合わせてリズム打ちを楽しむ。 ●円形ドッジボールやなわとびなどに興味をもち、体を動かして遊ぶ。	●本物のひな人形を見て、ひな祭りが近づいたことを知り、ひな人形をつくる。 ●友達と一緒に、楽器遊びを楽しむ。
●楽器をいつでも使えるように準備し、曲に合わせて自由に鳴らせるようにCDも用意する。 ●寒くて室内にこもりがちになるので、外で遊ぶ機会をつくり、氷や霜柱を見付けたり、触ったりできるようにする。	●つくったひな人形をみんなが通る玄関前に飾り、一緒に見たり、人形の違いを話し合ったりする。 ●他のクラスの合奏を聞く機会をもち、お互いに刺激を受け、見てもらう喜びを感じられるようにする。
●楽器の扱い方についてクラスで話し合い、共通理解できるようにする。 ●子どもの言葉を取り上げ、みんなで考えたり、次の活動へのきっかけにしたりする。	●ひな人形の製作では、絵本などを用いて由来を分かりやすく話し、つくりたいひな人形のイメージをもって材料や色を選べるようにする。 ●折り紙製作の際には、指先を使ってしっかり折り目が付けられるように伝える。

家庭との連携
- インフルエンザなど感染症による欠席者が出たら、おたよりを配布して知らせる。
- 作品展では、子どもの気持ちや取り組みのプロセスを保護者と共に大事にしていけるよう、どんな様子で取り組んでいたのかなど事前にエピソードをおたよりで知らせる。

評価・反省
- 戸外に積極的に誘ったり遊びのきっかけをつくったりしたことで、寒い中でも戸外に出て遊ぶ子が増えた。
- 製作の一つ一つに自己表現が見られる。一人一人の表現を認め、自信がもてるようにしていきたい。

[自然]：自然との関わり・生命尊重　[数・字]：数量や図形、標識や文字などへの関心・感覚　[言葉]：言葉による伝え合い　[表現]：豊かな感性と表現　を表しています。

3月 月案

幼稚園・認定こども園

keikaku → P248-249

成長を言葉に出して伝えよう

4月には保護者と離れられずに泣いていた子も、プールが怖くて後ずさりしていた子も、たくましく成長し、いろいろなことが自分でできるようになりました。その成長に気付けるよう、積極的にその子が成長したことを言葉に出して伝えましょう。

自信をもって生活し、その延長線上に4歳児クラスへの進級が見えてきて、楽しみになるように計画していきたいものです。

	第1週	第2週
◆週のねらい	●ひな祭りの行事に興味をもち、歌や出し物を楽しみながら集会に参加する。 ●家族に歌や合奏を見てもらうことを喜ぶ。	●5歳児に感謝の気持ちを抱き、プレゼントづくりをする。 ●お別れ会に参加し、歌やプレゼントを贈り、5歳児と楽しく過ごす。
★内容	●ひな祭りの話を聞いたり、歌を歌ったりする。 ●音楽会で見てもらうことを楽しみに、張り切って歌や合奏に取り組む。	●お別れ会に参加する。 ●5歳児へのプレゼントをつくり、感謝の気持ちを込めて渡す。 ●庭の木の芽を探し、春を待つ。
環境構成	●自分たちがつくったひな人形をホールに飾り、ひな祭りの雰囲気を味わえるようにする。 ●懇談会では、親子で一緒に昼食を食べたり、一緒にデザートをつくったりできるように用意しておく。 ●音楽会では、一人一人が見えやすいように舞台を設置する。	●お別れ会は自分たちで準備し、飾り付けや椅子運びをしよう、という意識をもてるようにする。 ●製作では、はさみやのりを使う活動を行い、丁寧に使うことを再確認する。
保育者の援助	●友達と楽器を演奏する際、音が合ったときの喜びが感じられるように配慮する。 ●音を止めるタイミングに気を付けながら、演奏を指揮する。	●5歳児の卒園を祝う気持ちや感謝の気持ちが伝えられるよう、みんなで話し合いの場を設ける。 ●一年を振り返り、一人一人の具体的な成長をみんなの前で認めながら、成長を喜ぶ。

食育
●自信がついている時期なので、少し苦手な物もすすめてみる。食べられた際にはみんなの前で認め、次も食べてみようという意欲をもたせる。

職員との連携
●お別れ会では、今まで一緒に過ごしてきた5歳児と楽しい時間が過ごせるよう、どんなゲームや手遊びに興味があるかなどの情報交換をする。
●4歳児の保育室に行ったり、遊んだりできるよう、交流の方法を考える。

「幼児期の終わりまでに育ってほしい姿」 健康:健康な心と体 自立:自立心 協同:協同性 規範:道徳性・規範意識の芽生え 社会:社会生活との関わり 思考:思考力の芽生え

前月末の子どもの姿
- いろいろな物に興味が広がり、自分でやってみようとする姿が見られる。
- 今までの経験を生かしながら、自分たちでイメージして物をつくったり、遊びを広げたりする。

◆月のねらい
- 自分でできることに自信をもち、いろいろなことをやってみようとする。 自立
- 大きくなったことを喜び、進級に期待をもつ。 自立
- 身近な自然の様子から、春の訪れを感じる。 自然

月間予定
- 誕生会
- ひな祭り
- 音楽会
- 懇談会
- お別れ会
- 修了式

第3週	第4週
●大きくなったことを喜び、進級に期待をもつ。 ●一年間過ごした保育室や、身の回りをきれいにし、進級の準備をする。	〈春休み〉
●クラスの友達とイメージを広げながら遊ぶことを楽しむ。 ●進級することを知り、期待する。 ●保育室や身の回りの掃除をする。	
●集まりの際に、みんなで楽しめるようなゲームや活動を取り入れる。 ●4歳児と遊んだり、4歳児の保育室に行ってお弁当を食べたりして交流しながら、室内に慣れるようにする。 ●新しいクラス帽を渡して大きくなったことを祝い、進級を心待ちにして春休みに入れるように配慮する。	●遊具や玩具の点検をし、保育室の美化整備を行う。 ●一年間の子どもの様子をまとめ、指導要録を書く。 ●新学期の環境設定を行う。 ●保育用品などをそろえる。
●自分の体や心が大きくなったことを知り、自信がもてるように話す。 ●進級を楽しみにできるような言葉を心がける。 ●クラス替えが不安な子には、保護者の不安が影響することもあるので、様子を見ながら受容する。	

家庭との連携
- 懇談会では、クラスとしての成長の様子や3歳児修了に向けて心がけていることなどを具体的に知らせる。
- 進級に向けて、不安を感じる子もいるので、保護者にゆったりと受け入れ、見守ってもらうように伝える。

評価・反省
- 一人一人の努力を認めたことで自信につながり、自分で考えたり行動したりする姿が多くなった。
- 一つ一つの行事に期待をもち、楽しく参加していた。行事の意味を分かりやすく丁寧に説明することが大切だと思った。

自然：自然との関わり・生命尊重　数字：数量や図形、標識や文字などへの関心・感覚　言葉：言葉による伝え合い　表現：豊かな感性と表現　を表しています。

事故防止チェックリスト

チェックした日　月　日

1	子どもの遊んでいる遊具や周りの安全を確認している。	☐
2	すべり台やブランコなど、固定遊具の遊び方やきまりを知らせている。	☐
3	玩具を持ったり、カバンを下げたりしたまま、固定遊具で遊ばないように注意している。	☐
4	すべり台の上でふざけるなど、危険な遊びをさせないようにしている。	☐
5	揺れているブランコには近づかないよう注意している。	☐
6	シーソーは反対側に人が乗ると、急に上にあがることを知らせている。	☐
7	砂場は、砂の汚染や量、周りの枠について点検している。	☐
8	固定遊具の近くで遊ぶ際、勢いあまって衝突することがないよう注意している。	☐
9	三輪車・スクーターはスピードがつくと転倒したり、衝突したりすることがあると知らせている。	☐
10	園庭の状況に合った遊びを選び、保育者は子どもの行動を常に確認している。	☐
11	室内では、衝突を避けるため走らないようにし、人数や遊ばせ方を考えている。	☐
12	午睡中は、ある程度の明るさを確保し、子どもの眠っている様子や表情の変化に注意している。	☐
13	午睡後、十分に覚醒しているか、個々の状態を十分に把握している。	☐
14	肘内障を起こしやすい子ども、アレルギーや家庭事情など、配慮を要する子どもを全職員が把握している。	☐
15	手にけがをしたり、手がふさがったりする場合は、特にバランスが取りにくく、転びやすいので注意している。	☐
16	室内・室外で角や鋭い部分にはガードがしてある。	☐
17	ロッカーや棚は倒れないよう転倒防止策を講じている。	☐
18	室内は整理整頓を行い、使用したものはすぐに収納場所に片付けている。	☐
19	ハサミやカッターなどの刃物は、使用したら必ず片付けている。	☐
20	箸などを持って歩き回らないよう注意している。	☐
21	食べ物のかたさや、大きさ、量などを考えて食べさせている。	☐
22	子どもが鼻や耳にドングリや小さな物を入れて遊ばないよう注意している。	☐
23	先の尖ったものを持ち歩いたり、振り回したりしないよう指導している。	☐
24	子どもが暖房器具のそばに行かないよう気を付けている。	☐
25	床が濡れていたら、すぐにふきとる。	☐
26	トイレや手洗い場、室内、廊下、テラスでは走らせない。	☐
27	トイレ用の洗剤や消毒液は子どもの手の届かない所に置いている。	☐
28	水遊びをするときは、必ず保育者が付き添っている。	☐
29	ウサギなどの小動物と遊ぶときは、そばに付いて注意し、遊んだ後は必ず手を洗わせている。	☐
30	火は熱いことを教え、気を付けるように指導している。	☐
31	子どもの足に合った靴か、靴を正しくはいているか確認している。	☐
32	散歩の際は人数確認をし、道路では飛び出さないよう注意、指導している。	☐
33	歩道には危険なものがないか注意している。	☐
34	信号を渡るときは列を短くし、安全に迅速に渡らせている。	☐
35	手をつないで走ったり、階段を上り下りしたりするとバランスを崩しやすいことを保育者は理解している。	☐
36	散歩の際、園が近づくと早く帰園しようとして走るなどの危険を保育者は理解している。	☐
37	前を見て歩かせ、列全体のスピードを考え誘導している。	☐
38	公園は年齢に合った公園を選び、遊ばせる際には安全に十分気を付けている。	☐
39	年齢に合った固定遊具であるか、雨などで滑りやすくなっていないかなど点検している。	☐
40	ジュースの空き缶やタバコなどの危険な物は、口に入れないよう指導している。	☐
41	犬などの動物は咬むことがあると子どもに教えている。	☐

Part 3

クラス運営の ヒント

- ことばかけ
- 保護者対応
- おたより

すぐに役立つ！ なるほど ことばかけ

子どもにわかりやすい伝え方、話し方を心がければ、子どもはもっと動きやすくなります。子どもの心に届く、ことばかけの工夫を紹介します。

ベテラン保育者直伝！ ことばかけのコツ

大人では当たり前の言い回しで子どもに伝えても、理解できないこともあります。子どもに伝わることばかけのコツを見てみましょう。

できた→ほめる！認める言葉を

幼児期はできることがどんどん増えていきます。できたことを認められ、ほめてもらえるとうれしくて、行動に自信がつき、やる気も出てくるでしょう。

どうすればよいか、具体的に話をする

「ダメ」「ちゃんとして」など否定やあいまいな言葉ではなく、どんな風にしてほしいかを、子どもにもわかりやすい言葉で伝えます。

イスの上には靴であがらないで

みんなで助け合う、集団の力をうまく引き出す

園生活は、集団で助け合って生活することで成り立ち、その中で子どもは成長します。保育者はクラス全体を認め、みんなでやり遂げる経験を重ねましょう。

声にメリハリをつけてアクションも時には効果的

ゆっくり落ち着いた声、短く大きめの声など、声の出し方を使い分けたり、頭の上に大きな丸を作ったりなど、伝わりやすい方法を取り入れましょう。

子どもが主体となる言い方を心がける

「今は〜だから〜○○しよう」と子どもの主体的な行動につながる言い方が、子どもには伝わりやすいもの。「〜しなさい」や「○○しないと××だよ」などの命令口調やおどしは厳禁です。

朝の準備をスムーズにしたい

➡ 目印になるものを置いておく
- **STEP 1** 決まった箱を用意する
- **STEP 2** 一度で準備が終わるように配置を工夫する
- **STEP 3** 定位置を決めたら動かさない

朝の準備はピョンちゃんからスタートね

ピョンちゃんのところに置いてね！

 子どもの思い 「いつもここだからわかりやすい！」

NGワード 「今日はピョンちゃんをこっちに置くね」

保育室の飾りつけや行事の都合のたびに、おたより帳入れやタオルかけの位置を変えることは、混乱のもとです。

うまくいくことばかけのコツ
設置場所の一工夫でスムーズに

おたより帳入れは毎朝決まった位置に用意し、なじみ深いクラスのマスコットを置いて目立つようにしておくと効果的です。一連の準備を、保育室の一角ですべて終えられるように、子どもの動線を考えて設置しましょう。

靴を靴箱にそろえて入れてほしい

➡ 靴を擬人化して説明をする
- **STEP 1** 左右に靴をそろえて持つことを教える
- **STEP 2** 「ガッチャンコ」と言葉をかける
- **STEP 3** 保育者が実践する

「ガッチャンコ」でそろえようね

「ガッチャンコ」でそろえようね

 子どもの思い 「『ガッチャンコ』っておもしろい！」

 NGワード 「きちんとしまって！」

ここでの「きちんと」とは、どういうことなのかを伝えないと、子どもは混乱するばかりです。

うまくいくことばかけのコツ
靴の擬人化で、親しみをもたせる

乱れている靴を見せ「いつもいっしょの仲よしなのに、はなればなれになっちゃったんだって」と話し、擬人化すると親しみがもてるでしょう。右と左の靴をそろえて持つことを伝え、「ガッチャンコ」と言いながら、実践しましょう。

保育者の話に注意を集めたい

➡ 雰囲気づくりを工夫する

- **STEP 1** 手あそび歌で注意をひく
- **STEP 2** クラスのマスコットを利用する
- **STEP 3** 声に抑揚をつける

ポコちゃんが、先生のお話聞いてって!

 子どもの思い
「ポコちゃんだ。お話なにかな?」

NGワード
「あとでわからなくなっても知りませんよ」

保育者のイライラする気持ちを、子どもたちにぶつけるのは禁物です。

うまくいくことばかけのコツ

メリハリをつけ、飽きない工夫を

最初に手あそび歌などで注意をひき、最後は声を出さずに動きだけであそぶなど、メリハリをつけると効果的。さらにマスコットを登場させ、保育者の気持ちを代弁するのも一案です。

着替えをスムーズに終わらせたい

➡ 着替えのあとの活動を示す

- **STEP 1** 次の活動について知らせる
- **STEP 2** 状況によって手伝う
- **STEP 3** 着替えた子をほめる

着替えたら○○をしよう

 子どもの思い
「着替えたら紙芝居だって。楽しみ!」

NGワード
「早く着替えちゃいなさい」

「汗をかいたって平気!」というのが子どもの気持ち。ただ急かされるだけでは子どもの心に届きません。保育者が頭ごなしに着替えを促しても、その理由は子どもには伝わらないのです。

うまくいくことばかけのコツ

干渉しすぎない範囲での手助けを

「汗で汚れちゃったね。ばいきんがいっぱいだし、着替えよう」と話し、「着替えたら紙芝居を読もう」と次の活動へ期待がもてるような言葉をかけます。子どもの発達に合わせて必要な援助をしましょう。

片づけて次の活動へ移りたい

➡ なぜ片づけが必要かを知らせる

- STEP 1　次の活動を予告する
- STEP 2　片づけの歌をうたう
- STEP 3　ゲーム感覚で片づける

次は○○をやるよ！

子どもの思い　「○○やりたい。早く片づけようっと」

NGワード　「片づけないなら、もうやらない」

保育者に反抗しているわけではなく、子どもはあそびに夢中になっているだけ。なぜ保育者が怒っているのか伝わりません。

うん！／片づけよう／次はおにごっこをやりましょう！

うまくいくことばかけのコツ

片づけはゲーム感覚で楽しむ

いきなり「片づけなさい」と言われても子どもは簡単に切り替えられません。保育者はまず次の活動を知らせ、片づけの歌をうたいます。さらに1人何個まで片づけるなどのゲームを取り入れながら、楽しい雰囲気を出すと効果的。

手洗いを習慣づけたい

➡ 手洗いする姿を見せる

- STEP 1　保育者が手洗いの見本を見せる
- STEP 2　歌で手洗いの大切さを伝える
- STEP 3　その都度、言葉をかける

こんなふうに洗おうね

子どもの思い　「きれいに手を洗って、ばいきんを倒さなくちゃ！」

NGワード　「きれいに洗ってきてね」

保育者が手本を見せずに、手洗いを促すだけでは、きれいに手を洗うという意識が高まりません。

こんなふうに洗おうね！

うまくいくことばかけのコツ

保育者といっしょに楽しく手洗いを

保育者自身がしっかりと手洗いをしている姿を見せることが大切です。子どもたちが洗う際は、一人一人保育者が点検して、衛生面での徹底を意識づけましょう。また、手洗いの歌を日常的にうたうのも効果的です。

Part 3　クラス運営のヒント　ことばかけ

1列にさっと並んでほしい

➡ あそび感覚で楽しみながら並ぶ

- **STEP 1** 身近な言葉で、列になることを伝える
- **STEP 2** ゲーム感覚で、楽しみながら並ぶ
- **STEP 3** ゆっくりと歩いて、子ども全体を見渡す

10数えるうちに汽車ぽっぽになろう！

 「ゲーム楽しそう！ 早くしよう！」

NGワード 「ちゃんと並びなさい！」

「ちゃんと」「しっかり」は、具体的な言葉ではありません。何をすればよいのかが伝わらず、子どもの心に届きません。

うまくいくことばかけのコツ

全体を見渡しながら声かけを

前方からだけでなく、後方からも声をかけることが大切です。そして、前にいる友達の肩をもって汽車のように並び、できたら手を下ろすことを伝えます。さらに、前の子の頭を見て、まっすぐに並ぶように声をかけます。

大きな輪を作りたい

➡ 2列に並び、列の先頭と最後尾が手をつなぐ

- **STEP 1** 男女別に列を作り、手をつなぐ
- **STEP 2** 先頭の男女、最後尾の男女が手をつなぐ
- **STEP 3** うたいながら全員で広がる

2列から大きな輪へ誘導していく

 「わあ、まあるい輪になっちゃった！」

NGワード 「手をつないで輪になって！」

近くにいる子と手をつないでいくうちに、大きな1つの輪ではなく、小さな輪がいくつもできてしまいます。

うまくいくことばかけのコツ

2列になってから全員で手をつなぐ

まずは2列に並び、これから大きな輪を作ることを知らせ、2列は向き合って縦の列で手をつなぎます。先頭と最後尾のそれぞれ2名が手をつなぎ、歌をうたいながら広がると、大きな輪のできあがり。

新しい外あそびのルールを教えたい

➡ ルールは落ち着いたところで話す

- **STEP 1** まずは室内でルールを説明する
- **STEP 2** ルール違反の説明もする
- **STEP 3** 保育者が実践してみせる

先に部屋で説明するね

 子どもの思い 「おもしろそう、早くやってみたい」

NGワード 「外でやりながらルールを説明するね！」

簡単なルールならすぐに実践も可能ですが、いくつかの約束事があるものは、あそびながら説明しても、伝わりません。

うまくいく ことばかけのコツ

室内で保育者が実践しながら説明

ルール説明を外ですると、声が通りにくかったり子どもたちの気が散ったりします。先に室内でていねいに説明し、保育者が実践しましょう。その際、ルール違反のパターンなどもやってみせると、よりわかりやすいでしょう。

プールでの活動を安全なものにしたい

➡ 前もって話し、「安全」の工夫と「清潔」の準備を

- **STEP 1** 保育室で安全について話す
- **STEP 2** 衛生上必要な道具をそろえる
- **STEP 3** 危険を回避する工夫を施す

どんなことが危ないかな？

 子どもの思い 「ちゃんと気をつけなくちゃ！」

NGワード 「走ったらダメ！」

プールサイドで注意しても、子どもたちは興奮状態なので、耳に入りません。事前に「こうあってほしい姿」を伝えましょう。

うまくいく ことばかけのコツ

事前に子どもと安全について話し合う

プールが始まる前に、どんなことが危ないか、どういう行動が望ましいかを保育室で話し合います。そのうえで、プールサイドに人工芝を敷くといった安全と清潔のための準備をしておくと、危険回避になります。

気になる！保護者対応 Q&A

子どもの育ちのために、保護者とはよい関係でありたいもの。よくある悩みを取り上げ、解決法を紹介します。

保護者のタイプ別 対応ポイント

さまざまな保護者の思いを知り、気持ちに寄り添った対応をしたいもの。4タイプの保護者を見てみましょう。

過保護タイプ

子どもを心配するあまり、先回りして何でもやってしまいがち。

過保護は愛情の証ですが、行き過ぎると子どもが育つ機会を奪ってしまいます。「ご心配ですよね」と保護者の気持ちを認めつつ、「ここでやってあげてしまうと、自分でやろうとする意欲をそいでしまうことがあるので、手助けは我慢し、できたときに認めて抱きしめてあげてください。それが自立につながりますよ」と話します。

せっかちタイプ

子どもを自分のペースで動かそうと急かしがちで、うまくいかないとイライラ。

子どもだって自分のペースでやりたいのに、「さっさとしなさい」と急かされるのは辛いもの。子どもは自分の行動に達成感や満足感を得て、その積み重ねでスムーズに動けるようになるのです。「○○ちゃんのこういうところがかわいいですよね！」と言葉をかけ、子どもの愛らしさ、見守る子育ての大切さを伝えましょう。

無関心タイプ

子どもよりも自分が大事。子どもはかわいいけれど、あまり手間をかけたくない。

愛らしい姿で保護者にまとわりついてきてくれる時期は短いもの。この時期の育児を楽しまないのはもったいないことです。「今日、こんなにおもしろいことを言ってましたよ」「小さい子に親切にしていたんです」などと小さなエピソードを伝え、この時期ならではの子育ての楽しさに気づいてもらいましょう。

園への期待が過剰なタイプ

「保育のプロなんだから」が口癖。自分でするのが面倒なことを園に押しつける。

保護者は大切な我が子のために少しでもよい環境を望んでおり、園への要望を言うのです。園をよりよくするヒントが隠されているかもしれません。できないことがあってもすぐに否定はせず、「ご意見ありがとうございます」といったん受け止め、「園長に相談してみます」とつなぎ、指示をあおぎましょう。

Q 子どもの身支度をすべてしてしまう保護者がいます。そろそろ子どもが自分のことは自分でできるようにしたいのですが…。

A 「お子さんの成長のためにそろそろ次のステップに進みましょうか」

つい手を出してしまいたくなる気持ちはわかりますが、いつまでも保護者がやってしまっては、子どもは自分のことを自分でできるようになりません。保育者から見て、自分で行うのに適している育ちであれば、保護者に「そろそろ次の段階に進みましょうか」と明るく声をかけてみましょう。急がせず、ゆったりとした気持ちで見守り、自分でできたら「上手にできたね！」とほめるように伝えましょう。

保護者の気持ち
だって、まだうまくできないんだもの。かわいいから、やってあげたいのよ。

POINT
- 子どものために、次の段階に進むことを知らせる。
- 見守り方や援助の仕方について、具体的に知らせる。

Q おもちゃを園に持ってきてしまう子がいて、保護者も「子どもが持ってきたがる」と言います。やめてもらいたいのですが…。

A 「園では、自分の力であそびをつくり出す活動をしています」

保護者には「子どもたちには既成のおもちゃではなく、何もないところからでもあそびをつくり出していく力を養っていきたいと考えています。そこから創造力が生まれ、人と協力することも学んでいきます。園では、家庭ではできないようなあそびをたくさん経験させたいので、家庭でできることは家庭で、園では園でしかできないあそびを存分に、とお考えいただけないでしょうか」と話し、理解を求めましょう。

保護者の気持ち
だって、子どもが持ってきたがるんだもの。仕方ないじゃない。

POINT
- 園の教育方針をていねいに伝え、理解を求める。
- おもちゃを持ってきた場合には、園で預からせてもらうことを伝える。

Q 園からのおたよりを見ない保護者がいます。こちらから声をかけると「聞いていない」「見ていなかった」と言われてしまって…。

A 「本日は、○○についてのおたよりが入っています」（メモをカバンに貼る）

基本的には、おたよりがないか子どものカバンを毎日チェックしてもらいたいところですが、難しい場合もあるでしょう。可能であれば、おたよりが出る日の登園時や降園時に、個別に一言、声をかけましょう。それでも見ないようなら、付箋に「おたよりが入っています」と書いて、子どもの通園カバンに貼るのが効果的です。翌日には「昨日のおたより、見ていただけましたか？」と確認します。

保護者の気持ち
いつおたよりが入っているかわからないんだもの。面倒で困るわ。

POINT
- 個別の声かけや付箋などで、おたよりを入れたことを知らせる。
- 見てもらったときはお礼を言い、おたよりを見ることを習慣づけてもらう。

Q 子どもが体調不良のために迎えにきてもらったとき、子どもの体調を説明するにはどのように伝えればよいでしょうか？

A 「昼頃から元気がなく、頭を冷やして横になっていました」

子どもの体調は変わりやすいもの。朝は元気でも、午後になって発熱するのはよくあることです。そうはいっても突然園から呼び出された保護者は動揺しているでしょうから、まずは迎えに来てもらったことにお礼を言い、順を追って子どもの症状や園で行った処置について話します。子どもを引き渡す際は、かかりつけ医があるかどうか確認し、休診の場合は園医を紹介するなどの対応ができるとていねいです。

保護者の気持ち
朝は元気だったのに…。熱が出たなんて、困ったわ。

POINT
- 予定の時刻より前に来てもらったことに対して、お礼を言う。
- 朝からの様子と、園で行った処置を具体的に伝える。

Q ケガが続いてしまった子がいます。保護者は園に不信感をもっているようす。うまく説明するにはどうしたらよいでしょうか？

A 「全職員で話し合い、このような対策を取ることになりました」（具体的に伝える）

保育者の見守り方が適切でなかったのですから、自分の保育に甘さがなかったかを振り返り、何が原因でそうなってしまったのかを検証する必要があります。子どもの不注意なのか、環境の不備なのかなど、園の職員全体で話し合い、対策を講じます。その上で保護者には心からお詫びをし、「環境構成のここを変えた」「この道具は使わないことにした」など具体的な改善策を伝えて、許しを請いましょう。

保護者の気持ち
こんなにケガが続くなんて、この園どうなっているの？ 大丈夫？

POINT
- 全職員でその子のケガの原因を検証し、対策を講じる。
- 保護者には心からの謝罪とともに改善策を具体的に伝える。

Q 特定の子に繰り返しケガをさせる事態が続き、ケガをさせた子の保護者へ伝えることになりました。どのように伝えたらよいでしょうか？

A 「このことは、ご家庭と園で協力して解決していきましょう」

保護者に伝えるのは、叱ってもらうためではなく、その子のよりよい育ちのために協力をお願いするためです。ありのままの事実を伝え、なぜ特定の子にケガをさせてしまうのか、保育者の見解を伝えます。今後、2人が同じ場に居合わせるときには特に注意を払うことを約束し、ともに問題を解決していけるような手立てを確認します。なお、今後のためにも相手の保護者に謝罪をしたほうがよいことをアドバイスします。

保護者の気持ち
よその子にケガをさせたなんてショック！ 何があったのかしら？

POINT
- 協力して問題を解決していくことを伝える。
- 相手の保護者に謝罪することをすすめる。

かわいいイラスト&
活用しやすい文例をたっぷり掲載！
テンプレートを活用して作ろう！

おたより

テンプレート

● クラスだより／A4サイズ　3-P262

うさぎぐみだより

○○○○園　5月のクラスだより

入園したての不安でいっぱいだった子どもたちの顔から少しずつ緊張がとれ、元気な笑顔が見られるようになりました。お友達の名前も覚え始め、朝、登園してくると「○○くん、来てないの？」「○○ちゃんは？」という声も聞かれます。

お弁当の量に配慮を

お弁当が始まりました。はじめは、「全部食べられた！」の実感がもてることが大切です。お弁当は、お子さんが食べきれる量でお願いします。

POINT
項目の見出しをかざり枠の中に入れると、保護者の目を引くレイアウトになります。

5月の予定

- ○月○日（△）人形劇鑑賞
- ○月○日（△）遠足
- ○月○日（△）お誕生日会
- ○月○日（△）身体測定
- ○月○日（△）避難訓練

こどもの日の由来は…

こどもの日は、こいのぼりをかざって「子どもたちが大きく元気に育ってほしい」という願いを込めてお祝いする節句です。親が子どもの成長を願う気持ちは、昔も今も同じなのですね。

POINT
年中行事の由来や行事食についてなど、その月ならではの話題を取り上げましょう。

5月生まれのお友達

9日
こいけ　れなちゃん

22日
よしもと　そうたくん

お誕生日おめでとう

毎月のクラスだよりや行事のおたよりなど、保育者にとっておたより作りは欠かせない仕事のひとつです。テンプレートを参考に、保護者が読みやすく、情報がきちんと伝わるおたよりを作りましょう。

● 行事のおたより／A4サイズ　3-P263

○年○月○日
○○○○園

真夏の日差しが輝き始めると、いよいよ水あそびの季節です。やわらかい水の感触や、冷たい肌ざわりは、子どもたちの心を解放し、体の動きも活発になります。ホースシャワーや水のかけ合いっこ、水鉄砲…。水とふれあう楽しさを心と体いっぱいに感じてもらえればと思います。毎朝の検温と体調チェックをよろしくお願いいたします。

プールカードについて

プールカードを配布しますので、体温、朝食、排便の有無、薬の服用の有無、プールあそびの可否などをご記入ください。プールあそびがない日にもホースを使った水あそびなどをすることがあります。天候にかかわらずプールカードは記入して毎日ご持参ください。

水着や衣類について

水着に着替えるとき、水着の前後がわからないこともあります。水着の着方、服のたたみ方をおうちでも練習してみましょう。

汗をかいたり、プールに入ったりと着替えが多くなりますが、時々、名無しの衣類があります。下着にも名前をご記入ください。

こんな症状があるときはプールに入れません！

・目の病気がある（結膜炎など）
・耳の病気がある
・アタマジラミがある
・熱がある
・咳、鼻水、下痢、腹痛など体調が悪い
・とびひ、水いぼがある、湿疹や傷が化膿している

POINT
小さなイラストを活用すると、空白が目立ちすぎずバランスよく配置できます。

POINT
かざり罫で項目の区切りをわかりやすくすると、読みやすい紙面になります。

● クラスだより／B4サイズ　3-P264

そらぐみ通信

○○○○園　4月のクラスだより

　ご入園おめでとうございます。登園時、別れるときのお子様の心細そうなようすに、不安になる保護者の方も多いのではないでしょうか。しかし、子どもたちは少しずつ園に慣れていき、お友達もできていきます。職員一同で見守っておりますので、ご心配なことがありましたら、気軽に職員に声をおかけください。

1年間、どうぞよろしくお願いいたします

　今年度、そらぐみの担任になりました、○○○○です。お子さんたちの笑顔がわたしのパワーの源です。
　充実した園生活を送れるよう、一人ひとりと心を通わせながら、いろいろな経験を重ねたいと思います。
　ご心配事がありましたら、お気軽にご相談ください。

POINT
横長のかざり枠は、おたよりのタイトルにぴったりです。園名や発行月も明記しましょう。

POINT
項目の見出しは、フォントを変える、太字にする、図形の中に入れるなどして、変化をつけます。

○月○日（△）入園式
○月○日（△）始業式
○月○日（△）交通安全教室
○月○日（△）身体測定
○月○日（△）お誕生日会
○月○日（△）避難訓練

4月生まれのお友達

7日　こいずみ　ひなちゃん
16日　すずき　あかりちゃん
28日　うえだ　ゆうとくん

お誕生日おめでとう！

POINT
項目の上下にかざり罫を配置するのも、区切りがはっきりして、おすすめです。

POINT
予定や誕生日の日付、子どもの名前は、必ず念入りに確認をしましょう。

4月のうた

● せんせいとおともだち
● おはながわらった
● 手をたたきましょう

身体測定をします

○日に身体測定をします。園生活では服を着脱する機会が多くあります。子どもが自分でできるよう、ご家庭でも衣服の着脱に取り組んでおきましょう。

POINT
イラストとふきだしを組み合わせると、親しみやすい雰囲気になります。

4月

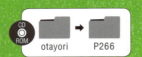

3-P266-01

3-P266-02

3-P266-03

3-P266-05

3-P266-06

3-P266-04

3-P266-07

3-P266-08

3-P266-11

3-P266-12

3-P266-09

3-P266-10

3-P266-13

3-P266-14

3-P266-15

文例

3-P266-16　入園にあたって
ご入園おめでとうございます。登園時、別れるときのお子様の心細そうなようすに、不安になる保護者の方も多いのではないでしょうか。しかし、子どもたちは少しずつ園に慣れていき、お友達もできていきます。職員一同で見守っておりますので、ご心配なことがありましたら、気軽に職員に声をおかけください。

3-P266-17　全職員でサポートします
ご入園おめでとうございます。期待と不安でいっぱいの子どもたち。少しでも早く園に慣れるよう、全職員で配慮していきます。

3-P266-18　春の自然の中で
春は緑がいきいきとして見えますね。みんなで花に水をあげたり、タンポポを見つけたり、自然の中でたっぷりあそんでいます。

3-P266-19　園にご相談を
園生活がスタートしたばかり。ご家庭でのお子様のようすはいかがですか？　ご心配事がありましたら、お気軽にご相談ください。

3-P266-20　衣服の着脱
園生活では服を着脱する機会が多くあります。子どもが自分でできるよう、ご家庭でも衣服の着脱に取り組んでおきましょう。

5月

3-P267-01 　 3-P267-02 　 3-P267-03

3-P267-05 　 3-P267-06 　 3-P267-04

3-P267-07 　 3-P267-08 　 3-P267-12

3-P267-09 　 3-P267-10 　 3-P267-11 　 3-P267-13

3-P267-14

3-P267-15

文例

3-P267-16　緊張がとれてきました
入園したての不安でいっぱいだった子どもたちの顔から少しずつ緊張がとれ、元気な笑顔が見られるようになりました。お友達の名前も覚え始め、朝、登園してくると「○○くん、来てないの?」「○○ちゃんは?」という声も聞かれます。

3-P267-17　お弁当の量に配慮を
お弁当が始まりました。はじめは、「全部食べられた!」の実感がもてることが大切です。お弁当は、お子さんが食べきれる量でお願いします。

3-P267-18　遠足の思い出
「公園にヤギがいたね」「お弁当おいしかった」と、遠足にはすてきな思い出がいっぱい。楽しかった場面を思い思いに描きました。

3-P267-19　こどもの日の由来
こどもの日は、こいのぼりをかざって「子どもたちが大きく元気に育ってほしい」という願いを込めてお祝いする節句です。

3-P267-20　一日保育がスタート
園生活に慣れるための短縮保育が終了し、いよいよ一日保育が始まります。疲れを残さないように生活リズムを整えましょう。

6月

 otayori → P268

3-P268-01

3-P268-02

3-P268-03

3-P268-05

3-P268-06

3-P268-04

3-P268-07

3-P268-08

3-P268-11 / 3-P268-12

3-P268-09

3-P268-10

3-P268-13

3-P268-15

3-P268-14

文例

3-P268-16　梅雨の自然を楽しんで
「先生、オタマジャクシに足が生えたよ！」と、おはようのあいさつより先に、目を輝かせて大発見を伝えてくれる子どもたち。窓には大小さまざまなてるてるぼうずが並び、クモの巣についた雨のしずくを見つけては、「きれいだねー」とニッコリ笑みがこぼれます。大人にはちょっとゆううつな梅雨の時期ですが、子どもたちは雨の日の楽しみ方を心得ているようです。

3-P268-17　アジサイやカタツムリ
ピンクや紫、色とりどりのアジサイに、赤ちゃんカタツムリがいっぱい！　ただ今、園庭で人気ナンバーワンのスポットです。

3-P268-18　お弁当への注意
気温が上がり、食品がいたみやすい季節です。お弁当のおかずは冷ましてから入れるなど、調理や保存の仕方にもご注意ください。

3-P268-19　ハンカチの持参
外あそびが活発になり、手を洗う機会が多くなっています。ハンカチは毎日清潔なものをご用意ください。

3-P268-20　レインコートの管理
傘立ての横にレインコート置き場を設けました。子どもたちが自分で後始末ができるよう、おうちの方からも声をかけてください。

7月

otayori → P269

3-P269-01　3-P269-02　3-P269-03

3-P269-05

3-P269-06

3-P269-04

3-P269-07　3-P269-08

3-P269-12

3-P269-09

3-P269-10

3-P269-11

3-P269-13

3-P269-15

3-P269-14

文例

3-P269-16　水あそび大好き
子どもたちは水あそびが大好き！「冷たくていい気持ち！」「雨だったから久しぶりだね」と、本当にうれしそうです。以前は水に触れるのをためらっていた子どもも、今ではお友達といっしょに瞳を輝かせながら楽しそうにあそんでいます。ホースシャワーや水のかけ合いっこ、水鉄砲…。水とふれあう楽しさを心と体いっぱいに感じてもらえればと思います。

3-P269-17　七夕かざり
七夕かざりの製作に夢中な子どもたち。のりがうまくつけられない子も、お友達に手伝ってもらいながら取り組んでいます。

3-P269-18　汗をふく習慣を
子どもは汗かきです。汗をそのままにして室内に入ると、急に冷えてしまいますので、こまめに汗をふくよう習慣づけましょう。

3-P269-19　水着の着脱
水着に着替えるとき、水着の前後がわからないこともあります。水着の着方、服のたたみ方をおうちでも練習してみましょう。

3-P269-20　夏休みが始まります
いよいよ夏休みに入ります。子どもたちにとっては楽しみなことがいっぱい！ 健康と安全に気をつけて、楽しく過ごしましょう。

8月

3-P270-01

3-P270-02

3-P270-03

3-P270-05

3-P270-06

3-P270-04

3-P270-12

3-P270-07

3-P270-08

3-P270-09

3-P270-10

3-P270-11

3-P270-13

3-P270-14

3-P270-15

文例

3-P270-16　夏の自然への関心
子どもたちの植えたアサガオだけでなく、隣に咲いたヒマワリも、「大きい！　顔くらいあるね」「黄色のクレヨンで塗ったみたい」と、注目を集めています。お絵描きの時間には画用紙いっぱいに大きなヒマワリの花だけを描く子もいました。モクモクとわきあがる入道雲には、「ソフトクリームみたい！」「てっぺんにのりたいな」と楽しい想像がふくらみます。

3-P270-17　花や夏野菜の栽培
花畑と野菜畑の水やりを、欠かさずに行っている子どもたち。おかげで、ヒマワリもナスもトマトもいきいきと喜んでいます。

3-P270-18　夏ならではの天気
稲光とともにゴロゴロと雷鳴が響きわたりました。「雷様だ！」と、耳を押さえる子、おへそを押さえる子、保育室は大騒ぎでした。

3-P270-19　毎朝元気いっぱい
朝のあいさつ「おはようございます」の声には、夏の暑さにも負けない、子どもたちの弾けるような元気パワーがいっぱいです。

3-P270-20　熱中症の予防
猛暑日が続いています。熱中症を予防するために、水分補給はもちろんですが、外出時には帽子をかぶることをおすすめします。

9月

文例

3-P271-16　2学期スタート
夏休みも終わり、日焼けした子どもたちが元気に登園してきました。みんなとてもたくましくなったようです。2学期は、運動会など楽しい行事もいっぱいあります。休み中にたくわえた力を十分発揮できるよう、配慮していきたいと思います。

3-P271-17　十五夜
「昨日、お月様見たよ」と一人が言うと、競争のように「ぼくも」「わたしも」。「お月様は、みんなのことを見てるんだね」と話すと、一同納得でした。

3-P271-18　お月見団子作り
お月見団子を作りました。「手を丸くすると、きれいな丸になるよ」と、砂あそびで腕を磨いているからか、みんなプロ級です。

3-P271-19　虫の声
リーンリーンと園庭の草むらから虫の声が聞こえてきます。そーっと静かにしゃがんで、みんなで秋の音楽会に耳を傾けました。

3-P271-20　キンモクセイ
散歩先で子どもたちが、いい香りを発見しました。「この木だよ」と指さしたのはキンモクセイ。深呼吸して香りを楽しみました。

10月

3-P272-01

3-P272-02

3-P272-03

3-P272-05

3-P272-06

3-P272-04

3-P272-07

3-P272-08

3-P272-12

3-P272-09

3-P272-10

3-P272-11

3-P272-13

3-P272-15

3-P272-14

文例

3-P272-16　冬服への衣替え
〇日から冬服に衣替えになります。長袖ブラウス、冬用ズボン・スカート、冬帽子の着用となりますが、気温が不安定な季節ですので、その日の天候や気温、体調に合わせて、カーディガンをはおるなど、ご家庭で調節をお願いします。また、ボタンがとれていないか、帽子のゴムがゆるんでいないかなどのチェックや、記名の確認もお願いします。

3-P272-17　どんぐり
カシの実、シイの実など、公園にはどんぐりがいっぱい。子どもたちは競うように集めては、お友達と取り替えっこをしています。

3-P272-18　目の愛護デー
10月10日は、目の愛護デーです。この機会に、前髪が目にかかっていないか、見えづらそうにしていないか確認してみましょう。

3-P272-19　いもほり大収穫
いもほりをしました。子どもたちは、泥だらけになったのも気づかず、力いっぱいおいもを引っ張って…。大収穫です!

3-P272-20　運動会への期待
「おじいちゃんも見に来てくれるの」「パンやさんに運動会のポスターあったよ」と、目前にせまった運動会の話題でもちきりです。

11月

文例

3-P273-16　秋の自然を発見
「こんな葉っぱ、見つけたよ!」。毎朝、赤や黄色の葉っぱや木の実を持ってくる子どもたち。「緑だったのに、なんで黄色くなったの?」と、自然の変化が不思議でおもしろくて仕方がないようです。しかも自分で発見したものは、何よりの宝物。秋が届けてくれるすてきなプレゼントを利用して、色づいた木の葉の貼り絵なども楽しみたいと思います。

3-P273-17　どんぐりや落ち葉
お散歩で見つけたどんぐりや松ぼっくり、赤や黄色の葉っぱは、まごとのお料理に大変身!　彩りのよさに目を奪われます。

3-P273-18　木枯らし一号
園庭は落ち葉のじゅうたんを敷き詰めたような美しさです。木枯らし一号が吹いて、季節はぐんぐん冬に向かっています。

3-P273-19　体調チェック
季節の変わり目は一日の温度変化が大きいので、体調を崩しやすくなります。毎日の体調チェックをお願いします。

3-P273-20　よくかんで食べましょう
園では、一口食べたら、30回「カムカム」という声かけをしています。よくかむと、あごが発達し歯並びがよくなります。

12月

otayori → P274

3-P274-01

3-P274-02

3-P274-03

3-P274-05

3-P274-06

3-P274-04

3-P274-07

3-P274-08

3-P274-12

3-P274-09

3-P274-10

3-P274-11

3-P274-13

3-P274-14

3-P274-15

文例

3-P274-16　寒さに負けず外あそび
「子どもは風の子」の言葉通り、白い息を吐きながら、ほっぺを真っ赤にして走り回る子どもたち。おにごっこ、サッカーなど、友達といっしょのあそびは楽しさも倍増。全身を動かしながらあそぶうちに、体力もついてきたようです。これから寒さもいよいよ本番です。冷たい木枯らしとも仲よしになって元気に寒さを乗り越えたいものです。

3-P274-17　クリスマス
クリスマスが近づいてきました。「サンタさん、煙突がなくても来てくれるかな？」と、ちょっぴり不安そうな子どもたちです。

3-P274-18　もちつき
皆様のご協力で、「おもちつき」を無事に終えることができました。威勢のよいかけ声に、寒さも吹き飛ぶ楽しい一日でした。

3-P274-19　持ち物のチェック
園服のボタン・帽子のゴム・道具箱の整理など、持ち物に不備がないか、記名が消えていないかなどのチェックをお願いします。

3-P274-20　年末年始
年末年始は楽しいことがいっぱいです。体調管理や生活リズムに留意し、新年には元気な顔を見られるのを楽しみにしています。

1月

文例

3-P275-16 新年のスタート
新しい年を迎え、またかわいい笑顔が元気にそろいました。保育室は、楽しかった冬休みの話題でもちきりです。今年度も残り3か月となりましたが、子どもたちのエネルギーに負けないよう、パワー全開で保育に取り組ませていただきます。本年もよろしくお願いいたします。

3-P275-17 冬の自然
この冬いちばんの雪に、「よく聞いてるとね、踏んだ雪がキュッキュって鳴いてるよ」と子どもたちの大発見。みんなで雪を踏んでみました。

3-P275-18 新しい年の始まり
今年のお正月は天候に恵まれ、お日様も青空もピカピカに輝く新年を迎えることができました。新しい年の始まりは心が弾みます。

3-P275-19 お正月あそび
冬休み中におうちでも練習した成果なのか、みんな上手にこまを回せるようになりました。ひものひき方も堂に入っています。

3-P275-20 厚着のしすぎに注意
寒さが厳しくなってきましたが、保育室は日当たりがよく、日中は室温が高くなりますので、厚着しすぎないようにご注意ください。

2月

 3-P276-01
 3-P276-02
 3-P276-03

 3-P276-05
 3-P276-06
 3-P276-04

 3-P276-12

3-P276-07　3-P276-08

3-P276-11

3-P276-09　3-P276-10

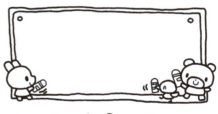 3-P276-13

3-P276-14

3-P276-15

文例

3-P276-16　積極的に外あそびを
ウメの便りも、ちらほら聞かれる季節となりました。2月は空気がいちばん冷たい月。室内あそびが中心になりがちですが、春はもうすぐそこまできています。元気いっぱい、外でもあそぶ機会を積極的に設けたいと思います。

3-P276-17　恵方巻を食べました
節分の日に、みんなで恵方巻をいただきました。「いいことがありますように」「元気に過ごせますように」と願いを込めてパクリ！幸せいっぱいの笑顔でした。

3-P276-18　人気のあそび
今、○○組では「しっぽ取り」が大人気です。しっぽを取ったり取られたり。夢中で走り回り、いつの間にか体はポカポカです。

3-P276-19　春の訪れ
立春も過ぎ、ウメのつぼみがふくらみ始めました。お散歩に行くたびに花が増え、ほのかな香りが春の訪れを感じさせてくれます。

3-P276-20　もうすぐ春
立春を過ぎ、お日様は「もう春ですよ」というようにキラキラ輝いています。春一番が吹くと、本格的な春の到来です。

3月

 otayori → P277

 3-P277-01
 3-P277-02
 3-P277-03

 3-P277-05
 3-P277-06
 3-P277-04

 3-P277-07
 3-P277-08
 3-P277-12

 3-P277-09
 3-P277-10
 3-P277-11
 3-P277-13

 3-P277-14
 3-P277-15

文例

3-P277-16　一年間のお礼
泣きじゃくってばかりだったり、じっとしていなかったり…。あの頃を思うと子どもたちの成長した姿に目をみはります。この一年、いっしょに笑ったり、泣いたり、本当に楽しく過ごすことができました。保護者の皆様には、いろいろご協力いただき本当にありがとうございました。

3-P277-17　ひな祭り製作
ひな祭りには、子どもたち手作りのバッグにひなあられを入れて持ち帰ります。健やかな成長を願って、ご家族でお召し上がりください。

3-P277-18　春の自然
地面にはりつくようにタンポポが咲いています。「春だよ」「あそぼうよ」と元気な声でみんなを誘っているようです。

3-P277-19　春を感じる散歩
暖かな日はお散歩日和。春の日差しを浴びて草花をつんだり、雲を眺めたりしながら、ゆったりした気分で春を満喫しています。

3-P277-20　気温の変化に注意を
春とはいえ、風の冷たい日が続きます。朝晩の気温の変化に気をつけて衣服をこまめに調節し、元気に新年度を迎えましょう。

Part 3　クラス運営のヒント　おたより

コピー用型紙

30～46ページに掲載している壁面かざりの型紙です。必要な大きさにコピーをして、ご活用ください。「hekimen00-00」は、CD-ROMに収録しているPDFのファイル名です。

P.30 みんなでいっしょにあそぼうね！

子ども1 ➡ hekimen30-01

子ども2 ➡ hekimen30-02

子ども3 ➡ hekimen30-03

保育者 ➡ hekimen30-04

子ども4 ➡ hekimen30-05

子ども5 ➡ hekimen30-06

旗と砂山 ➡ hekimen30-07

木 ➡ hekimen30-08

園舎と森 ➡ hekimen30-09

ジャングルジム ➡ hekimen30-08

シーソー ➡ hekimen30-10

シャベル ➡ hekimen30-10

バケツ ➡ hekimen30-10

花1 ➡ hekimen30-10

花2 ➡ hekimen30-10

P.31 タンポポいっぱいの春の野原

チョウチョウ1
hekimen31-01

チョウチョウ2
hekimen31-01

テントウムシ1
hekimen31-02

テントウムシ2
hekimen31-02

テントウムシ3
hekimen31-02

葉
hekimen31-03

タンポポの花と茎
hekimen31-03

リス
hekimen31-04

ネズミ
hekimen31-05

ウサギ
hekimen31-06

P.32 春の小川のメダカたち

クマ
hekimen32-01

鳥1
hekimen32-02

鳥2
hekimen32-02

ウサギ
hekimen32-03

雲 → hekimen32-05

草 → hekimen32-05

リス
hekimen32-04

コピー用型紙

P.34 アサガオがたくさん咲いたよ

P.35 おいしそうなアイスいただきまーす！

P.36 アジサイの散歩道

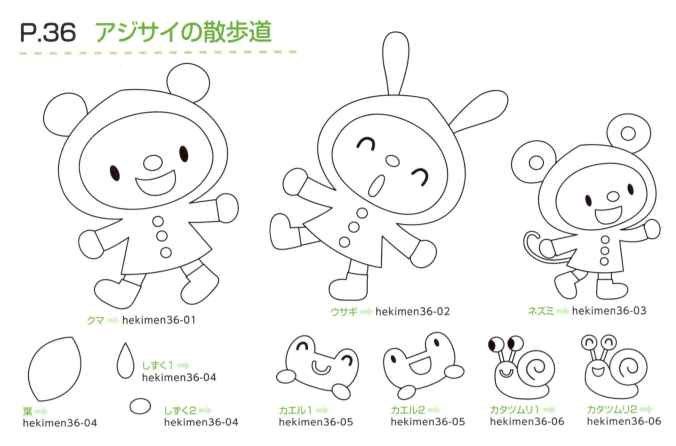

P.37 七夕の夜の織姫と彦星

P.38 みんなで食べるとおいしいね！

タマゴ → hekimen38-01
ウインナー → hekimen38-01
パセリ → hekimen38-01
レタス → hekimen38-01
トンボ1 → hekimen38-07
トンボ2 → hekimen38-07

ポテトサラダ → hekimen38-01
からあげ → hekimen38-01
エビフライの尾 → hekimen38-01
コスモス → hekimen38-07
草 → hekimen38-07
葉 → hekimen38-07

水筒 → hekimen38-02
リュック → hekimen38-02
おにぎり1 → hekimen38-06
地面 → hekimen38-08
お弁当箱1 → hekimen38-09
お弁当箱2 → hekimen38-10

おにぎり2 → hekimen38-06

おにぎり3 → hekimen38-06
レジャーシート → hekimen38-11

ネズミ → hekimen38-03
クマ → hekimen38-04
ウサギ → hekimen38-05

※ レジャーシート、お弁当箱1・2はほかのパーツの200％に拡大するとバランスがとれます。

P.39 夕焼け空に飛ぶ赤トンボ

赤トンボ1 → hekimen39-03
赤トンボ2 → hekimen39-03
夕日 → hekimen39-04

葉 → hekimen39-05

子ども1 → hekimen39-01
子ども2 → hekimen39-02
木1 → hekimen39-05
木2 → hekimen39-06
ススキ → hekimen39-07

コピー用型紙

P.40 おいもがとれたよ！

P.41 冬を告げる北風の妖精

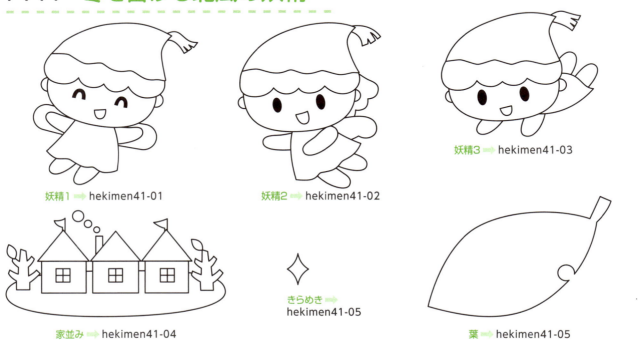

P.45 今年は何をやってみたい？

子ども1 ➡ hekimen45-01

子ども2 ➡ hekimen45-02

松竹梅 ➡ hekimen45-03

ネコ ➡ hekimen45-04

P.46 カラフルチューリップ

4 5 6 7 8 9 10 11 12 1 2 3

数字 ➡ hekimen46-01

ミツバチ1 ➡ hekimen46-02

壺と文字 ➡ hekimen46-05

ミツバチ2 ➡ hekimen46-03

ミツバチ3 ➡ hekimen46-04

チューリップ ➡ hekimen46-06

鉢 ➡ hekimen46-07

花1 ➡ hekimen46-08

花2 ➡ hekimen46-08

花3 ➡ hekimen46-08

コピー用型紙

CD-ROMをご使用の前に

CD-ROMには、壁面かざりの型紙（PDF）、指導計画（Word）、おたより（テンプレート：Word、イラスト：jpg、文例：テキスト）が入っています。

使用許諾について

- 本書掲載およびCD-ROM収録の壁面かざりの型紙、指導計画、イラスト、文例の著作権・使用許諾権・商標権は、弊社および著作権者に所属します。
- 本書掲載およびCD-ROM収録の壁面かざりの型紙、指導計画、イラスト、文例は、営利目的では使用できません。ご購入された個人または法人が営利を目的としない場合のみ、ご利用できます。ただし、以下のことを順守してください。
  - 園児募集などのPRを目的としたポスター、園バスのデザイン、物品に印刷しての販促の利用や販売すること、私的利用を含めたホームページに使用することはできません。また、ほかの出版物、企業のPR広告、企業や店のマークなどへの使用もできません。
- 本書掲載およびCD-ROM収録の壁面かざりの型紙、指導計画、イラスト、文例を複製し、第三者に譲渡・販売・貸与・頒布（放送やインターネットを通じたものも含む）することは禁じられています。

CD-ROMの取り扱いについて

- 付属のCD-ROMをご使用いただくには、お使いのパソコンにCD-ROMドライブ、またはCD-ROMを読み込めるDVD-ROMドライブが装備されている必要があります。
- CD-ROMの裏面に傷をつけると、データが読み取れなくなる可能性がありますので、取り扱いには十分ご注意ください。

注意事項について

- 付属のCD-ROMに収録されているデータの使用方法についてのサポートは行っておりません。
- 付属のCD-ROMを使用したことにより生じた損害、障害、その他いかなる事態にも、弊社は一切責任を負いません。

※Windows、Microsoft Office Wordなどは、米国Microsoft Corporationの登録商標です。本書では、商標登録マークなどの表記は省略しています。

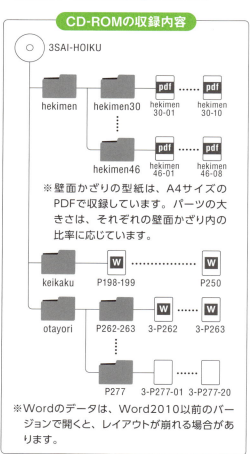

※壁面かざりの型紙は、A4サイズのPDFで収録しています。パーツの大きさは、それぞれの壁面かざり内の比率に応じています。

※Wordのデータは、Word2010以前のバージョンで開くと、レイアウトが崩れる場合があります。

CD-ROMの使い方

おたよりのテンプレートを例に、Windows10上でMicrosoft Office Word2016を使った操作手順を紹介しています。

1 CD-ROMを挿入する

CD-ROMをパソコンに挿入します。自動再生ダイアログの「フォルダーを開いてファイルを表示」をクリックします。

使用したいファイルが入っているフォルダをダブルクリックしていきます。

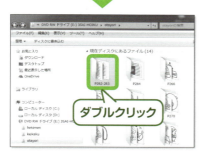

POINT　CD-ROMを挿入しても再生されない場合には

CD-ROMを挿入しても自動再生されない場合は、「スタートメニュー」→「コンピューター」の順にクリック。CD-ROMのアイコンをダブルクリックすると、同じようにCD-ROMの中身が表示されます。

2 CD-ROMからパソコンにファイルをコピーする

使用したいファイルをクリックしたまま、ウィンドウの外に移動します。デスクトップ上で離すと、コピーできます。

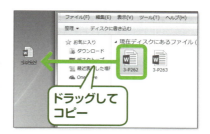

3 ファイルを開く

Wordファイルをダブルクリックし、開きます。

POINT　「閲覧モード」で表示されている

ファイルを開いた際に、左のような状態で表示されて編集ができない場合には、「閲覧モード」で表示されています。

「表示」をクリックし、「文書の編集」を選びます。すると、編集ができる状態の「印刷レイアウト」になります。

4 文章を変更する

テキストボックス内の文章を変更したいとき

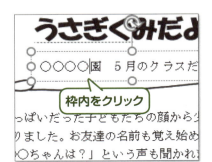

変更したい文章があるテキストボックスの中をクリックすると、カーソルが表示されて文章の編集ができるようになります。

不要な文字を削除したり、文字を入力したりします。

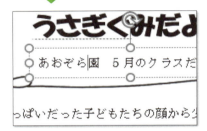

文例のテキストデータを使用したいとき

使用したいファイルが入っているフォルダをダブルクリックしていきます。テキストファイルをダブルクリックし、開きます。

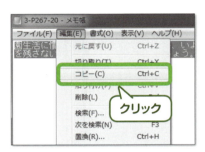

使用したいテキストを選択し、「編集」→「コピー」の順にクリックします。

文例のテキストに置きかえたい部分をドラッグし、選択された状態にします。

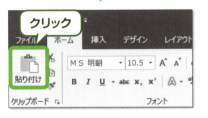

「ホーム」タブの「貼り付け」ボタンをクリックし、コピーしておいた文例のテキストを貼りつけます。

選択した文章が、コピーした文例に置きかわりました。

5 文字の大きさやレイアウト、行間を変更する

文字の大きさを変更したいとき

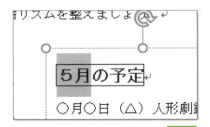

大きさを変更したい文字を選択します。

「ホーム」タブの「フォントサイズ」欄の右側にある「▼」をクリックすると、文字のサイズが選べます。直接、文字のサイズを入力しても変更できます。

文字のサイズが変更されました。

文字の種類を変更したいとき

文字の種類（フォント）を変更したい文章を選択し、「ホーム」タブの「フォント」欄の右側にある「▼」をクリックし、フォントを選びます。

フォントが変更されました。

文字を左右や中央にそろえたいとき

文章を選択し、「ホーム」タブの「文字揃え」のボタンをクリックします。ここでは、左から2番目の「中央揃え」ボタンをクリックします。

選択した文章がテキストボックスの中央にそろえられました。

POINT　そのほかの「文字揃え」の種類

 左揃え
文章をテキストボックスの左端でそろえます。

 右揃え
文章をテキストボックスの右端でそろえます。

 均等割り付け
文章をテキストボックスの左右幅に均等になるように配置します。

行間を広くしたいとき

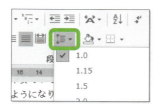

文章を選択し、「ホーム」タブの「行と段落の間隔」ボタンメニューで1.0以上の行間を選びます。

行間が広くなりました。

行間を狭くしたいとき

行間を狭くする場合は、「行と段落の間隔」ボタンメニューから、「行間のオプション」をクリックします。

「間隔」欄の「行間」を「固定値」にし、「間隔」の数値を小さくすると、行間が狭くなります。

行間が狭くなりました。「間隔」の数値をフォントサイズ以下にすると文字が途切れてしまいますので注意しましょう。

6 テキストボックスの大きさや位置を変更する

テキストボックスの大きさを変更する

テキストボックスの中をクリックし、選択された状態にします。

テキストボックスの四隅に表示されている○や辺に表示されている□の上にカーソルを合わせると、拡大・縮小カーソルになります。

そのままドラッグすると、テキストボックスのサイズを変更できます。

テキストボックスの位置を変更する

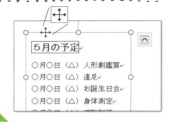

テキストボックスの辺の○や□以外の部分にカーソルを合わせると、十字カーソルになります。

そのままドラッグすると、テキストボックスを移動することができます。

7 テキストボックスやイラストを削除する

テキストボックスを削除する

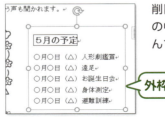

削除したいテキストボックスの中ではなく、外枠部分を選んでクリックします。

外枠をクリック

「ホーム」タブの「切り取り」ボタンをクリックすると、テキストボックスが切り取られます。

クリック

イラストを削除する

イラストを削除する場合も、クリックして選択された状態にします。

「ホーム」タブの「切り取り」ボタンをクリックします。

クリック

イラストが切り取られました。

8 イラストを配置する

画像ファイルを挿入する

「挿入」タブの「画像」をクリックします。

CD-ROMから配置したいイラストを選びます。フォルダを順にダブルクリックして開き、イラストを選んだら「挿入」をクリックします。

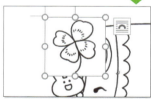

イラストが挿入されました。写真などの画像データも同じ手順で挿入することができます。

画像ファイルを移動する

このままではイラストは移動できません。イラストをクリックして選択された状態にし、「書式」タブの「文字列の折り返し」をクリックします。

下部に表示されるメニューから「四角形」を選択します。これでイラストを動かせるようになります。

イラストの大きさや位置を変更する

イラスト内にカーソルを合わせて十字カーソルにし、クリックします。

そのままドラッグして、イラストを移動します。

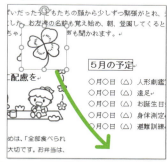

イラストが移動されました。

イラストの四隅の○にカーソルを合わせて斜めにドラッグすると、縮小・拡大できます。

イラストが縮小されました。

イラストの上部にある◎にカーソルを合わせて回転させると、向きを変更できます。

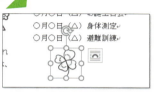

イラストの向きが変更されました。

CD-ROMの使い方

9 新しくテキストを追加する

テキストボックスを作成する

「挿入」タブの「テキストボックス」ボタンをクリックします。

下部に表示されるメニューから「横書きテキストボックスの描画」または「縦書きテキストボックスの描画」をクリックします。

テキストボックスを挿入したい場所にカーソルを合わせてクリックします。

そのまま、テキストボックスを配置したい位置までドラッグすると、テキストボックスが作成されます。

テキストを入力する

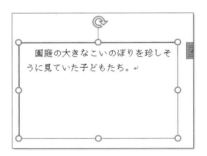

作成したテキストボックスに入力します。

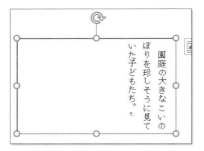

縦書きの場合は、このようになります。

POINT あとから横書きと縦書きを変更するには

「レイアウト」タブの「文字列の方向」メニューで「横書き」「縦書き」を変更することができます。

テキストボックスの枠線を削除する

新しくテキストボックスを作成すると、枠線が表示されます。この枠線を消したい場合、「書式」タブの「図形の枠線」をクリックし、メニューから「枠線なし」を選びます。

10 テキストボックスや画像の重なり順を変更する

イラストをテキストの背面に移動する

テキストボックスの上にイラストが重なって文字が読めない場合、重なり順を変更します。

イラストを選択し、「書式」タブの「背面へ移動」をクリックします。

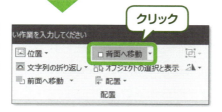

イラストがテキストボックスよりも後ろになり、文字が読めるようになります。

POINT 複数の画像を重ねる場合には

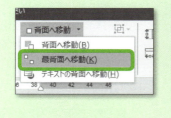

複数の図形を重ねた場合、あとから作成したものほど前面に配置されます。フレームなどは、「書式」タブから「最背面へ移動」を選ぶと、レイアウトしやすくなります。

11 作成したデータを保存し、印刷する

名前を付けて保存する

「ファイル」タブをクリックし、「名前を付けて保存する」をクリック。「参照」をクリックし、デスクトップなどの保存先を選びます。

「ファイル名」で新しい名前を入力し、「保存」をクリックするとデータが保存できます。

印刷する

「ファイル」タブをクリックし、「印刷」をクリックします。

右側に印刷プレビューが表示されるので、確認をしましょう。印刷部数を入力し、「印刷」をクリックします。

CD-ROMの使い方

● **監修**

横山洋子（よこやま ようこ）

千葉経済大学短期大学部こども学科教授。国立大学附属幼稚園、公立小学校勤務ののち現職。著書に『保育の悩みを解決！ 子どもの心にとどく指導法ハンドブック』、『CD-ROM付き 子どもの育ちを伝える 幼稚園幼児指導要録の書き方&文例集 第2版』（ナツメ社）、『根拠がわかる！ 私の保育総点検』（中央法規出版）など多数。

本文デザイン	秋生浩二、野村友美（mom design）
本文DTP	有限会社ゼスト、株式会社明昌堂
データ作成	株式会社明昌堂
CD-ROM作成	株式会社ライラック
イラスト（50音順）	青山京子、秋野純子、浅羽ピピ、有栖サチコ、石崎伸子、北村友紀、くるみれな、坂本直子、春原弥生、曽根奈菜子、つかさみほ、つじむらあゆこ、とみたみはる、中小路ムツヨ、野田節美、ホリナルミ、みさきゆい、三角亜紀子、みやれいこ、もり谷ゆみ、やまざきかおり、ヤマハチ
編集協力	株式会社スリーシーズン、植松まり、森田香子、株式会社鷗来堂
編集担当	遠藤やよい（ナツメ出版企画株式会社）

CD-ROM付き 子どもの力が伸びる
3歳児の保育 12か月

2019年 3月15日 初版発行
2025年 2月20日 第4刷発行

監修者	横山洋子（よこやまようこ）
発行者	田村正隆
発行所	株式会社ナツメ社 東京都千代田区神田神保町1-52 ナツメ社ビル1F（〒101-0051） 電話 03（3291）1257（代表）　FAX 03（3291）5761 振替 00130-1-58661
制　作	ナツメ出版企画株式会社 東京都千代田区神田神保町1-52 ナツメ社ビル3F（〒101-0051） 電話 03（3295）3921（代表）
印刷所	TOPPANクロレ株式会社

ISBN978-4-8163-6600-0

Printed in Japan

<価格はカバーに表示してあります><乱丁・落丁本はお取り替えします>
本書の一部または全部を著作権法で定められている範囲を超え、ナツメ出版企画株式会社に無断で複写、複製、転載、データファイル化することを禁じます。

[壁面かざり]
プラン・制作／うえはらかずよ、田中なおこ、渡守武裕子、藤沢しのぶ、町田里美、宮地明子
撮影／林均、宮地岩根

[PART1 クラスづくり]
● 写真協力園／愛隣幼稚園（千葉県）、杏保育園（千葉県）、くらき永田保育園（神奈川県）、慈紘保育園（千葉県）、ちはら台保育園（千葉県）、鳩の森愛の詩保育園、鳩の森愛の詩あすなろ保育園（神奈川県）、まどか幼稚園（東京都）、横浜隼人幼稚園（神奈川県）、林間のぞみ幼稚園（神奈川県）
● 園写真撮影／清水紘子、布川航太、引田早香、矢部ひとみ
● 製作プラン・制作／宮地明子
● 製作 撮影／宮地岩根
● お絵かきプラン・絵／大月季巳江、オカダケイコ、meriko
● 絵本選書／遠藤裕美
● なぞなぞプラン／アフタフ・バーバン
● ちょこっとことばかけ 写真／シャッターストック
● あそびプラン／浅野ななみ、小倉和人、須貝京子、柳澤秋孝、柳澤友希、山本省三、渡辺リカ

[PART2 指導計画]
● 年間指導計画 月案／富山県小矢部市 石動西部保育園 理事長 中西千賀子、楯 祥子、横川真理恵
神奈川県横浜市 横浜隼人幼稚園 園長 水越美果、吉岡 希
● 協力／東京都世田谷区 子ども・若者部 保育課

[PART3 クラス運営のヒント]
● なるほどことばかけ／白井三根子（あざみ野白ゆり幼稚園・おおば白ゆり幼稚園 園長）
● おたよりイラスト／うえはらかずよ、北村友紀、たかしまよーこ、田中なおこ、どうまんかずのり、とみたみはる、町田里美、みさきゆい、Meriko、やまざきかおり、わたなべふみ
● おたより文例執筆／浅野ななみ

Yokoyama Yoko, 2019

本書に関するお問い合わせは、書名・発行日・該当ページを明記の上、下記のいずれかの方法にてお送りください。電話でのお問い合わせはお受けしておりません。

・ナツメ社webサイトの問い合わせフォーム
　https://www.natsume.co.jp/contact
・FAX（03-3291-1305）
・郵送（左記、ナツメ出版企画株式会社宛て）

なお、回答までに日にちをいただく場合があります。正誤のお問い合わせ以外の書籍内容に関する解説・個別の相談は行っておりません。あらかじめご了承ください。

ナツメ社Webサイト
https://www.natsume.co.jp
書籍の最新情報（正誤情報を含む）はナツメ社Webサイトをご覧ください。